现代汉语否定祈使问题研究

李广瑜 著

中国社会科学出版社

图书在版编目(CIP)数据

现代汉语否定祈使问题研究 / 李广瑜著 . —北京：中国社会科学出版社，2018.5
ISBN 978-7-5203-2239-3

Ⅰ.①现… Ⅱ.①李… Ⅲ.①现代汉语-否定（语法）-祈使（语法）-研究 Ⅳ.①H146.3

中国版本图书馆CIP数据核字（2018）第059448号

出 版 人	赵剑英
责任编辑	任 明
责任校对	郝阳洋
责任印制	李寡寡

出 版	中国社会科学出版社
社 址	北京鼓楼西大街甲158号
邮 编	100720
网 址	http://www.csspw.cn
发 行 部	010-84083685
门 市 部	010-84029450
经 销	新华书店及其他书店

印刷装订	北京君升印刷有限公司
版 次	2018年5月第1版
印 次	2018年5月第1次印刷
开 本	710×1000 1/16
印 张	18.5
插 页	2
字 数	305千字
定 价	85.00元

凡购买中国社会科学出版社图书，如有质量问题请与本社营销中心联系调换
电话：010-84083683
版权所有　侵权必究

序

李广瑜副教授是我的博士研究生，2011年6月获南开大学文学博士学位，曾多次获南开大学一等奖学金，并获得2011届"南开大学优秀毕业生"荣誉。他为人朴实，治学踏实，曾主持或参加过国家级及省级多项课题的研究工作，他的思考、研究多有一定深度。现在奉献给读者的《现代汉语否定祈使问题研究》一书是他在博士毕业论文的基础上修改而成的。

这本书是将语义功能语法运用于句类研究的成果，令人高兴。语义功能语法理论强调以语义为基础，以分布、变换形式特征为标准，形式和意义结合，全方位描写和解释语法现象。过去，语义功能语法以词和词组作为研究重心，句子研究成果很少。这部专书说明语义功能语法是开放的理论体系，具有包容性，能够吸收新的理论方法，壮大自身，不断发展，完全可以用于句类描写、分析和解释。

否定祈使行为是社会行为的一种。从社会符号学的角度看，作为一种常见的社会行为，否定祈使行为也会沉淀到人的认知中去，形成理想认知模式，并在相应的社会语言系统中编码为一定的语言表达形式。否定祈使行为的编码形式便是否定祈使表达形式。这本书的主要研究对象恰恰是现代汉语中的各类否定祈使表达形式所构成的否定祈使类聚。过去学界对于现代汉语否定祈使问题的研究多集中在一般的"别"字祈使句上，对于元语性"别"字祈使句、其他否定祈使句以及具有否定祈使表达功能的陈述句关注不够。该书则对上述问题有不同程度涉及，从这个角度看，该书的研究具有一定的拓展性。

该书对于现代汉语否定祈使问题的研究分为总论和分论两大部分。

总论部分从整体上考察了否定祈使类聚。在回顾学界以往研究成果的基础上，作者讨论了否定祈使句的句法槽和否定祈使词语的分类，据此区分出典型否定祈使句、非典型否定祈使句和否定祈使类陈述句。进而，在言语行为理论的观照下，作者探讨了否定祈使施为句的分类，否定祈使形式与施为动词的选择倾向，否定祈使施为句内部类型与施事行为内部类型的对应关系。在原型范畴理论的观照下，作者论证了否定祈使类聚是一个原型范畴，分析了否定祈使类聚的原型效应和内部结构。

分论部分深入考察了几类具体的否定祈使表达形式。作者以语义功能语法理论为指导，重点考察了"别"字祈使句、"不用"祈使句、"不得"祈使句以及"甭"字祈使句、"不得"规定句等。作者在对具体否定祈使表达形式进行分析的过程中，讨论了谓词的语义特征对这些表达形式语用功能的影响，并自觉运用分布分析和变换分析等方法探讨了不同否定祈使表达形式之间的联系与区别。

综观全书，在全面深入考察否定祈使现象的基础上，书中不乏新鲜见解。如：

一、否定祈使施为句包括隐性和显性两种，典型否定祈使句和非典型否定祈使句是隐性否定祈使施为句，否定祈使类陈述句是显性否定祈使施为句。能够添加或删除意愿类动词的否定祈使施为句施行的是直接指令行为，能够添加或删除认识类动词的否定祈使施为句施行的是间接指令行为。

二、"别 V 着"句式中动词的 [+自主] [+状态] [+附着] 特征均为优势特征，而非必有特征。其中，[+附着] 特征研究的进一步细化格外引人注意。根据与行为相关还是与心理相关，[+附着] 区分为 [+具体附着] 与 [+抽象附着]，根据表现行为主体还是行为客体，[+具体附着] 又区分为 [+主体附着] 与 [+客体附着]。

三、"不用"祈使句的句式义为"（你/你们/咱们）没有必要做某事"，预设为"（在说话人看来）听话人认为某行为或心理是必要的或理所当然的"。据此，"不用"祈使句成立的条件可概括为：（在说话人看来）听话人认为某种行为或心理是必要的或理所当然的，而说话人认为不必如此。

四、谓词后"不得"主要出现在对话语体中，可构成"不得"祈使句；谓词前"不得"主要出现在规定语体中，构成"不得"规定句。前者与现场即时双向交际模式呈现无标记关联，后者与异时异地单向交际模式呈现无标记关联。二者主语、谓语的允准差异与二者的交际目的、交际模式密切相关。

由于作者在语言研究上有精益求精的追求，这本书的初始稿——作者的博士学位论文，在送审后获得较好评价，评阅意见择一摘录如下：

> 该文在功能主义语法理论指导下，对现代汉语中纷繁复杂的否定祈使句进行了仔细的调查和分析，比较它们在句法、语义和语用方面的同异，作出了新的分类，并发现了一些新的事实，发掘出了一些新的语言规律。
>
> 该论文语料丰富，辨析细腻，努力运用原型理论、语法化理论、言语行为理论等理论和方法，巧妙地加以发挥，使得对否定祈使句的研究达到了一个新的高度。
>
> 作者用力之勤，使人印象深刻。

当然，我们也应看到，这本著作只是作者的阶段性研究成果。若联系当前语言学的发展来看，书中还是有一些不足的。可改进之处略举如下。

一、对交际性、互动性重视不够。这本书的总体面貌仍以结构、语义分析为主，如"别"字祈使句（上）（下）两部分的分析多集中在词组和短句层面，而没有涉及话语和篇章层面，这可能会导致忽略某些更为深刻的语言事实。

二、对语言现象的系统驾驭和简明分析有待加强。书中对于"别"字祈使句、"不用"祈使句的分析有时过于琐碎，部分内容前后有重复，应从表面现象入手，发掘更深层次的制约条件和规律，以便能以简驭繁地解释相关语言现象。

以上两点已与作者交流，并得到作者的积极认同，相信作者未来在研究中会有新的突破。

广瑜是一位有追求的青年学人，事业心强，有较大的发展潜力。二十年前，作为一名中师生，他凭借自己的努力考上了大学。大学毕业后，他成为一名中学语文教师，又通过努力考上了硕士研究生，进而考上了南开大学的博士研究生。这一路走来并不很平坦，孰料命运弄人，就在他即将读博之前，他的儿子被查出患有重症肌肉病……可以想象，他的读博生涯是在怎样一种压力下度过的……

虽然生活给了他这样那样的苦难，但大家依然可以看到他的阳光、他的进取。在南开读书期间，他就被哈尔滨师范大学文学院引进，这表明该校语言研究团队对广瑜为人、治学的认可。从南开大学毕业后，广瑜进入高校从事教学科研工作，承担了"语言学概论""语义研究""语言学名篇导读""论文写作"等数门本科生、硕士生课程，并独立在《语言教学与研究》《古汉语研究》《汉语学习》《辞书研究》等语言类核心期刊上发表文章。同时，他还加入了陈一教授带领的语法研究团队，并与陈一教授合作在《中国语文》《世界汉语教学》上发表了成果。看到广瑜一步步成长，我衷心地为他感到高兴！我们期待他取得更大成绩，为学术事业做出更大贡献。

记得曾偶然间听到过一句歌词："就算生活给了我无尽的苦痛折磨，我还是觉得幸福更多！"这分明就是广瑜人生观的写照！

是为序。

马庆株

2017 年 11 月 11 日

于西南科技大学科大花园

目 录

第一章 绪论 …………………………………………………… (1)
 第一节 研究对象和选题缘起 ………………………………… (1)
  一 研究对象 ………………………………………………… (1)
  二 选题缘起 ………………………………………………… (3)
 第二节 理论基础和相关概念 ………………………………… (5)
  一 言语行为理论和相关概念 …………………………… (5)
  二 原型范畴理论和相关概念 …………………………… (9)
 第三节 研究取向和语料来源 ………………………………… (13)
  一 研究取向 ……………………………………………… (13)
  二 语料来源 ……………………………………………… (17)
第二章 否定祈使问题总论 …………………………………… (21)
 第一节 研究概况 ……………………………………………… (21)
 第二节 否定祈使句句法槽和否定祈使词语 ……………… (24)
  一 否定祈使句的句法槽 ………………………………… (24)
  二 否定祈使词语的分类 ………………………………… (26)
 第三节 否定祈使类聚的内部成员 ………………………… (31)
  一 典型否定祈使句 ……………………………………… (32)
  二 非典型否定祈使句 …………………………………… (33)
  三 否定祈使类陈述句 …………………………………… (35)
 第四节 言语行为理论视角下的否定祈使类聚 …………… (37)
  一 施为句的定义及分类 ………………………………… (37)
  二 施为动词和否定祈使施为句的分类 ……………… (39)
  三 否定祈使形式与施为动词的选择 ………………… (42)
  四 否定祈使施为句与施事行为类型 ………………… (47)

第五节　原型范畴理论视角下的否定祈使类聚 ……………… (49)
　　　一　否定祈使类聚的范畴本质 ………………………………… (49)
　　　二　否定祈使类聚的内部结构 ………………………………… (54)
第三章　"别"字祈使句（上） ……………………………………… (58)
　　第一节　"别"字祈使句研究述评及启示 ……………………… (58)
　　　一　"别"字祈使句研究概述 ………………………………… (58)
　　　二　"别"字祈使句研究简评 ………………………………… (62)
　　　三　"别"字祈使句研究启示 ………………………………… (64)
　　第二节　"别 V"及"别 A"祈使句 …………………………… (66)
　　　一　"别 V"祈使句 …………………………………………… (66)
　　　二　"别 A"祈使句 …………………………………………… (73)
　　第三节　"别 V 了"及"别 A 了"祈使句 ……………………… (77)
　　　一　"别 V 了"祈使句 ………………………………………… (77)
　　　二　"别 A 了"祈使句 ………………………………………… (87)
　　第四节　"别 V 着"及"别 A 着"祈使句 ……………………… (90)
　　　一　"别 V 着$_1$"及"别 A 着$_1$"祈使句 …………………… (90)
　　　二　"别 V 着$_2$"及"别 A 着$_2$"祈使句 …………………… (106)
第四章　"别"字祈使句（下） ……………………………………… (110)
　　第一节　"别 VO"祈使句 ……………………………………… (110)
　　　一　"别 VO"祈使句的意义 ………………………………… (110)
　　　二　"别 V［+行为］O"祈使句 ……………………………… (112)
　　　三　"别 V［+心理］O"祈使句 ……………………………… (114)
　　第二节　"别 AD+VP"祈使句 ………………………………… (127)
　　　一　"别 AD$_{程度、范围}$VP"祈使句 ………………………… (128)
　　　二　"别 AD$_{方式、状态}$VP"祈使句 ………………………… (133)
　　　三　"别 AD$_{否定、频率}$VP"祈使句 ………………………… (135)
　　　四　"别 AD$_{对象、语气}$VP"祈使句 ………………………… (138)
　　　五　"别 AD$_{原因、目的}$VP"祈使句 ………………………… (141)
　　　六　"别 AD$_{时间、处所}$VP"祈使句 ………………………… (142)
　　第三节　"别 V/A（得）C"祈使句 …………………………… (143)
　　　一　"别 V/A+C"祈使句 …………………………………… (143)
　　　二　"别 V/A 得 C"祈使句 ………………………………… (149)

第四节 "别VP_{其他词组形式}"祈使句 ……………………… (152)
　一 "别VP_{主谓}"祈使句 ……………………………… (152)
　二 "别VP_{联合}"祈使句 ……………………………… (153)
　三 "别VP_{定心}"祈使句 ……………………………… (155)
　四 "别VP_{特殊词组}"祈使句 ………………………… (156)
第五节 "别VP_{复句形式}"祈使句 ………………………… (158)

第五章 "别+引语"元语否定句 …………………………… (161)
第一节 "别+引语"元语否定句所否定的对象 ……………… (162)
　一 否定非现实情态表达的适宜性 …………………… (162)
　二 否定低传信度表达的适宜性 ……………………… (164)
　三 否定消极性表态的适宜性 ………………………… (167)
　四 否定关系性词语、互动性词语的适宜性 ………… (170)
　五 否定异域词语的适宜性 …………………………… (172)
第二节 "别+引语"元语否定句的功能分析 ………………… (173)
　一 多种变体形式的分工互补 ………………………… (173)
　二 知域的元语否定与言域的元语否定 ……………… (175)
　三 行域与言域的同形歧域现象 ……………………… (177)

第六章 "不用"祈使句及相关问题 ………………………… (179)
第一节 "不用"祈使句 ……………………………………… (179)
　一 "不用"祈使句的性质 …………………………… (179)
　二 "不用"祈使句的意义和预设 …………………… (180)
　三 "不用V"及"不用A"祈使句 …………………… (182)
　四 "不用VO"祈使句 ……………………………… (188)
　五 "不用AD+VP"祈使句 ………………………… (191)
　六 "不用V/A（得）C"祈使句 …………………… (199)
　七 "不用VP_{其他词组形式}"祈使句 ……………… (202)
　八 "不用VP_{复句形式}"祈使句 …………………… (204)
第二节 "甭"字祈使句及相关问题 ………………………… (206)
　一 "甭"字祈使句的句式语义 ……………………… (206)
　二 "甭"与"不用"的关系 ………………………… (210)
　三 "不用""甭"和"别"的比较 …………………… (214)

第七章 "不得"祈使句及相关问题 (219)
第一节 "不得"祈使句 (219)
  一 "不得"祈使句研究现状 (219)
  二 "不得"祈使句的性质 (220)
  三 "不得"祈使句的谓语 (221)
  四 "不得"祈使句与"不能"祈使句 (224)
第二节 "不得"规定句 (228)
  一 否定规定句与否定规定词语 (228)
  二 "不得"规定句的谓语 (234)
  三 "不得"规定句的主语 (242)
  四 语体、语境和交际模式的影响 (245)
第三节 两种"不得"的历时演变 (248)
  一 谓前"不得"的语义演变 (248)
  二 谓后"不得"的语义演变 (254)
  三 影响"不得"语义演变的因素 (258)
  四 类型学视野下"不得"的语义演变 (260)

第八章 结语 (263)
第一节 主要结论 (263)
第二节 创新之处 (265)
第三节 不足之处 (267)

参考文献 (268)
后记 (286)

第一章

绪　论

第一节　研究对象和选题缘起

一　研究对象

现代汉语中，具有否定祈使表达功能的语言表达形式构成一个类聚，本书称之为否定祈使类聚。本书的研究对象是现代汉语否定祈使问题，即现代汉语中与否定祈使类聚相关的诸多问题。

所谓否定祈使指，要求或提醒某人不做某事或不处于某种状态。由此，否定祈使表达功能就是某类语法形式所表达的让某人不做某事或不处于某种状态的表达功能，否定祈使表达形式就是能够实现让某人不做某事或不处于某种状态这一功能的语言表达形式。任何语用表达功能的实现都要依赖相应的语言表达形式，否定祈使表达功能的实现也要依赖相应的否定祈使表达形式。

就具体的表达形式而言，否定祈使表达功能的实现不仅可以依靠否定祈使句，也可以依靠陈述句、疑问句或感叹句。如：

甲：我想去美国。　乙：别去了！
甲：我想去美国。　乙：美国有什么好的？
甲：我想去美国。　乙：我不希望你去。
甲：我想去美国。　乙：美国消费多高呀！

与第一个例子乙直接用否定祈使句实现否定祈使表达功能不同，后三个例子乙分别用疑问句、陈述句和感叹句来间接实现否定祈使的表达功能。据此可知，否定祈使表达功能对否定祈使句而言是原初功能，对疑问句、陈述句和感叹句而言则是派生功能。

值得指出的是，陈述句、疑问句和感叹句虽然也能用来实现否定祈使表达功能，但这并没有改变这些句子的原初功能：第二例中乙的话仍然具有疑问功能，第三例中乙的话仍然具有陈述功能，第四例中乙的话仍然具有感叹功能。与这些句子的原初功能相比，这些句子的否定祈使表达功能是一种派生功能，是一种间接功能，是交际双方在特定语境中根据合作原则做出语用推理后得出的派生的语用功能。

虽然不同的句类与否定祈使表达功能的关联程度存在差别，如否定祈使句与否定祈使表达功能之间有着自然关联，陈述句、疑问句和感叹句与否定祈使表达功能之间的关联则受到语境的制约，但是间接实现否定祈使表达功能的陈述句、疑问句和感叹句与否定祈使句一样都可以被看作否定祈使表达形式。这些具有否定祈使表达功能的否定祈使句、陈述句、疑问句和感叹句都可以看作广义的否定祈使类聚内部的成员。

本书对于现代汉语否定祈使类聚的研究主要立足祈使句和陈述句两个句类，而不涉及疑问句和感叹句，即使是陈述句我们也只是关注出现意愿相关类动词或认识类动词的具有否定祈使功能的那部分陈述句。具体说，本书所研究的现代汉语否定祈使类聚包括三个子类聚：典型否定祈使句、非典型否定祈使句和否定祈使类陈述句。

否定祈使句是出现否定祈使词语并且具有否定祈使表达功能的祈使句，包括典型否定祈使句和非典型否定祈使句两种。[①] 典型否定祈使句是出现否定祈使词语"别""不要""甭"的否定祈使句。如：

（1）"你别出声。"（老舍《正红旗下》）
（2）"不要跟他们再讲了。"（电视剧《编辑部的故事》）
（3）"你甭理他。"（王朔《一半是火焰，一半是海水》）

非典型否定祈使句是出现否定祈使词语"不准""不许""少""不

[①] 傅惠钧、陈艳丽（2007：13）认为汉语中存在隐性否定祈使句，如："（小心走好，）摔着！"本书所论否定祈使句与此不同，均指显性否定祈使句，即出现否定祈使词语的否定祈使句。

用""不必""不能"等的否定祈使句。如：

(4)"你不准瞎讲！"（周而复《上海的早晨》）
(5)"你不许擅自更动东西的摆放顺序。"（王朔《我是你爸爸》）
(6)"你少说我妈。"（王朔《刘慧芳》）
(7)"你不用管！"（老舍《四世同堂》）
(8)"你不必多说了。"（电视剧《北京人在纽约》）
(9)"你不能走。"（王朔《橡皮人》）

否定祈使类陈述句是具有否定祈使表达功能的陈述句，本书专指出现第一人称主语和"希望""劝"等意愿相关类动词或出现"认为"等认识类动词的具有否定祈使表达功能的陈述句。如：

(10)"我希望你不要急于否认。"（王朔《枉然不供》）
(11)"我劝你们不要把这事儿当成儿戏。"（电视剧《编辑部的故事》）
(12)"我认为你不用见他。"（亦舒《璧人》）
(13)"我不希望你做那份观察的工作。"（老舍《猫城记》）
(14)"我不准你出去！"（老舍《四世同堂》）

如果说否定祈使类聚是具有否定祈使表达功能的语言表达形式形成的类聚，那么本书着重研究的就是由以上典型否定祈使句、非典型否定祈使句和否定祈使类陈述句构成的否定祈使类聚，以及与这一类聚有关的语言现象。

限于篇幅，除了在第二章总论中对否定祈使类聚中的三类成员——各种不同的表达形式进行了综合考察外，本书分论部分仅重点讨论了"别"字祈使句、"不用"祈使句、"不得"祈使句及相关一些问题，这其中涉及"甭"字祈使句、"不能"祈使句以及"不得"规定句，但对于其他否定祈使表达形式，本书分论部分则未作更为深入的考察分析。

二　选题缘起

汉语是分析型的语言，学界普遍认为汉语的词类与句法功能不是一一对应的，至于汉语的句类与表达功能是不是一一对应的，过去的研究鲜有论述，只是在部分著作中偶有提及。如朱德熙（1982：24）认为句子形式和句子功能之间是错综的，有交叉的情形，陈述有时采用疑问句的形式，疑问有时采用祈使句的形式。陆丙甫（1985：347）也指出，句子的功能与句子的结构没有简单的必然性对应关系。

从 20 世纪 80 年代以来出版的各种汉语类教科书来看，学者们基本认同汉语的句类是句子的功能类（或语气类、用途类）的观点。换言之，一般认为句子的类型与句子的功能存在着一定的对应关系，陈述句的功能是陈述，祈使句的功能是祈使，疑问句的功能是疑问，感叹句的功能是感叹（参见朱德熙，1982：23；邢福义，1993：289；邢公畹，1994：381；等等）。

然而，后来学者们逐渐认识到句类不仅仅与句子功能存在关联，还与句子形式存在某种关联。马庆株（2000：5）指出，不同句类之间句法结构上存在着差别，有必要研究各种句类中独有的句法结构有哪些，两种或更多种句类共有的句法结构有哪些，不同句类有变换关系的句法结构形式上有哪些差异。

近来更有学者明确指出句类和句子功能之间并不是一一对应的关系。徐晶凝（2008：96—97）就指出：句类和功能之间存在着交叉关系，如祈使功能可以依靠祈使句来实现，也可以依靠陈述句、疑问句或感叹句来实现；既然句类在功能上存在相互渗透的现象，描写句类系统就必须明确句类实质上是句子的形式类，句类的确定应该有形式上的依据。徐晶凝（2008：107—128）还辟专节讨论了现代汉语句类间功能上相互渗透的现象。

我们认为，句类与句子的表达功能之间的对应关系的确是错综复杂的，但是对于二者之间关系的分析首先要建立在对句子不同层面语用功能分析的基础之上。句子的语用功能有必要划分出两个层次：原初功能和派生功能。所谓原初功能，指句子所具有的其所属句类默认的基本的语用表达功能，如陈述句的基本功能是陈述某件事或某种观点，祈使句的基本功能是要求某人做或不做某事，等等。所谓派生功能指，句子在其所属句类原初功能基础上与语境相互作用表现出的语用表达功能，如陈述句在特定语境中可以表达祈使。

与徐晶凝（2008：97）认为"句类的确定应该有形式上的依据"的观点类似，我们认为，属于不同句类的句子在语法形式和原初功能上存在差异。以陈述句与祈使句为例，从语法形式上看，祈使句的谓语主要由表示可以控制的行为或心理的谓词性词语充当，主语往往是第二人称"你""您""你们"或第一人称复数式"咱们""我们"或省略形式，陈述句的谓语、主语则没有这些特殊要求。从原初功能上看，祈使句的作用主要是要求听话人做或不做某事，陈述句的主要作用是陈述某件事或某种观点。

语法形式和语法意义虽然不一定能够完全对应，但两者之间毕竟有值得注意的对应关系（参见马庆株，1998：160）。虽然汉语的词类与句法功能不是简单地一一对应的，但毕竟存在着一定程度的对应（刘丹青1994：26）。汉语的句类与句子功能的关系同样如此，虽然汉语的句类与句子功能不是简单地一一对应的，但是二者毕竟也存在着一定程度的对应。徐晶凝（2008：62—63）也指出：人类语言中句类的确定依据的是言语行为功能的核心类，人类语言中句类与语气之间存在着原型联系。

我们认为，问题的关键不是仅仅承认或不承认汉语句类与句子功能之间的这种不对应关系，而是应该具体研究汉语的句类与句子哪一个层面的表达功能是对应的，与句子哪一个层面的表达功能是不对应的，如果不对应，那么这种不对应的具体表现是什么，又是如何造成的。

当然，汉语中不同句类与句子不同的表达功能之间的不对应关系是极其错综复杂的。基于这一考虑，我们选取现代汉语中的否定祈使类聚作为深入研究这一问题的切入点。

第二节　理论基础和相关概念

一　言语行为理论和相关概念

言语行为理论是语用学这一语言学分支的一个重要组成部分。言语行为理论是一个复杂的理论体系，我们这里不准备全面地介绍该理论体系，而只是选取其中有代表性的、对否定祈使研究有直接影响的理论观点和相关概念进行介绍。依据研究需要，我们会对言语行为理论中的个别内容或概念重新界定。

（一）奥斯汀（Austin）的言语行为理论和相关概念

言语行为理论由著名语言哲学家奥斯汀于1955年在哈佛大学作演讲时首

次提出，并在随后的系列演讲中不断完善（何自然、陈新仁，2004：56）。言语行为理论的核心思想是"说话就是做事"（参见奥斯汀，1975：6）。

奥斯汀首先区分了叙述句（constatives）和施为句（performatives），并指出叙述句的功能是"以言叙事"，施为句的功能是"以言行事"（参见奥斯汀，1975：3，6）。然而，奥斯汀又指出，真正要区分叙述句和施为句是很难的，施为句所具有的特征叙述句也具有（参见奥斯汀，1975：91）。

因此，奥斯汀又提出言语行为三分理论，即将言语行为分为叙事行为（locutionary act）、施事行为（illocutionary act）和成事行为（perlocutionary act）。叙事行为是"以言指事"，是"叙述某一事情"的行为；施事行为是"以言行事"，是施行"所叙述的事情"的行为；成事行为是"以言成事"，是说明"施行所述事情的影响"的行为。另外，奥斯汀还区分了字面意义（locutionary meaning）和施为语力（illocutionary force）（参见索振羽，2000：152）。

奥斯汀之所以会对自己所提出的分类产生动摇，主要是因为"叙述"也可以看作是"以言行事"的一种。在奥斯汀的言语行为理论体系中，"以言行事"和"说话就是做事"是统一的（参见奥斯汀，1975：6）。既然"说话就是做事"，"叙述"作为一种言语活动也是在"以言行事"，即在实施"叙述"这一行为。可见，将"以言行事"定义为"说话就是做事"过于宽泛，这必然导致"以言叙事"与"以言行事"的融合，进而导致叙述句和施为句的分类最终失去意义。

其实，"说话就是做事"的内部至少还可以区分两种情况：一种情况是，说话仅是在施行一个表述性行为，说话人的目的在于陈述事实或表达情感等，说话人对听话人没有刻意的要求；另一种情况是，说话是在施行一个意在影响听话人的行为，说话人的目的在于发出指令或提出疑问等，说话人要求听话人对自己的言语做出反应，如执行说话人的指令或回答说话人的问题等等。

基于上述分析，我们认为叙述句和施为句的分类依然有意义，但须将施为句的语用功能"以言行事"做重新界定。[①] 我们将"以言行事"定

[①] 我们将句子分为叙述句和施为句并做出重新界定是为否定祈问题的研究服务的。这并不意味着，与我们所界定的这两类句子相对应的叙述行为和施事行为就构成了全部言语行为。

义为"用言语施行某种指向听话人的旨在对听话人有所影响的行为",如用言语执行命令、要求、提醒等行为。如此,叙述句的功能仍然是"以言叙事",即说话人用言语陈述某一事实或描述某种情状等,施为句的功能是"以言行事",即说话人向听话人发出一个指令或要求,要听话人执行说话人的意志。

借助于这一分类视角可发现,实现句子的陈述功能也就是在"以言叙事",实现句子的祈使功能也就是在"以言行事"。如果一个句子既有陈述功能又有祈使功能,那么这个句子在"以言叙事"的同时,也是在"以言行事"。

奥斯汀(1975:69)将施为句分为显性施为句和隐性施为句,前者句中会出现施为动词,后者句中则不会出现施为动词。一般认为,凡是说出某一动词时实际上等于正在做该动词所指的行为,该动词即为施为动词(perphormative verbs)。例如,奥斯汀(1975:86)指出,当说"我要求……"的时候,说话人不仅仅是在实行"我要求……"这一说话行为,同时也正在施行施为动词"要求"所指的这一施事行为。这里的"要求"就是一个施为动词。

由此,在一定意义上说,出现在显性施为句中用于以言行事的施为动词具有元语言的性质,它们出现在话语中本身就可以表明说话人的发话意图。

根据奥斯汀(1975:56),英语中显性施为句的句法标准是:此句必须是主动态陈述句;句中必须有施为动词;此动词必须是一般现在时;此动词前主语必须是第一人称单数。后来奥斯汀又补充三条标准:此动词的间接宾语是"你",此动词之前能加副词 hereby;此动词之后有一个间接引语小句(参见索振羽,2000:150)。

以上对于"叙述句""施为句""施为动词"及"显性施为句"的界定为我们区分否定祈使类聚中不同类型的否定祈使表达形式提供了重要的理论依据。

(二)塞尔(Searle)的言语行为理论和相关概念

语言哲学家塞尔对于言语行为理论的发展主要体现在两个方面:一是为言语行为进行了重新分类,二是提出了间接言语行为理论。

上一小节指出,在早期的理论体系中,奥斯汀区分了言有所述和言有所为。后来,奥斯汀又提出言语行为三分理论,即将言语行为分为叙事行为、施事行为和成事行为。塞尔（1969：23）则对奥斯汀的言语行为分类做出修正，该著将言语行为分为发话行为（utterance act）、命题行为（propositional act）、施事行为（illocutionary act）和成事行为（perlocutionary act）。根据行为目的、适切方向、心理状态，塞尔（1979：20）进一步将施事行为分为断言、指令、承诺、表态和宣告五类。

断言行为的目的是做出断言，适切方向是词语适切现实世界，说话人的心理状态是相信命题为真；指令行为的目的是发出指令，适切方向是现实世界适切词语，说话人的心理状态是希望听话人做某事；承诺行为的目的是做出承诺，适切方向是现实世界适切词语，说话人的心理状态是决定做某事；表态行为的目的是表明心态，适切方向为零，说话人的心理状态依靠施为动词表征；宣告行为的目的是做出宣告，适切方向是双向，说话人的心理状态无明显表征。

与奥斯汀区分字面意义和施为语力的做法类似，塞尔（1979：30）指出命题内容和施为语力是有区别的，前者是语句本身表达的、脱离语言使用环境的抽象意义，后者是说话人旨在通过所说出的话语对听话人实施特定的影响（何自然、陈新仁，2004：64）。

为了说明字面意义（命题内容）与施为语力之间的关系，塞尔（1979：31）提出了"间接言语行为"理论。所谓间接言语行为指，通过实施另一种施事行为的方式来间接地实施某一种施事行为。塞尔的间接言语行为假设的具体内容可概括为：

显性施为句可通过句子中的施为动词看出说话人的语力；不出现施为动词的句子是隐性施为句；陈述句、疑问句和祈使句分别表达"陈述""疑问""命令"等言语行为；句子本身表达的意义称为"字面意义"，在"字面意义"的基础上推导出来的语力称为"施为语力"，即间接语力；间接言语行为分为规约性间接言语行为和非规约性间接言语行为两种（参见索振羽，2000：175）。

规约性间接言语行为是指对"字面意义"作一般推导得出施为语力的间接言语行为，非规约性间接言语行为是指依靠语境和说话双方的共知信息推导出来施为语力的间接言语行为（参见索振羽，2000：176，179）。规约性间接言语行为的特点是：通过社会或文化的规约，某些言语行为已经固化为另一种言语行为，某些语言结构上的特征可以帮助人们判断这一类间接言语行为（何自然、陈新仁，2004：64）。

塞尔（1979：36）归纳出六类规约性间接言语行为：第一类，涉及听话人实施某行为的能力的句子；第二类，涉及说话人希望听话人实施某行为的句子；第三类，涉及听话人将要实施某行为的句子；第四类，涉及听话人实施某行为意愿的句子；第五类，涉及听话人实施某行为理由的句子；第六类，把上述形式中的一种嵌入另一种中去的句子，以及在上述的一种形式中嵌入一个显性施为动词的例子。

以上对于断言行为和指令行为的区分、字面意义和施为语力的区分、显性施为句和隐性施为句的区分、规约性间接言语行为和非规约性间接言语行为的区分，不仅为区分否定祈使类聚的不同类型的否定祈使表达形式提供理论依据，而且为区分句子不同层面的功能提供理论支持，有助于说明句子是如何由原初功能衍生出派生功能的。

二 原型范畴理论和相关概念

原型范畴理论是认知语言学这一语言学分支的一个重要组成部分。原型范畴理论是在批判古典范畴理论的基础上建立起来的（周启强、白解红，2004：1）。下面在简单介绍原型范畴理论源流的基础上，总结出原型理论的核心思想和重点概念。同样，依据研究需要，我们也会对原型范畴理论中的个别内容或概念作重新界定（参见李广瑜，2014：189—194）。

（一）原型范畴理论的哲学来源和实证基础

古典范畴理论可追溯到古希腊哲学家亚里士多德，该理论的基本假设是：范畴是根据一组充分必要特征来下定义的，这些特征是非此即彼的，范畴有明确的边界，范畴内的成员地位平等（参见廖秋忠，1991：18）。然而，随着研究的深入，人们发现古典范畴理论的基本假设是存在缺陷的。

维特根斯坦（Wittgenstein，1958：66）通过研究"游戏"（game）活动发现，很多范畴并不能用一组充分必要特征来定义，而且这些范畴的边界也是不清楚的，因此维特根斯坦提出了"家族象似性"（family resemblance）这一隐喻，用来说明一个范畴内部的各个成员之间的联系以及范畴边界不清的情况。维特根斯坦这一发现被看作原型范畴理论在哲学上的来源（参见廖秋忠，1991：18）。

针对颜色范畴，柏林和凯（Berlin & Kay，1969：7）调查了98种语言，并对其中的20种语言进行口语测试。作者对这些语言中的焦点颜色（focal colours）进行对比后发现，不但说同一种语言的人拥有同样的焦点色,而且说不同语言的人拥有的焦点色也具有相当大的一致性。这些调查及测试的结果表明,颜色范畴是建立在核心颜色基础之上的,颜色范畴内部成员有中心成员与边缘成员之分(参见束定芳,2008:52)。

在柏林和凯(1969)的基础上,20世纪70年代初心理学家罗施(Rosch)开始探讨焦点颜色的心理学背景①,罗施发现:焦点色在感知上比非焦点色显著;焦点色在记忆中更容易准确保持;焦点色的名称在语言习得中更容易先被习得。罗施(1973,1975)将这种研究思路扩展到形状、生命体、物体等领域,并最早提出了"原型"(prototype)的概念:所谓"原型"指"某一范畴的范例"。罗施的系列研究表明:范畴是围绕原型形成的,原型起着参照点的作用(参见束定芳,2008:50)。

为弄清范畴边界的性质,拉波夫(Labov,1973:354)用杯子和类似杯子的容器做了一系列的实验。拉波夫的实验表明,在日常的范畴化情境中,人们一般不仅仅是在两个范畴"X"和"非X"之间做出区分,而是可以在相邻范畴(neighbouring categories)②中自主选择两个或几个名称。这表明,把模糊的范畴边界看作是相邻范畴间的边缘地带的观点更为可取。就目前所见,拉波夫的实验可以看作是对范畴边界具有模糊性的第一个证明(参见杨忠、张绍杰,1998:2)。

维特根斯坦(1958)、柏林和凯(1969)、海德(1971,1972)、罗施(1973,1975)和拉波夫(1973)的研究表明,以亚里士多德为代表人物的古典范畴理论的基本假设是存在缺陷的。认知范畴(cognitive categoryies)并不是根据一组充分必要特征来下定义的,有一些特征可能为两个相邻范畴所共同拥有,相邻范畴间的边界往往是模糊的,范畴是建立在原型基础之上的,范畴内的成员在人们心目中地位并不平等,有中心成员与边缘成员之分,即成员资格有等级之分(参见廖秋忠,1991:18)。这些内容构成了原型范畴理论的核心内容。

(二)原型范畴的认知基础和内部结构

针对古典范畴理论和原型范畴理论,莱可夫(Lakoff,1987:5)有过中肯的评述:古典范畴理论认为范畴建立在属性共享基础之上并非完全错误,但这只看到了问题的一面,近年来兴起的原型范畴理论表明,作为范

---

① 罗施最初的研究以Heider(海德)名字发表,包括海德(1971,1972)。
② 所谓"相邻范畴"指有共同属性又有区别属性的两个范畴,这两个范畴的成员有一些相似性。

畴划分基础的原则远远比古典范畴理论所设想的要复杂；原型范畴理论研究表明，人所做的范畴划分在本质上与人的经验和想象有关，一方面与人的感知、基本活动和文化有关，另一方面又与隐喻、转喻以及联想有关。

莱可夫（1987：41）指出，原型效应（prototype effects）指范畴中的某些成员比其他成员更容易被看作成范畴的代表。莱可夫（1987：58，67）特别指出，语言中的范畴在本质上属于认知范畴，原型效应在语言范畴中的体现尤为明显，这种效应在语言的每一个层面——从音系到词法、句法以至词汇——都有体现。莱可夫（1987：79）进一步指出，这种原型效应的主要来源是转喻（metonymy），即在某种语境中，依靠推理或重新分析，某个子范畴或成员被认为可以代表整个范畴。或者说，通过认知上显著的原型成员，人们更容易理解和认识整个原型范畴。（参见张敏1998：65）

泰勒（Taylor，1989：59—60）指出：原型可以有两种理解，一是指一个范畴的中心成员，二是指一个范畴概念核心的心理表征（mental representation）；原型成员例示（instantiate）了范畴概念核心的心理表征，其他成员则由于与原型成员相似才被赋予进入某一范畴的资格。至于"原型"的来源，泰勒（1989：51—54）认为："原型"具有心理现实性，是人感知的结果；原型成员比较常见且习得较早，原型成员具有所属范畴的一般属性和显著属性；原型范畴具有伸缩性和稳定性，可适应千变万化的环境。

克罗夫特（Croft，1990：125）指出："原型范畴"的宽松定义应是，具有清晰的核心或中心成员但边界模糊甚至可变的范畴；核心成员有一束特征（property），但这个范畴的外围成员缺少这些核心特征中的一些特征。进而，克罗夫特（1990：125—126）从类型学角度考察了确定范畴核心成员和外围成员的证据：从使用频率上看，前者高频使用，后者低频使用；从结构编码上看，前者多为零（或最小）编码，后者编码形式相对较长；从行为潜能上看，核心成员具备全部行为潜能，外围成员只具备部分行为潜能。

温格瑞尔和施密德（Ungerer & Schmid，1996：20）指出，认知范畴的内部结构包括原型、属性、家族象似性和完形。[①] 温格瑞尔、施密德

[①] 我们认为"完形"并非认知范畴的内部构成成分，而是确定原型范畴的认知心理基础，如温格瑞尔、施密德（1996：37）也指出，完形感知似乎确实在范畴划分和合格性等级划分中起着重要的作用。

(1996：39) 指出，与其认为原型是范畴的最好样本，不如认为原型是一种心理表征，一种认知参照点。所谓属性（attribute）包括把若干成员联系成同一范畴的特征和把它们彼此区别开来的特征，把范畴内每一个成员的所有属性分量累加起来排成等级序列，就成为属性的典型性等级。家族象似性是指，范畴内部成员之间在属性上具有不同程度的相似性。（参见温格瑞尔、施密德，1996：21—28）

（三）原型范畴理论的基本主张

在前人研究的基础上，张敏（1998：54—55）总结了范畴化的原型理论的基本观点。据此，我们认为原型范畴理论的基本主张如下几点。

第一，原型范畴是内部成员在人们心目中存在原型性、合格性等级差异的认知范畴。换言之，原型范畴内部各成员在人们心目中地位并不平等，有较好成员和较差成员的分别。最好的成员是最具原型性的成员，其与最差的成员之间往往有等级的差别。

第二，原型范畴中原型性高的成员具有更多的与其他成员共有的属性，并具有更少的与相邻范畴成员共有的属性。就属性而言，原型成员最大限度地区别于其他范畴的原型成员，非原型成员与范畴中其他成员共有的属性较少，而与相邻范畴共有一些属性。

第三，原型范畴的边界往往是模糊的，相邻范畴往往不是截然分开的，而是相互渗透的，相邻范畴之间也就没有清晰的边界，彼此相邻的两个范畴的边缘成员往往混入对方之中，这就是因为边缘成员既具有这个范畴的属性，又具有另一相邻范畴的属性。

第四，就确定原型范畴而言，古典范畴理论所说的起定义作用的特征往往难以找到，其实根本就不存在能据以确定原型范畴的充分必要特征。认知语言学认为，原型范畴一般定位于概念上显著的原型，原型在范畴的形成过程中起着关键作用。

第五，确定原型范畴的依据是其属性（attribute）而非其本质特征（essential features）。属性是事物性质的心理表征，与人们的认知与现实的互动模式密切相关；本质特征则被理解为事物固有的本质特性，它们与主体无关，是客观独立存在的本质特性。

第六，范畴的确定和划分是基于人的认知能力的。就原型范畴的确定及成员合格性等级的评定而言，涉及的心理过程不仅要考虑属性的多少，还要依靠完形感知，即将范畴的整体属性整合为一种心理表征，这里的整体属性包括形式属性和功能属性。

上述六点基本主张中,前三点概括了原型范畴的基本特点,后三点概括了确定原型范畴的认知依据。原型范畴的基本特点可以从成员的地位、属性的分配、范畴的边界等方面来认识;确定原型范畴的依据也应考虑这三个方面,完形感知则被看作是确定原型范畴的认知基础。

以上原型范畴理论的研究成果不仅为我们确定否定祈使类聚提供了理论依据,而且为我们分析否定祈使类聚提供了理论武器。在原型理论的指导下,我们将分析否定祈使类聚内部不同成员的形式属性和功能属性,证明从典型否定祈使句到非典型否定祈使句再到否定祈使类陈述句是一个属性渐少的连续统,从而在一定程度上说明句类和句子功能之间确实存在错综复杂的关系。

第三节 研究取向和语料来源

一 研究取向

(一)描写和解释相结合

乔姆斯基(Chomsky,1965:27)指出,描写充分和解释充分应该是语法研究的目标。邢福义(1991:61)提出,现代汉语语法研究应追求三个"充分":观察充分、描写充分和解释充分。关于观察、描写和解释三者之间的关系,陆丙甫(1993:7—8)有精当的论述:

科学研究的起点是观察现象,起码目标是描写现象,而高标准目标是解释现象。但这三者的界限并不是绝对的,而是有相当程度的交叉重叠。将观察记录的结果稍加整理,就有了描写的色彩。描写可分对现象的描写和对原因的描写,后者也就是解释了。解释也分体系内解释和体系外解释,前者有更多的描写的成分。如果说解释就是找原因,那么任何原因背后总还有深一层的原因,所以解释是个无限连续发展的过程,任何深一层的解释都可把前面浅一点的解释看作是描写。

朱德熙(1985:81)指出:凡是得不到形式上验证的语义分析对语法研究来说都是没有价值的。据此,陆丙甫(1993:9—10)认为:语法分析必须以形式为纲,只有通过形式这条主线才能把整个语法研究串成一个具有内在一致性的系统；无论从本体论上还是从方法论上看，语法这门学科的基础都应该是形式的；既然语法学的本体的基础是形式，停留在形式上的分析就基本是描写性的；而用表达功能去说明语法现象，用语法以外的因素去说明语法形式，这才是严格意义上的解释。①

沈家煊（1999：6）指出：不管研究语言中的哪一种现象，研究者都有以描写为目标或以解释为目标的自由，但是解释语言现象应该是语言研究的"最终目的"；一般来说，解释要在描写的基础上进行，语言研究中应该把描写和解释结合起来，二者可以交替进行，相互促进；新的语言现象的发现对解释工作提出新的要求，理论上的解释也会引导人们从新的角度去观察语言现象和发掘新的语言现象，语言科学在不断的描写和解释中发展。

就现代汉语否定祈使问题的研究而言，同样需要重视描写与解释相结合。

我们以结构语言学、功能语言学、认知语言学、语用学相关理论为指导，在描写方面，重视分类，包括对否定祈使词语的分类、对否定祈使类聚内部成员的分类等；重视分布，包括否定祈使表达形式的句类分布和语体分布等；重视变换，包括隐性否定祈使施为句（否定祈使句）和显性否定祈使施为句（否定祈使类陈述句）的变换等，同时重视总结规律，如总结施为动词与否定祈使形式相互选择的倾向性规律等。在解释方面，我们重视寻找影响不同否定祈使表达形式的表达功能的语用动因，以及施为动词与否定祈使形式相互选择的认知动因，等等。

（二）共时研究和历时研究相结合

从索绪尔严格区分共时语言学和历时语言学以来，有人产生一种误解，以为语言本身就有共时和历时两个平面，在考察语言共时现象的时候不考虑历时因素的做法似乎是理所当然的（沈家煊，1999：17）。的确，在索绪尔以后，无论是欧洲的布拉格学派、哥本哈根学派，还是美国的描写语言学派，虽然学术背景不同，但都强调研究语言的共时结构（陈平，1987：6）。20世纪50年代，以乔姆斯基为代表的转换生成语言学派兴

---

① 陈平（1987：12）指出：功能主义学派主张从语法系统外部寻求解释，而形式主义学派主张从语法系统内部寻求解释。根据陆丙甫（1993：10）的观点，我们认为功能主义学派从语言外部寻找解释的做法更有借鉴价值，我们对于否定祈使相关问题的分析在解释层面上主要是基于功能和认知方面来考虑。

起，但仍然是在共时语言学的框架内研究语言能力。

事实上，语言总是处在不断的变化之中，它的某个共时状态只存在于历时演变长河的瞬间，稍纵即逝。正是基于此，1987 年功能语法的代表人物霍伯尔（Hopper）发表了一篇题为《浮现语法》（Emergent Grammar）的文章，明确区分了"语法先于用法"和"用法先于语法"两种语法观，Hopper 认为语法不是事先就存在的，人类语言中的语法系统本质上是话语的附带性产物，根本不存在所谓共时的语法系统，存在的只是不断形成过程中的语法（沈家煊，1999：17；张伯江，2005：40；吴福祥，2005：233）。

值得注意的是，虽然语言是历史的产物，语言的演变是绝对的、无休止的，但共时和历时的划分来自人们研究和观察语言的视角，而不是来自被观察的语言事实。语言的共时研究只能回答"语言当前是什么样的"，对于"语言为什么如此"这个问题只能回答其中的一小部分，所以共时研究与历时研究相结合，对于认清某些语言现象是非常必要的（史金生 2002：9）。这正如方光焘（1997[1959]：53）所指出的那样，倘若我们只顾语言现状的描述和分类而忽视历史的说明，许多现象就得不到正确的解释。

其实，索绪尔虽然区分了语言的共时研究与历时研究，但他在《普通语言学教程》中还是指出："无论如何，只要我们没有从单位的两个方面，即静态方面和演化方面去加以研究，就不能把它完全解释清楚。"（参见李广瑜，2010：80）20 世纪 70 年代以后兴起的功能主义理论就十分注意结合语言的历时演变来解释语言的共时变异，近年来兴起的语法化及主观化理论也可以看作是共时研究和历时研究相结合的代表，近来国内外很多学者都运用这些理论对语言的历时演变或共时变异做出了富有成效的研究。

就否定祈使问题的研究而言，同样需要重视共时研究与历时研究相结合。从历时角度来看，现代汉语共时层面上的否定祈使词语都在历史上经历了一个功能衍生和语义演变的过程。依托语法化和功能语言学理论，我们将以两种分布的"不得"为例考察其历时演变过程，勾勒两种"不得"语义演变的时间表，着重探求其否定祈使/规定功能衍生的过程，并结合认知语言学理论从动因、机制等方面做出相应解释。

(三) 定性分析和定量分析相结合

定性分析，就是对于事物的质的方面的分析。事物的质是其内部所特有的区别于其他事物的规定性。事物的质是由该事物内部或外部所具有的各种属性所决定的，并且通过它与其他事物之间的区别表现出来。定性分析就是运用归纳和演绎、分析与综合以及抽象与概括等方法，对获得的各种材料进行思维加工，从而能由表及里揭示事物的本质及内在规律，进而能由此及彼揭示事物之间的内在联系和彼此之间的相互作用（孙瑞英，2005：2）。

归纳和演绎是语言研究中经常使用的两种定性分析方法，不同的语言学流派对待二者的态度有所不同。以布龙菲尔德（Bloomfield）为代表的美国描写语言学派认为，语言学家的任务在于收集、整理和描写语言材料，进而运用分布法和替代法切分出语言单位，然后归纳出若干形式类。以乔姆斯基为代表的生成语言学派则认为，由于具体的语言材料是无限的，不可能用完全归纳法来归纳出语言规则，而应该用演绎法研究语言规则。以格林伯格（Greenberg）为代表的语言类型学派着眼于不同语言蕴含共性的研究，因此，重视语言材料的归纳。

研究语言，分析和综合两种方法同样不可或缺。就事物的整体和部分而言，分析的前提是"整体等于部分之和"，但还有"整体大于部分之和"的情形，所以不能没有综合。一个世纪以来，中国的语法学基本上是沿着《马氏文通》的路子，不断借鉴西方的分析法，可以说，一百年汉语语法研究的进步基本上就是分析的广度、深度的拓展和分析方法的改进。然而，语言研究要把握和理解整体，仅仅分析出各组成部分及其差异是不够的，在分析的基础上还要讲综合，讲究综合法同时有利于分析法的改进（参见沈家煊，2005：16—17）。

定量分析就是对事物量的方面的分析。事物的量就是事物存在和发展的规模、程度、速度以及构成事物的共同成分在空间上的排列，等等，是可以用数量表示的规定性。定量研究是对事物的这些量的规定性的分析与把握。它不局限于具体的数学统计和运算，还包括进一步的定量分析，以便从量的关系上认识事物发展变化的规律，做出更为精确的科学的说明（孙瑞英，2005：3）。因此，一般而言，定量分析的结果更为精确，结论更为可靠。

近年来随着计算机技术的进步，再加上语言哲学思潮向实证方向的回归，语料库语言学方法的优势日益明显，用这种方法进行语言研究取得了令人瞩目的成就。语料库语言学属于典型的定量型研究。它以大量的自然语料为对象，用统计学技术加定性分析方法描述语言的结构和用法，几乎可以运用于语言研究的所有领域（史金生，2002：9）。例如，以格林伯格为代表的语言类型学家就十分重视不同语言的定量统计分析，借以发现不同语言所共有的语法结构或语义关系方面的蕴含共性。

就否定祈使问题的研究而言，同样需要重视定性分析与定量分析相结合。具体说，定性分析体现在，根据句法槽及否定祈使词语典型性的差别，我们归纳出否定祈使类聚的三类子类聚及其下位成员，这着眼于分析；根据不同表达形式具有相同的否定祈使表达功能，我们抽象概括出否定祈使类聚，这着眼于综合。不同否定祈使词语在共时的分布和历时的演变方面既有共性又有差异，我们将结合定量统计分析来做出更为精确的说明。

二　语料来源

语料是语言材料的简称，语料库是承载语言材料的资源库，是以电子计算机为载体承载语言材料的基础资源。根据语料的类型和数量的选取，语料库分为平衡语料库和非平衡语料库。平衡语料库中的语料是经过各种文体平衡加工过的，而非平衡语料库中的语料则是随机性的。一般说来，语料库中的语料有两种：一种是所谓的生语料，即语料库中的语料是未经过加工的；另一种是所谓的熟语料，即语料库中的语料是经过人工标注加工的，如标注词性等语法信息，等等（参见金立鑫，2007：119）。

本书语料主要来自北京大学 CCL 语料库和徐国庆教授提供的个人语料库。就语料库的类型而言，这两个语料库都是平衡语料库。就时代而言，这两个语料库都跨越现代和古代。从文体上看，北大语料库兼顾到小说、戏剧、散文、影视、报刊、史传、论文以及应用文等不同文体，另外还包括口语语料，徐国庆教授提供的个人语料库除包括以上文体外，还包括法规、书评等文体。另外，在这两个语料库的基础上，我们还通过网络搜索和手工翻检建立健全法律、规定、办法、守则等文体的语料库。

下面将以时代为线索，介绍本书语料的主要来源。根据时代的不同，语料可以分为现代汉语语料和古代汉语语料。对于汉语史的分期，王力（1980：43）认为，20 世纪五四运动以后可以看作是现代时期。据此，我们对于语料的划分也以五四运动发生的时间（1919 年）为大致界限，五四运动以后的语料我们视为现代汉语语料，五四运动以前的语料我们视为古代（含近代）汉语语料，对于现代汉语语料我们不再进一步区分内部的时代差异，对于古代汉语内部语料如有必要我们将以朝代作进一步区别。

（一）现代汉语语料具体来源

本书现代汉语语料主要由小说、剧本和法规文献组成。小说语料涉及文本数量最多，文中举例多出自北京作家王朔和老舍的北京话作品。其中，王朔约151万字小说语料篇目如下：

《动物凶猛》《浮出海面》《过把瘾就死》《空中小姐》《一半是火焰，一半是海水》《永失我爱》《刘慧芳》《懵然无知》《人莫予毒》《我是你爸爸》《无人喝彩》《谁比谁傻多少》《修改后发表》《痴人》《你不是一个俗人》《千万别把我当人》《顽主》《枉然不供》《一点正经没有》《给我顶住》《玩的就是心跳》《我是"狼"》《橡皮人》《许爷》《看上去很美》

老舍约244万字小说语料篇目如下：

《赶集》《蛤藻集》《火车集》《贫血集》《樱海集》《集外集》《骆驼祥子》《二马》《火葬》《离婚》《蜕》《老张的哲学》《赵子曰》《小坡的生日》《牛天赐传》《文博士》《鼓书艺人》《猫城记》《四世同堂》《无名高地有了名》《正红旗下》

除了王朔和老舍之外，大陆其他作家约1297万字小说语料篇目（作者）如下：

《皇城根》（陈建功、赵大年）、《穆斯林的葬礼》（霍达）、《无字》（张洁）、《沉重的翅膀》（张洁）、《平凡的世界》（路遥）、《白鹿原》（陈忠实）、《活着》（余华）、《红处方》（毕淑敏）、《大雪无痕》（陆天明）、《狼图腾》（姜戎）、《血色浪漫》（都梁）、《东藏记》（宗璞）、《骚动之秋》（刘玉民）、《尘埃落定》（阿来）、《芙蓉镇》（古华）、《钟鼓楼》（刘心武）、《长恨歌》（王安忆）、《历史的天空》（徐贵祥）、《抉择》（张平）、《第二个太阳》（刘白羽）、《李自成》（姚雪垠）、《芳菲之歌》（杨沫）、《保卫延安》（杜鹏程）、《红旗谱》（梁斌）、《烈火金刚》（刘流）、《羊的门》（李佩甫）、《乔家大院》（朱秀海）、《上海的早晨》（周而复）、《你是一条河》（池莉）、《凤凰琴》（刘醒龙）、《妻妾成群》（苏童）、《岸上的美奴》（迟子建）

另外，港台作家约353万字小说语料篇目（作者）如下：

《蜜糖儿》（岑凯伦）、《璧人》（亦舒）、《香雪海》（亦舒）、《神雕侠侣》（金庸）、《鹿鼎记》（金庸）、《陆小凤传奇》（古龙）、《天涯·明月·刀》（古龙）

剧本语料包括老舍、曹禺创作的话剧剧本和赵宝刚、郑晓龙、冯小刚、管虎等导演执导的三部电视剧的剧本。

老舍约32万字话剧剧本语料篇目如下：

《茶馆》《龙须沟》《残雾》《春华秋实》《方珍珠》《柳树井》《女店员》《全家福》《西望长安》

曹禺约26万字话剧剧本语料篇目如下：

《雷雨》《日出》《北京人》

三部电视剧本约40万字语料篇目如下：

《编辑部的故事》《北京人在纽约》《冬至》

法规语料包括各种法律、规定、办法、守则等约23万字，所涉律例名称（时间）如下：

《中华人民共和国宪法》（2004）、《中华人民共和国刑法》（2006）、《中华人民共和国保险法》（2009）、《中华人民共和国民法通则》（1986）、《中华人民共和国刑事诉讼法》（1997）、《中华人民共和国民事诉讼法》（2007）、《中华人民共和国著作权法》（1990）、《中华人民共和国专利法》（1984）、《城镇燃气管理条例》（2010）、《南开大学学生宿舍管理规定》（2009）、《南开大学学生考场纪律》（2010）、《南开大学教室文明守则》（2008）、《哈尔滨师范大学学生管理暂行办法》（2010）、《哈尔滨市市民公共场所行为守则》（2008）、《广东省城市建设局关于城镇私房买卖问题的通知》（1980）、《江苏省人民政府关于严禁非法收购、倒买倒卖、走私金银的通告》（1989）

另外，除了摘用其他论文中的个别用例外，文中还采用了极少的报刊或翻译作品中的用例，还采用了一些笔者内省的用例、检自网络的用例，这些用例都曾经在沙龙报告中向其他老师和同学做过合格度调查。未标来源出处的例子均为自拟。

(二) 古代汉语语料具体来源

本书古代（含近代）汉语语料主要由诗歌、小说、戏剧、佛经、史书、法律和哲学文献组成，总字数约1093万字。古代汉语语料具体用例来源于以下著作（成书时代）：

《诗经》（春秋）、《论语》（春秋）、《墨子》（战国）、《左传》（战国）、《庄子》（战国）、《韩非子》（战国）、《战国策》（战国）、《张家山汉简》（西汉）、《史记》（西汉）、《论衡》（东汉）、《汉书》（东汉）、《唐律疏议》（唐代）、《致酒行》（唐代）、《敦煌变文集》（唐五代）、《祖堂集》（五代）、《唐会要》（北宋）、《五灯会元》（南宋）、《朱子语类》（南宋）、《元刊全相平话五种》（元代）、《元曲选》（明代）、《水浒传》（明代）、《大明律》（明代）、《红楼梦》（清代）、《儿女英雄传》（清代）、《大清著作权律》（清代）

  需要指出，《唐会要》虽然成书于北宋初年，但其中记录的多是唐代的典章制度，对唐代语言的研究有重要语料价值。《五灯会元》虽然成书于南宋，但其中的《景德传灯录》《天圣广灯录》《建中靖国续灯录》均作于北宋，对北宋语言的研究有重要语料价值。《元刊全相平话五种》虽然刊于元代，但学界认为这五种平话有可能是宋代平话的继承。《元曲选》虽然成书于明代，但收录的均是元代作家的作品，对元代语言的研究有重要语料价值。

  为了提高古代汉语语料使用的可靠性，我们在写作过程中参考了《汉语史语料学》（高小方、蒋来娣，2005）以及一些相关论文的论述。在依托北大语料库电子版语料的同时，我们也积极利用高校图书馆的资源，手工查检了部分善本纸质文献，以确保书中用例稳妥。

第二章

否定祈使问题总论

第一节 研究概况

以往对于现代汉语否定祈使问题的研究有两个突出特点：一是对否定祈使类聚的整体研究薄弱，只是在有教科书性质的汉语语法专著中举例性地涉及；二是对否定祈使类聚的研究偏重于否定祈使句，尤其是偏重于"别"字祈使句，而对其他否定祈使句以及相关问题则研究较少。"别"字祈使句的研究情况将在第三章第一节介绍，下面主要介绍否定祈使句及相关研究的总体概况。限于篇幅，我们这里只选择介绍有代表性的论著。

《马氏文通》（1898）对否定祈使问题已有关注，该书称否定祈使句为"禁令之句""命戒之句""禁止之辞"，并指出了否定祈使句的功能特征是"禁其不然"，还指出了古代汉语否定祈使句的一些特征："至禁令之句，则必以'毋''勿''无'诸字先之"；"煞'也'字者，盖以助其禁令之辞气耳"；"命戒之句，起词可省"（参见马建忠，1983［1898］：333，388）。

《新著国语文法》（1924）中首次使用"祈使句"一术语，并指出"不要""休要""不用""别"有劝阻用法，这些劝阻句末尾若不出现"了"，"语气便强硬些，劝阻好似禁止"（参见黎锦熙，2007［1924］：260，268）。

《中国文法要略》（1944）首次较为细致地研究了汉语的"禁止范畴"。该书区分了"禁止"和"劝止"两种否定祈使：前者语气自然急切，后者语气柔和委婉；前者所用禁止词有"不可""不得""不准""不许"等，后者所用禁止词有"不要""不必""不用"等。该书还指出"别"是"不要"的合音,"甭"是"不用"的合音,并讨论了禁止句中语气词"了""啊"以及动词"请""愿"等的使用情况(参见吕叔湘,2002［1944］:306—309)。

《现代汉语语法讲话》(1953)指出,祈使的反面是禁止,句中常用否定词"不准""不要""不用""别""甭""勿""休""莫"等。该书还指出,"甭"是"不用","别"是"不要",都是北方口语,"勿""休""莫"都是"不要"的意思(参见丁声树等,1961［1953］:199,212)。

《语法讲义》(1982:65,205)讨论了祈使句的动词谓语及主语构成情况,并指出否定形式的祈使句用"别"或"甭"。在表示"不必""无须"意义时,"甭"和"不用"可换用,在表示禁止时,"甭"不能换用"不用"。"不用"可带体词性宾语,"甭"则不可以。"别"和"甭"都表示劝阻或禁止,但有差别:"别"表示说话人主观上不愿意对方做某事,"甭"表示客观上没有理由或无须做某事;对于说话人不企望发生的事,只能用"别",不能用"甭"。

蒋平(1984:1—5)讨论了构成形容词谓语祈使句的形容词谓语和主语的特点,并探讨了肯定式和否定式两种形谓祈使句与不同类别形容词的选择关系:一般说来,褒义形容词不太容易进入否定式,贬义形容词不太容易进入肯定式;积极义形容词容易同时进入肯定式和否定式,消极义形容词不太容易进入肯定式。该文指出,"别"有时说成"不要""不必""不用""甭"等,作用相同或相近,这些否定祈使词语和所否定的形容词 A 之间可以加"太""过分""过于"或者"那么""这样"等词,"别 A"之类的后边可以带上"了""啊""吧",作用是使劝说的语气软化,或表示特定的情绪。

刘月华(1985:100—127)讨论了否定祈使句的禁阻词语、语境因素、谓词特点,对禁阻词语的讨论涉及语气差别、语体选择和主语选择等。该文指出:否定祈使句可以由"别""不""不要""不必""不许""不能"等加上谓语成分构成;交谈双方的身份、地位,说话人的目的、心境,对于表达是直率制止还是委婉劝阻有影响;贬义/中性的动作动词、非自主动作动词与心理状态动词、贬义/中性的形容词可进入否定的祈使句;"别"语气比较随便,"不要"语气比较郑重,"不许"语气强硬,"不必"语气客气些,"少"有训斥意味。"别"比"不要"更加口语化,

"别"总用于对话中,布告、公文中只能用"不要",演讲、报告中往往用"不要";"别""不要"构成的禁止句,没有主语的多些,"不必""不用""不能"构成的禁止句,有主语的多些。

袁毓林(1993:14—75)讨论了否定祈使句的意义分类、谓词特点,并分析了部分否定祈使词语的差别。该书指出,否定式祈使句通常表示禁止、劝阻、乞免等祈使意义,禁止句的语气比较坚决,常用"不许""不准"等词语,劝阻句的语气比较温和,常用"不用""甭""不要""别"等词语,乞免句的语气比较谦卑、委婉,常用"别",一般不用"甭"。该书还指出,贬义或中性的自主动词和非自主可控动词能进入否定式祈使句,非可控动词、非述人动词和褒义自主动词则不能进入否定式祈使句;"别"可带自主和非自主动词,"甭"只能带自主动词,这是因为:"别"表示说话人主观上不愿意对方做某事,其预设是听话人准备或正在有意识地做某事,或将要无意中发出某个动作行为,而"甭"表示客观上没有理由或无须做某事,其预设是听话人准备或正在有意识地做某事;"不准"带有书面语色彩,在口头上不如"不许"常用。

通过比较可发现,这八部论著对于否定祈使相关问题的研究似乎不在一个层次上。马建忠(1898)只研究古代汉语语法,吕叔湘(1944)则古代、现代兼顾,其他六部论著的研究对象均为现代汉语语法,内部仍有不同。

黎锦熙(1924)、吕叔湘(1944)、丁声树等(1953)并未明确提出"否定祈使句"一类的概念,三部著作中对于"劝阻"或"禁止"的研究可看作是在否定祈使问题范围内的研究,这其中以吕叔湘(1944)为代表,其明确提出了"禁止范畴"的概念。朱德熙(1982)、蒋平(1984)、刘月华(1985)、袁毓林(1993)则明确提出"否定祈使句"一类的概念,朱德熙(1982)称之为"否定形式的祈使句",刘月华(1985)称之为"否定的祈使句",蒋平(1984)和袁毓林(1993)称之为"否定式祈使句"。

通过上面的简单回顾会发现,以往对于否定祈使相关问题的整体研究主要关注以下问题:否定祈使词语的范围,否定祈使词语之间的语义差别、语体差别以及对谓词、主语的选择差别,等等。各部论著所提到的汉语中的否定祈使词语有所不同,列表如下:

表 2-1　　　　　　相关论著中否定祈使词语的范围

著作人及时间	否定祈使词语	数量
马建忠（1898）	毋、勿、无	3
黎锦熙（1924）	别、不要、不用、休要	4
吕叔湘（1944）	别、不要、不用、不准、不许、不可、不得、不必	8
丁声树（1953）	别、不要、不用、甭、不准、勿、休、莫	8
朱德熙（1982）	别、甭	2
蒋平（1984）	别、不要、不用、甭、不必	5
刘月华（1985）	别、不要、不用、甭、不许、少、不、不必、不能	9
袁毓林（1993）	别、不要、不用、甭、不准、不许、少	7

第二节　否定祈使句句法槽和否定祈使词语

一　否定祈使句的句法槽

参照上一节介绍的八部论著，汉语中的否定祈使词语可形成一个集合：毋、勿、莫、休、无、别、甭、不、少、不要、休要、不准、不许、不能、不用、不必、不得、不可。这 18 个词语的共同特点是都能进入否定祈使句的句法槽中，构成否定祈使句，实现否定祈使功能。

马庆株（1999：314）指出，分布特征分析在语法学中的意义不仅在于能够给词定类，发现词的排列的有序性，而且可以给语素、词组、句子定类。我们这里使用的否定祈使句句法槽实质上就是采用分布特征分析这种研究方法给否定祈使句定类。所谓否定祈使句句法槽指：

主语（指向听话人或说听双方，可省）+否定祈使词语+谓词性成分

上述句法槽中，"主语指向听话人或说听双方"包括两种情况：一种是主语所指的对象就是听话人或说听双方，因而这个成分常常由第二人称代词或第一人称复数代词充当；另一种是主语所指的对象是与听话人或说听双方相关的事物、事件或行为。如：

(1) "你不要太猖狂。"（电视剧《编辑部的故事》）
(2) "一个字也别多说。"（王朔《懵然无知》）
(3) "你们都甭去。"（老舍《四世同堂》）

(4)"往事不用再说。"(老舍《老张的哲学》)
(5)"咱们不能随意开支乱用!"(老舍《二马》)
(6)"过去的事不必细说。"(老舍《赵子曰》)
(7)"咱们说话别带脏字!"(老舍《龙须沟》)
(8)"说话别老带刺儿!"(老舍《春华秋实》)

这几例中,(1)(3)和(5)中的主语所指的对象就是听话人或说听双方,(2)(4)(6)和(8)中的主语所指的对象是与听话人或说听双方相关的事物、事件或行为,这时在主语前面或后面可以添加上第二人称代词或第一人称复数代词。如:

(2')"你一个字也别多说。"
(4')"往事你不用再说。"
(6')"过去的事咱们不必细说。"
(8')"你说话别老带刺儿!"

(7)的情况略复杂一些,主语因停顿不同而不同:

(7')"咱们'说话别带脏字!"
(7'')"咱们说话'别带脏字!"

(7')中,大主语"咱们"指明祈使的对象是说听双方,小主语"说话"指明否定祈使是针对"说话"这一行为发出的。(7'')则是主谓词组充当主语,表明否定祈使是针对"咱们说话"这一行为发出的。

具体说,"主语所指的对象与听话人或说听双方相关"包括两种情况。一种情况是,主语所指的对象是听话人或说听双方行为支配的对象,如(2)(4)和(6)中的主语。从语义上看,这类主语是句中动词所支配的论元成分,如(2)中的主语"一个字"是动词"说"的对象成分;从句法上看,这类主语有可能是由原来的对象宾语经过句法提升后的结果,因此,动词后面往往存在一个移位型空语类。

所谓"空语类"指在语句中的某些句法成分位置上没有出现的一些词和词组,移位型空语类的特点是:某个可以充当 V 前 NP 或 V 后 NP 的词语没有在主语、宾语位置上出现，而是移位到其他位置；这个词语的原来位置不能补出相同的有形词语（陆俭明、沈阳，2003：150，181）。移位型空语类有时是句法自由的，因为可以移回原位，如：

(4'')"不用再说往事。"
(6'')"不必细说过去的事。"

有时是句法不自由的，这种移位型空语类由于受到结构限制不能移回原位，或即使能移回原位意思也明显变化，如：

(2'')？"也别多说一个字。"

比较（2）和（2''），二者意思明显发生变化，这是由"也"处在不同的句法位置造成的，（2）中的"也"处于"'一'+量+名"和"否定祈使词语+VP"之间表示强调，（2''）中的"也"处于"否定祈使词语+VP+'一'+量+名"之前表示类同。

另一种情况是，谓词性主语所表示的行为是听话人或说听双方所施行的行为，如（8）中的"说话"行为是听话人"梁师傅"施行的行为。

二 否定祈使词语的分类

观察表 2-1 会发现，各部论著中提及的否定祈使词语的范围各有不同。除去以古代汉语为描写对象的《马氏文通》外，余下七部论著中，朱德熙（1982）选择的范围最窄，只有"别"和"甭"两个，刘月华（1985）选择的范围则最宽，共有"别""甭""不""少""不要""不必""不许""不能""不用"等9个。各部论著在否定祈使词语选择上的差异，实际上表明了各部论著在确定否定祈使词语的标准上有差别。

与其他论著将"不用"处理为否定祈使词语不同，朱德熙（1982：65）就明确指出"甭"和"不用"之间虽有联系但差别明显："甭"是"不用"的合音，不过这是从来源上说的，实际上"甭"和"不用"是有区别的；"甭"有时是"不必""无须"的意思，这个时候也可以说"不用"。"甭"有时用在祈使句里表示禁止，这个时候就不能换成"不用"；此外，"不用"可带体词性宾语，"甭"是助动词，不能带体词性宾语。

由此，我们认为有必要重新认识汉语否定祈使词语的内部差异。其实，上面八部论著中所提及的 18 个否定祈使词语并不在一个层面上。其中，"毋""勿""无""莫""休""休要"在古代、近代汉语使用居多；"勿""不可"的使用在现代汉语中一般只局限于说明和规定等书面语体；"别""甭""不""少""不要""不准""不许""不用""不必""不能"常在现代汉语口语中使用；现代汉语中的"不得"则有两个，一个是出现在谓词前的助动词"不得"，多出现在规定语体中，吕叔湘（2002〔1944〕：307）所说的"不得"当指助动词"不得"，另一个是出现在谓词后的助词"不得"，多出现在口语语体中，语义功能与"不能"相当。

（一）典型的否定祈使词语

我们认为，即使在现代汉语口语层面上，"别""甭""不""少""不要""不准""不许""不用""不必""不能"等情况也不同。从词语的语义功能角度来看，"别""甭""不要"本身就可以表示禁止或劝阻，这从词典释义中可看出来，如：

别^4 副 ❶ 表示禁止或劝阻，跟"不要"意思相同：~冒冒失失的｜你~走了，在这儿住两天吧｜~一个人说了算。（《现代汉语词典》2016：89）

甭 <方> 副 "不用"的合音，表示不需要或劝阻：你既然都知道，我就~说了｜这点小事儿，你~管。（同上：64）

不要 副 ❶ 表示禁止或劝阻：~大声喧哗｜~麻痹大意。（同上：112）

这说明，"别""甭""不要"的基本语义功能是否定祈使，这三个词的常规句法表现就是进入否定祈使句法槽构成否定祈使句，因此，这三个词是典型的否定祈使词。

（二）非典型的否定祈使词语

与"别""甭""不要"不同，"不""少""不准""不许""不能""不用""不必"等的基本语义功能并非否定祈使，它们进入否定祈使句法槽后同时要结合具体语境才能表示否定祈使，因此，只能把这些词语看作是非典型的否定祈使词语。

为了更好地认识否定祈使词语的内部差异，下面我们将结合上述论著中的具体例子来讨论"不""少""不准""不许""不用""不必""不能"等词语否定祈使功能的来源。我们认为，这将为说明这些词语否定祈使功能的非典型性提供一个视角。

刘月华（1985：118）指出，"不"的主要功能是否定判断和意愿，也可表示劝阻。该文举例如下：

（9）"不要管他，先不管他。"（曹禺《日出》）
（10）"不理他，明天我们俩还是一块放风筝去。"（曹禺《北京人》）

这两例中，"不"依然表示说话人的否定性意愿。通过上下文可知道，两例中说话人的否定性意愿涉及听话人，即说话人在表明自己意愿的同时也在帮助听话人做出决定，因而整句话带上了否定祈使的意味。对于这类"不"字句而言，"不做某事"是基本语义，"要求不做某事"则是在语境作用下临时产生的意义。如果没有语境制约，这类"不"字句的基本语义依然保留，祈使意义则可能消失。如：

（9'）"先不管他。"
（10'）"不理他。"

这两例中，"不"字句表明说话人做出了否定性决定，至于是否有否定祈使义不能确定。

刘月华（1985：119）指出，有时祈使句中的"少"并不明显地表示"多少"的"少"义，而是表示制止。陈爽（2005：68）则将这类"少"定性为祈使性否定副词。如：

（11）"少在这儿废话！"（曹禺《日出》）
（12）"在行里，叫你做的你做，不叫你做的就少多事、少问。"（同上）

这两例中，"少"的"数量小"意义的确不明显，但"少"用于制止却源于这一基本意义。这类"少"字句的基本意义是少做某事，而并非要求不做某事或不保持某种状态。因此,"少问"并非"别问","少多事""少废话"的原初意义是"少做多余的事""少说多余的话",这与"别多事""别废话"的意义也不相同。"少问""少多事""少废话"表示制止实际是这些词语的字面意义与语境相互作用的结果。

吕叔湘(2002[1944]:307)认为"不准""不许"属于禁止之词。袁毓林(1993:14)也指出,与命令句相应的否定式是禁止句,禁止句的语气比较坚决,常用"不准""不许"等词语。如:

(13)"不许去!"
(14)"不准看!"
(13')"你不许去!"
(14')"你不准看!"

上述四例中,前两例可看作是祈使句,也可以看作是陈述句。赵元任(1979[1968]:42)就指出,命令也可以采取陈述句的形式,如"不准抽烟",其祈使功能是说话人通过陈述自己的态度来实现的。(13')(14')虽然一般看成是否定祈使句,但在意义上存在被动化解读的可能。如:

"你不许去!"　可解读为:你去不被允许
"你不准看!"　可解读为:你看不被允许

这说明,由"不准""不许"构成的否定祈使句与它们"不准许"的基本意义密切相关。而且应指出,这两个句子的否定祈使意义同样是语境赋予的,因而这种意义在一定条件下可以取消。如:

(13'')"你不许去,那我就不去。"
(14'')"你不准看,他就不看了。"

吕叔湘(2002[1944]:307)认为"不必""不用"可用于委婉禁止。刘月华(1985:105,117)也指出"不必""不用"可构成否定的祈使句。如:

(15)"不必提了。"(曹禺《雷雨》)

(16)"你不用管。"(同上)

根据朱德熙(1982：65),"不用""不必"都有"无须"义,刘月华(1985：117)也指出"不必""不用"都有"不需要"义,因此,上面两个例句的否定祈使功能是说话人通过陈述自己的认识"(听话人)不需要做某事"来间接实现的。正因为"不用""不必"的劝止功能是间接的、派生的,所以"不必""不用"可用于委婉禁止。

刘月华(1985：118)指出,"不能"有"情理上不许可""不应该"的意思,是用讲道理的方式表示制止或劝阻,如:

(17)"不能进医院,姨夫眼看就不成了。"(曹禺《北京人》)

(18)"我在这儿的事,不能让妈妈知道的。"(曹禺《雷雨》)

这两个例句中,"不能"所在分句所体现出的否定祈使功能是说话人通过陈述自己的认识"(听话人)做某事在情理上不许可"来间接实现的。正是由于"不能"的劝阻功能也是间接的、派生的,所以刘月华(1985：117)指出"不能"语气比"别""不要"要委婉。

(三) 小结

通过对"别""甭""不要"和"不""少""不准""不许""不用""不必""不能"的比较可看出,禁止或劝阻(即否定祈使)是"别""甭""不要"的基本的直接的语义功能,是"不""少""不准""不许""不用""不必""不能"的间接的派生的语义功能。因此,前者可看作是否定祈使词语的典型成员,后者可看成否定祈使词语的非典型成员。

综上所述,以往相关论著中所涉及的否定祈使词语的分类情况大致如图 2-1 所示。

汉语否定祈使词语 { 文言书面类：毋、勿、无、莫、休、休要、不得、不可
白话口语类 { 典型类：别、甭、不要
非典型类：不、少、不准、不许、不用、不必、不能

图 2-1　汉语中否定祈使词语分类情况[1]

---

[1] 现代汉语中,非典型的否定祈使词语还有"不应""不该""不应该""不应当""犯不着""不得"(助词)等,图 2-1 中未予列出。

需指出，图 2-1 显示的只是一个带有倾向性的分类结果，各类之间并非绝对彼此排斥，而是存在一些过渡情况。"文言书面类"和"白话口语类"就并非完全是割裂的："不要""不准"在具有书面色彩的宣传性标语和规定性文件中经常使用；作为一个文言词，"不可"不大能出现在口语中，但作为一个否定词组"不可以"就完全可以出现在口语中；作为一个口语性词语，"不能"在法律文献中也有使用。

第三节 否定祈使类聚的内部成员

否定祈使表达形式是指具有否定祈使表达功能的语言表达形式，具有否定祈使表达功能的语言表达形式构成一个类聚，可称为"否定祈使类聚"。具体说，否定祈使类聚包括典型否定祈使句、非典型否定祈使句和否定祈使类陈述句。典型否定祈使句、非典型否定祈使句和否定祈使类陈述句的内部又各自包括若干成员，因而三者可看作三个不同的小类聚。

马庆株（1998：175）提出了语义功能语法的基本理念：以语义为基础，以分布、变换等形式特征为标准，以语义语法范畴为中心，以词和词组为基本单位，以分类为重点，形式与意义相结合，共时与历时相联系，共性与个性并重，归纳与演绎并举，多角度、全方位地描写和解释语法聚合和语法组合。上述理念为我们研究否定祈使类聚各个子类聚在结构、语义和表达三个平面上的关系提供了理论支持，同时也为我们分析不同类别的否定祈使表达形式之间的外在差异和内在联系提供了方法论上的指导。

否定祈使类聚的典型特征体现在语用功能和形式表现两个方面：从语用功能上看，否定祈使类聚普遍具有否定祈使表达功能，即具有要求听话人不做某事或不处于某种状态的功能；从形式表现上看，否定祈使表达形式均须依托特定的语言表达形式。

共同的语用表达功能构成了否定祈使类聚赖以形成的基础，不同的语言表达形式则构成了否定祈使类聚的具体表现形式。否定祈使类聚的功能特征决定了否定祈使表达形式一定是指向听话人的，即是向听话人发出否定性要求或指令，同时也决定了否定祈使表达形式一定是指向未然行为、事件或状态的，因为表达已然行为、事件或状态的语言表达形式是无法再用于否定祈使表达的。

一 典型否定祈使句

典型否定祈使句是由典型否定祈使词语进入否定祈使句句法槽所构成的祈使句，其否定祈使功能的实现，依靠的是句子的字面意义，而不是句子结合语境产生的规约性的语用意义。换言之，否定祈使功能是这些句子的原初功能。作为否定祈使类聚的一个子类聚，典型否定祈使句是否定祈使类聚的核心成员，其内部包括以下成员："别"字祈使句，"甭"字祈使句，"不要"祈使句。①

过去已经有一些学者注意到句类和功能存在彼此交叉、渗透的情况，如朱德熙（1982：24）、刘月华（1985：114），因而徐晶凝（2008：97）指出：句类的确定应该有形式上的依据。② 我们认为，研究句类和功能的交叉、渗透情况，应该以区分句子功能的不同层面为前提，应该首先区分出句子的原初功能和派生功能。

据此，我们认为典型否定祈使句的确定应着眼于两个方面。一方面应着眼于表达功能方面，是指那些原初功能而不是派生功能为否定祈使的句子。另一方面也应该有形式、意义上的依据：主语语义上指向听话人或说听双方，因此往往是第二人称"你""您""你们"或第一人称复数式"咱们""我们"或其省略形式；③ 谓语主要由表示动作行为或心理状态的自主的谓词性成分和非自主可控的谓词性成分充当；④ 在主语和谓语之间出现典型否定祈使词语。如：

---

① "别"字否定祈使句指出现否定祈使词"别"的否定祈使句，称名中出现"字"是为了满足韵律要求，同时与以往的"别"字句称名相统一。"甭""少""不"等构成的否定祈使句称名仿此。

② 国外学者也有类似的观点，如韩春海（Han Chun-Hye, 2001：290）用"祈使"专指句子的形式，用"命令""要求"等指这类句子的功能。

③ 吕叔湘（1979：67）指出：如果一句话离开上下文或者说话的环境意思就不清楚，必须添补一定的词语意思才清楚，经过添补的话是实际上是可以有的，并且添补的词语只有一种可能，这样才能说是省略。

④ 关于自主动词和非自主可控动词，可参见马庆株（1988：157）和袁毓林（1991：11），自主动词表示的是动作者可以有意识地发出或不发出的动作、行为，非自主可控动词表示的是动作者可以有意识避免的某种通常在无意中发出的动作、行为。

（19）"你别着急。"（王朔《过把瘾就死》）

（20）"咱们别说这个了。"（王朔《痴人》）

（21）"你甭着急。"（老舍《"火"车》）

（22）"咱甭说了。"（王朔《一半是火焰，一半是海水》）

（23）"你不要怕。"（电视剧《北京人在纽约》）

（24）"我们不要说出他的名字吧。"（老舍《火葬》）

这类否定祈使句的特点是句子的字面意义同语用功能相一致，即这类句子的字面意义就是禁止或劝阻别人做某事。从句子功能表达的角度来看，上述各例的否定祈使功能是句子的原初功能。说话人说出这些句子就是在直接以言行事，即直接用这些句子表达禁止或劝阻的意义，字面意义就是实际表达功能。

从句子形式上的表现来看，上述"别"字句、"甭"字句和"不要"句的主语谓语也都符合典型否定祈使句的要求：例（19）（21）和（23）中的主语为第二人称代词，谓语为非自主可控动词；例（20）（22）和（24）中的主语为第一人称复数代词，谓语为自主动词。

需指出，表面上看，"别""甭""不要"后面都可以跟非自主可控的谓词性成分，实际上组合能力还有差别，"甭"与非自主可控的谓词性成分组合的能力要弱得多，第六章第二节将详细讨论。

二 非典型否定祈使句

非典型否定祈使句是指由非典型的否定祈使词语进入否定祈使句句法槽所构成的具有否定祈使功能的句子，其否定祈使功能的实现，依靠的是句子结合语境产生的规约性的语用意义，而不是句子的字面意义。换言之，否定祈使功能是这些句子的派生功能。作为否定祈使类聚的一个子类聚，非典型否定祈使句是否定祈使类聚的非核心成员，其内部包括以下成员："不"字祈使句，"少"字祈使句，"不准"祈使句，"不许"祈使句，"不用"祈使句，"不必"祈使句，"不能"祈使句，等等。

上一节我们从功能和形式两个方面阐述了典型否定祈使句的特征，参照这两方面的特征，我们会发现，上述非典型否定祈使句在这两方面都不同程度地表现出部分特征的缺失。

典型否定祈使句功能表达方面的特征是：否定祈使功能是句子的原初

功能，即句子的字面意义就是句子的施为语力，否定祈使功能的实现对语境的依赖不很强。因此，典型的否定祈使句脱离语境不会有歧解，不会离析出字面意义与实际意义两方面的语义内容。

然而，非典型否定祈使句的否定祈使功能都不是句子的原初功能，而是句子的派生功能。这类句子可以离析出字面意义与施为语力两方面的语义内容，句子的字面意义同语用功能不一致，脱离语境甚至可能造成歧解，句子禁止或劝阻的功能是通过字面意义间接推导出来的。因此，这类句子要实现否定祈使功能对语境的依赖程度非常高。

通过上节分析可知，"不"字祈使句的字面语义是"不做某事"，"少"字祈使句的字面语义是"少做某事"，"不准/许"祈使句的字面语义是"做某事不被准许"，"不用/必"祈使句的字面语义是"做某事不必要"，"不能"祈使句的字面语义是"做某事情理上不许可"，至于这些句子所表现出的"要求不做某事或不处于某种状态"的意义则是在语境作用下产生的施为语力。这表明这些句子的否定祈使功能实际是这些句子的字面意义与语境相互作用的结果。

典型否定祈使句形式表现方面的特征是：主语往往是第二人称"你""您""你们"或第一人称复数式"咱们""我们"或其省略形式，谓语主要由表示动作行为或心理状态的自主的谓词性成分和非自主可控的谓词性成分充当，在主语和谓语之间出现典型否定祈使词语。

非典型否定祈使句除了不具备典型否定祈使词语这一特征之外，在主语、谓语特征上也不同程度地表现出部分特征的缺失。如"不"字祈使句前面的主语只能是称呼语、第一人称复数或其省略形式，而排斥第二人称（参见宛新政，2008：20）。如：

(25)"妈，我们不谈这个吧。"（引自宛新政，2008：20）
(25') *"你们不谈这个吧。"
(26)"妈妈不哭。"（引自宛新政，2008：22）
(26') *"您不哭。"

"少"字祈使句、"不准/许"祈使句、"不用/不必"祈使句和"不能"祈使句的谓语虽然可以是非自主可控动词，但相对于"别"，用于否定祈使的"少""不准""不许""不用""不必""不能"与非自主可控动词组合的能力要弱得多。如：

(27)"你少说话。"（老舍《赵子曰》）
(27')"你少犯疑！"
(27'') *"你少误会！"
(28)"你也不准告诉他。"（陈建功、赵大年《皇城根》）
(28')"你也不准犯疑！"
(28'') *"你也不准误会！"
(29)"你不许擅自更动东西的摆放顺序。"（王朔《我是你爸爸》）
(29')"你不许犯疑！"
(29'') *"你不许误会！"
(30)"你别误会。"（王朔《浮出海面》）
(30') *"你不用（必）误会。"
(30'') *"你不能误会。"

因此，"不""少""不准""不许""不用""不必""不能"虽然也能进入否定祈使句句法槽构成具有否定祈使功能的句子，但在某些特征上表现出部分缺失。从这个角度看，这些句子也并非典型的否定祈使句。

三 否定祈使类陈述句

否定祈使类陈述句是指，具有否定祈使表达功能的陈述句，这里专指出现第一人称主语和意愿相关类动词或认识类动词的具有否定祈使功能的陈述句。所谓意愿相关类动词包括"希望""请求""建议""提醒""警告""许可""命令"等与人的意愿相关的动词；所谓认识类动词包括"认为""觉得""感觉"等表示人的认识的动词。

否定祈使类陈述句也是依靠规约性的间接言语行为来实现否定祈使表达功能的，换言之，这类句子也可以离析出字面意义与施为语力两方面的语义内容，否定祈使功能是这些句子的派生功能。作为否定祈使类聚的一个子类聚，否定祈使类陈述句也是否定祈使类聚的非核心成员。

同典型的否定祈使句一样，否定祈使类陈述句也有自己的功能特征和形式特征。从表达功能上看，这类陈述句的原初功能是陈述说话人的意愿或认识，派生功能为说话人要求听话人不做某事或不处于某种状态。从形式表现上看，句中出现意愿相关类动词或认识类动词，这两类动词前面是第一人称或其省略形式，后面则以第二人称、第一人称复数或其省略形式为常。

根据否定祈使词语或否定词是出现在施为动词的前面还是后面，否定祈使类陈述句又可分为两类：A类否定在后式和B类否定在前式。"希望、请求、建议、提醒、警告、命令、认为"等动词都可以出现在否定祈使词语前面，参与构成A类否定在后式否定祈使类陈述句。如：

(31) "我建议你不要选择跳楼。"（王朔《人莫予毒》）
(32) "我劝你们不要把这事儿当成儿戏。"（电视剧《编辑部的故事》）
(33) "我希望咱们说话别带脏字。"
(34) "我认为你不用见他。"（亦舒《璧人》）

这四个句子都可以离析出字面意义与施为语力两方面的语义内容，上述四句的字面意义分别是说话人在陈述自己的希望、建议、规劝和认识，实际意义则是要求听话人不做某事或不处于某种状态。这说明否定陈述是这些句子的原初功能，而否定祈使则是这些句子的派生功能。

同时，"希望、建议、准许、愿意"等动词都可以出现在否定词后面，参与构成B类否定在前式否定祈使类陈述句。如：

(35) "我不希望你做那份观察的工作。"（老舍《猫城记》）
(36) "我不建议你这么做。"（范泓《从政七年如咯血》）
(37) "我不准你出去！"（老舍《四世同堂》）
(38) "此刻我不愿意你插嘴。"（老舍《老张的哲学》）

这四个句子同样也都可以离析出字面意义与实际意义两方面的语义内容，否定祈使表达功能是这些句子的字面意义和语境相互作用的结果。

由此可见，与典型否定祈使句和非典型否定祈使句相比，否定祈使类陈述句有自己的句法槽。A类否定在后式句法槽可概括为：

A. 代词$_{第一人称}$＋动词$_{意愿/认识}$＋代词$_{第二人称/第一人称复数}$＋否定祈使词语＋谓词性成分

B 类否定在前式句法槽可概括为：

B. 代词_第一人称 + "不" + 动词_意愿/认识 + 代词_第二人称/第一人称复数 + 谓词性成分

这两个句法槽还可以概括为一个上位的、更具有概括力的句法槽：

C. 代词_第一人称 + 动词性成分_意愿/认识 + 代词_第二人称/第一人称复数 + 谓词性成分

应指出，作为否定祈使类陈述句概括性的句法槽，C 槽中动词性成分_意愿/认识 与谓词性成分存在倚变关系：如果动词性成分_意愿/认识 不包含否定词"不"，那么谓词性成分中包含一个否定祈使词语，如（31）—（34）；如果动词性成分_意愿/认识 包含否定词"不"，那么谓词性成分中不包含否定祈使词语，如（35）—（38）。

第四节 言语行为理论视角下的否定祈使类聚

奥斯汀 1955 年提出了言语行为理论。在这一理论中，奥斯汀首先区分了叙述句和施为句，前者"以言叙事"，后者"以言行事"；继而区分了显性施为句和隐性施为句，前者出现施为动词，后者不出现施为动词；最后指出"以言叙事"也是一种"以言行事"。这对于我们认识否定祈使类聚各子类聚之间的关系具有重要理论指导意义。

一 施为句的定义及分类

所谓施为句是以言行事的句子，是表现施事行为的句子，是具有施为语力的句子，是说话人用以向听话人施加某种影响的句子，本书中专指说话人用以向听话人发出指令以期听话人执行说话人指令的句子。

有学者认为，根据是否出现施为动词，奥斯汀将施为句分为显性施为句和隐性施为句（何自然、陈新仁，2004：61）。我们认为，有无施为动词只是区别显性施为句和隐性施为句的重要因素之一，二者更为本质的区别在于句法模式标准的不同。

奥斯汀指出，英语中显性施为句的句法标准是：句子必须是主动态陈述句；句中必须有施为动词 VP；此动词必须是一般现在时；此动词前主语必须是第一人称单数；此动词的间接宾语是"你"，此动词之前能加副词 hereby；此动词之后有一个间接引语小句 S。英语中显性施为句的句法标准可以用这样的公式来表示（参见索振羽，2000：150）：

I+（hereby）VP+you+that+S

这里所说的"施为动词"指，说话人说出该动词实际上也就是正在施行该动词所指的行为的一类动词（参见奥斯汀，1975：86）。

应该说，奥斯汀所提出的上述标准是英语中最为典型的显性施为句的句法标准。参照以上标准，我们将汉语中显性施为句的句法标准概括如下：

A. 句子在形式上是主动陈述句；
B. 必须有一个施为动词；
C. 此动词的主语必须为第一人称；
D. 此动词后出现的指人成分是第二人称或第一人称复数；
E. 此动词之前能加词组"在此"或"现在"。

汉语中显性施为句的句法标准可以用这样的公式来表示：

代词$_{第一人称}$+施为动词+代词$_{第二人称/第一人称复数}$+谓词性成分

例如：

(39) "我命令你们马上改变航向。"（引自徐晶凝，2008：113）
(40) "我希望你们不要自轻自贱。"（王朔《千万别把我当人》）

前一例中，说话人说出"命令"一词时，就是在发出一个命令。后一例中，说话人说出"希望"一词时，就是在提出一个希望。因此，这两个例子是分别出现施为动词"命令"和"希望"的显性施为句。

如果上述句法标准公式中的"代词_第一人称+施为动词"在线性的语言表达形式中不显现,而只出现"代词_第二人称/第一人称复数+谓词性成分",甚至只出现谓词性成分,那么显性施为句就转变成隐性施为句。如:

(39') "你们马上改变航向。"
(39'') "马上改变航向。"
(40') "你们不要自轻自贱。"
(40'') "不要自轻自贱。"

这四例中均未出现施为动词,前两例是肯定祈使句,后两例是否定祈使句。这表明,一般所说的祈使句都可以看成是隐性施为句。

二 施为动词和否定祈使施为句的分类

既然施为句是以言行事的句子,是具有施为语力的句子,那么典型否定祈使句、非典型否定祈使句和否定祈使类陈述句都可看作是否定祈使施为句,即具有否定祈使表达功能的以言行事的句子。否定祈使类聚实际上就是不同类型的否定祈使施为句构成的聚合。

通过比较可发现,否定祈使类陈述句的句法槽与汉语显性施为句的句法公式基本相同,二者结构都可概括为:

代词_第一人称+动词性成分+代词_第二人称/第一人称复数+谓词性成分

从言语行为理论的视角来看,作为否定祈使施为句的一种,否定祈使类陈述句就是一种显性施为句,确切地说,是一种显性否定祈使施为句。

(一)否定祈使施为句的施为动词

正如施为句可分为显性施为句和隐性施为句,否定祈使施为句也可以分为显性否定祈使施为句和隐性否定祈使施为句。显性施为句区别于隐性施为句的重要标志之一是有施为动词,同样,显性否定祈使施为句区别于隐性否定祈使施为句的重要标志之一也是有特定的施为动词。这里所说的"特定的施为动词"指,上一节所提到的出现在否定祈使类陈述句中的意愿相关类动词和认识类相关动词。

应指出,并非所有的意愿相关类动词和认识类动词都能够成为显性否定祈使施为句的施为动词。试比较：

(41)"希望你别去打搅他。"
(41')?"但愿你别去打搅他。"
(42)"我认为你不用去见他。"
(42')?"我认定你不用去见他。"

与(41)相比，(41')的合格度不高。(41')中的"但愿"是一个"内向"的意愿动词，侧重于强调这只是说话人内心的愿望，说话人没有希望通过自己的言行致使听话人采取某行为的意味，"但愿"后面所接的谓词性成分所表示的行为或事件应该是以不受说话人影响的"客观身份"出现的，而"你别去打搅他"作为祈使句显然是融入了说话人的主观意愿的，不具有"客观身份"，因而(41')的合格度不高。

与(42)相比，(42')合格度有所降低，而且已经丧失否定祈使功能。(42')中的"认定"并非用来表达说话人的一般认识，而是用来表达说话人的确定性认识，"认定"的作用在于"确定"，即用来使某种不确定或不明确的认识变得明确而肯定。因此，与"认为"相比，"认定"承载的信息量较大，是语义表达的重点，不能省略。

可见，显性否定祈使施为句中施为动词的范围需要进一步界定。我们认为，确定显性否定祈使施为句的施为动词，可以借用否定祈使类陈述句的句法槽：

A. 代词$_{第一人称}$+动词$_{意愿/认识}$+代词$_{第二人称/第一人称复数}$+否定祈使词语+谓词性成分

B. 代词$_{第一人称}$+"不"+动词$_{意愿/认识}$+代词$_{第二人称/第一人称复数}$+谓词性成分

出现在A槽中的动词$_{意愿/认识}$和B槽中的"不+动词$_{意愿/认识}$"均可以看作是显性否定祈使施为句的施为动词。[①] 这样，施为动词实际上是一个包

---

① 赵微（2005：42）认为，施为动词不应受"不"修饰限制。我们认为"我不准你看！"中的"不准"也是在说出某词语的同时在执行该词语表示的行为，因此也应看作是"施为动词"。

括动词和动词词组在内的概念。

据此，我们统计了《汉语动词用法词典》（孟琮等，1999）中 2117 个动词、《现代汉语语法信息词典详解》（俞士汶等，2003）中 2147 个动词和《汉语水平词汇与汉字等级大纲》（刘英林，2001）中的 2850 个动词，能进入上面句法槽 A 构成显性否定祈使施为句的施为动词 V 有 17 个①，其中意愿相关类动词 12 个，可称为 A 类意愿施为动词：

恳求　请求❶　求❶　请❶　希望❶　建议❶
主张❶　劝❶　提醒　警告❶　要求❶　命令❶

认识类动词 5 个，可称为认识类施为动词：

认为　感觉❸　觉得❷　想❷　看❷

能进入上面句法槽 B 构成显性否定祈使施为句的施为动词"不+V"有 15 个②，均为意愿相关类动词③，可称为 B 类意愿施为动词：

不准许　不准[1]　不许❹　不允许　不容许❶　不让❹　不叫[2]❷
不希望❶　不愿意❷　不建议❶　不用❹　不需要❶　不赞成
不同意　不要

（二）否定祈使施为句与否定祈使类聚成员的对应

从线性形式上看，否定祈使类陈述句中含有上述施为动词，显然是显性否定祈使施为句，而同是否定祈使施为句聚合成员的典型否定祈使句和

---

① 前两部文献的动词统计以义项为单位，后一部文献的动词统计以词条为单位。下面所列词语均以义项为单位，词条标号和义项标号根据《现代汉语词典》（2016）。

② 下面所列词语词条标号和义项标号的对象均是"不"后面的词。其中的"要"在《现代汉语词典》（2016：1525）中没有适合的义项，故未标出。我们认为，该"要"应列在词条"要[2]"下，释义应为"希望，让"。作为"赞成""同意"的反义词，"反对"其实也可以看作是能进入句法槽 B 的施为动词。

③ 认识类动词"认为""觉得"似乎也能进入句法槽 B，如"我不认为你必须得去"。这类句子通常用于反驳某种观点认识，否定祈使意味几近于无，因此这里不予讨论。

非典型否定祈使句,句中则不含有上述施为动词,因而是隐性否定祈使施为句。否定祈使施为句内部类型与否定祈使类聚内部成员的对应关系可图示如下(见图2-2):

$$\text{否定祈使施为句}\begin{cases}\text{显性否定祈使施为句} \quad \text{否定祈使类陈述句}\\ \text{隐性否定祈使施为句}\begin{cases}\text{典型否定祈使句}\\ \text{非典型否定祈使句}\end{cases}\end{cases}\text{否定祈使类聚}$$

图 2-2　否定祈使施为句类型与否定祈使类聚成员对应情况

由于表达功能相同,显性否定祈使施为句(限于 A 类否定祈使类陈述句)和隐性否定祈使施为句(包括典型否定祈使句和非典型否定祈使句)往往可以通过隐匿或添加施为动词互相转换。[①] 如:

(43)"你别走。"(老舍《老张的哲学》)
(43')"我劝你别走。"
(44)"你不用管。"(老舍《四世同堂》)
(44')"我认为你不用管。"
(45)"我希望你不要离开!"
(45')"你不要离开!"
(46)"我觉得你不必做家教。"
(46')"你不必做家教。"

通过比较这四对例子可看出,出现在显性否定祈使施为句中用于以言行事的施为动词具有元语言的性质,它们出现在句子中本身就可以表明说话人的发话意图。

三　否定祈使形式与施为动词的选择

(一)选择的倾向

显性否定祈使施为句与隐性否定祈使施为句存着转换关系,这种转换关系似乎同时受制于施为动词的类型和否定祈使形式的类型。所谓"否

[①] 徐阳春(2004:65)认为祈使句的深层结构是"祈使人+祈使语+受使人+祈使内容",祈使句的表层结构是由深层结构省略而成。参照胡壮麟(2002:352)可知,乔姆斯基在《最简方案》中已放弃了对深层结构和表层结构的区分。据此,我们未采用徐文的观点。

定祈使形式"指出现否定祈使词语并体现否定祈使句句法槽基本结构关系的结构形式。我们认为，不同类别的否定祈使形式和不同类别的施为动词之间在选择上存在某些倾向性的规律，正是这些规律影响着显性否定祈使施为句和隐性否定祈使施为句转换时的具体表现。

首先，由典型否定祈使词语"别""不要""甭"构成的典型否定祈使形式倾向于前加 A 类意愿类施为动词构成显性否定祈使施为句。如：

(47)"你别这样儿。"（王朔《永失我爱》）
(47')"我恳求你别这样儿。"
(48)"你不要侮辱别人。"（王朔《空中小姐》）
(48')"我警告你不要侮辱别人。"
(49)"你甭理他，"（王朔《一半是火焰，一半是海水》）
(49')"我劝你甭理他。"

当然，典型否定祈使形式并非与所有的 A 类意愿类施为动词都能搭配选择，例如，这些否定祈使形式都不能前加"我命令"。就选择范围来讲，由"别""不要"构成的否定祈使形式比由"甭"构成的否定祈使形式要多得多，前者与"命令"以外的 A 类意愿类施为动词都能搭配选择，而"甭"似乎不能与"恳求""请求""求""请""希望"同现，至少语料中我们没有发现这样的用例。

其次，由非典型否定祈使词语"不准""不许""少""不"构成的 A 类非典型否定祈使形式倾向于前加 A 类意愿类施为动词构成显性否定祈使施为句。如：

(50)"不准动！"（老舍《无名高地有了名》）
(50')"我命令，不准动！"
(51)"不许动！"（王朔《橡皮人》）
(51')"我命令，不许动！"
(52)"你少出去！"（老舍《四世同堂》）
(52')"我建议你少出去！"
(53)"这种变相的广告咱不做。"（电视剧《编辑部的故事》）
(53')"我建议这种变相的广告咱不做。"

同样，A类非典型否定祈使形式也并非与所有的A类意愿类施为动词都能搭配选择。其中由"不准""不许"构成的否定祈使形式只能与"命令"搭配选择，由"少"构成的否定祈使形式则能与"命令"以外的A类意愿类施为动词搭配选择，由"不"构成的否定祈使形式似乎仅能与"希望""建议""劝""要求"同现。

最后，由非典型否定祈使词语"不用""不必""不能"构成的B类非典型否定祈使形式倾向于前加认识类施为动词构成显性否定祈使施为句。如：

(54)"你不用陪着我。"(老舍《猫城记》)
(54')"我看你不用陪着我。"
(55)"你不必多说了。"(电视剧《北京人在纽约》)
(55')"我想你不必多说了。"
(56)"你不能走！"(老舍《二马》)
(56')"我认为你不能走！"

认识类施为动词"感觉""觉得""想""看"都有"认为"的意思，这些词语都可以后带表示说话人认识的内容宾语，"不用""不必""不能"构成的否定祈使形式字面上恰恰表示的就是说话人的认识评价，因此二者能够选择搭配。

通过上述分析可发现，不同类别的否定祈使形式和不同类别的施为动词的选择之间确实存在一些倾向性规律。这些规律可简单图示为图2-3。

否定祈使形式 { 典型类 — 标志：别、不要、甭 } +意愿类
非典型类 { 标志：不准、不许、少、不 } +意愿类 } 施为动词
标志：不用、不必、不能 +认识类

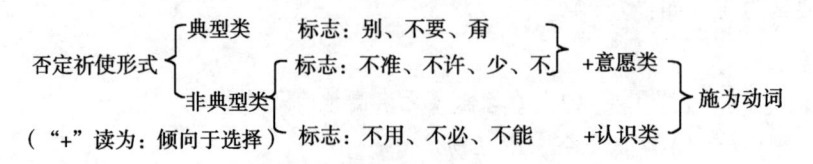

("+"读为：倾向于选择)

图2-3 否定祈使形式与施为动词的选择倾向

(二)"例外"的解释

我们之所以认为上述规律只是一条倾向性规律，是因为考虑到以下事实的存在：实际上，由典型否定祈使词语"别""不要"和非典型否定祈使词语"少"构成的否定祈使形式并非完全不能与认识类施为动词选择

搭配，只是要借助于更多的句法条件。如：

(57)"你最好别去他家找他。"（王朔《顽主》）
(57')"我认为你最好别去他家找他。"
(57'')＊"我认为你别去他家找他。"
(58)"你不要反对为好。"（引自李宗江，2010：40）
(58')"我觉得你不要反对为好。"
(58'')＊"我觉得你不要反对。"
(59)"（你）还是少喝的好！"（老舍《全家福》）
(59')"我感觉（你）还是少喝的好！"
(59'')＊"我感觉（你）还是少喝！"

上面（57）（58）和（59）中出现了"最好""为好""的好"等词语，就可以通过前加认识类动词构成显性否定祈使施为句（57'）（58'）和（59'），否则不能前加认识类动词，如（57''）（58''）和（59''）就是不合格的。

乐耀（2010：143）认为"最好"是一种指示标记，用来指出或明示其前或后的话语内容是说话人要表达的主观建议和意愿希望。李宗江（2010：40）认为"为好""的好"是道义情态标记，表明说话人希望听话人做什么。张娜（2009：17）认为"还是……的好"表示在两种或多种可能的前提下建议别人选择自己认为更好的。

我们认可三位学者的见解，但同时认为"最好""为好""的好"出现在否定祈使形式前面或后面还有其他方面的动因：说话人使用这些词语在于表明其前或后的话语所表示的建议或要求是说话人认为最好的选择，说话人通过陈述自己的看法来表达建议或要求显得更礼貌，也就更容易为对方所接受。

值得注意的是，由"别""不要"和"少"构成的否定祈使形式与不同认识类施为动词的选择搭配似乎存在差异。如：

(57'')＊"我认为你别去他家找他。"
(60)"我看，你别去他家找他。"
(58'')＊"我觉得你不要反对。"

(61)"我想,你不要反对。"
(59'')＊"我感觉你少喝!"
(62)"我看,你还是少喝!"

方梅(2005:498)指出,高频的认证义谓宾动词"想""看"和"认为"等都发生了不同程度的去范畴化,即三者都丧失了作为谓语动词的一些特征。当然,三者去范畴化的程度并不相同。郭昭军(2004:46)也指出,与"认为"相比,"我想""我看"是弱断言谓词,表明说话人对命题不是很肯定。这样,一个似乎合理的推断是,弱断言谓词更适合用来引出否定祈使表达式,但这一推断显然又站不住脚,因为"我猜"断言意味更弱,却仍然不适合引出否定祈使表达式。

曾立英(2005:21)指出,"我看"的"看"经历了"观察"义到"估量"义到"评价"义最后到话语标记的演变过程。陈振宇、朴珉秀(2006:4,9)认为"我看"是非现实标记,表示说话人的认识、预测和提议,并认为"我看"是通过语用推理从认识情态推出道义情态。

在三位学者研究的基础上,我们认为:作为强断言谓词性成分,"我认为"语义始终较为实在,没有发生虚化,其作用在于说明认识的来源,表明说话人对命题是肯定的;作为弱断言谓词,"我想""我看"语义发生虚化,其不仅仅可用来标记认识的来源,还可以标记态度的来源。

"我想""我看"这种标记作用的变化可以得到解释:说话人认为听话人不应该或不必要做的事情,一般不会希望听话人去做。从语义上看,"我想""我看"语义虚化,从语用功能上看,"我想""我看"断言意味弱,从句法地位上看,"我想""我看"是命题外成分,可以看是话语标记,可以删除,所以容易与否定祈使表达式兼容。比较而言,"我认为"语义实在,断言意味强,是命题内成分,所以不容易与否定祈使表达式兼容。

另外,还需要补充的是,虽然由"不用""不必""不能"构成的 B 类非典型否定祈使形式倾向于与认识类施为动词选择搭配,但其并非完全不能与意愿类施为动词选择搭配。如:

(54)"你不用陪着我。"(老舍《猫城记》)

(54') "我提醒你不用陪着我。"
(55) "你不必多说了。"(电视剧《北京人在纽约》)
(55') "我提醒你不必多说了。"
(56) "你不能走!"(老舍《二马》)
(56') "我提醒你不能走!"

上面例句中,由"不用""不必""不能"构成的 B 类非典型否定祈使形式都能前加"我提醒"构成显性否定祈使施为句。这是因为,作为一种言语行为,"提醒"既可以纯粹是由说话人的内心希望引起,也可以是由某种客观情况引起。当说话人认为听话人不必要或情理上不允许做某事时,说话人也可以发出"提醒"行为。

四 否定祈使施为句与施事行为类型

(一) 否定祈使施为句与指令行为、断言行为

奥斯汀(1975:153—163)曾将施事行为分为裁决型、行使型、承诺型、行为型和阐释型五类。塞尔(1979:10)则根据行为目的、适切方向、心理状态,塞尔(1979:11—16)将施事行为分出断言型、指令型、承诺型、表态型和宣告型五类。既然施为句是以言行事的句子,是表现施事行为的句子,那么施为句就应该与施事行为具有某种对应关系。

言语行为理论的核心思想是"说话就是做事"(奥斯汀,1975:6)。据此,否定祈使施为句可以看作是用来施行否定祈使行为的句子。所谓否定祈使行为,指说话人促使听话人按照自己的意愿不做某事或不再处于某种状态的一种言语行为。[1] 参照塞尔对施事行为的分类,否定祈使行为应该属于指令型施事行为(简称为"指令行为")。

虽然否定祈使施为句可以看作是用来施行否定祈使行为的句子,但否定祈使施为句却并非仅仅对应于指令行为,还可以对应于断言行为。断言行为与指令行为在行为目的、适切方向及言者心理上不同:前者的行为目的是做出断言,适切方向是词语适切现实世界,言者心理是相信命题为真;后者的行为目的是发出指令,适切方向是现实世界适切词语,言者心

---

[1] 奥维若(Johan van der Auwera, 2006:9)指出,禁阻行为是说话人禁止听话人开始某种未来的事件状态。

理是希望听话人做某事。如：

(63)"你不要说了。"（电视剧《北京人在纽约》）
(63')"我劝你不要说了。"
(64)"你不用跟我一起走。"（王朔《橡皮人》）
(64')"我认为你不用跟我一起走。"

前两个句子直接用于施行指令行为，说话人要求听话人按照自己的语言指令行事，属现实世界适切词语。后两个句子首先用于施行断言行为，说话人陈述自己的认识——听话人不需要做某事，属词语适切现实世界。同时，后两个句子也用于施行指令行为，说话人通过陈述听话人不需要做某事来要求听话人不要做某事，说话人通过施行断言行为来施行指令行为，因此，从另一个层次上看，这两句表现的施事行为的适切方向也属于现实世界适切词语。

（二）否定祈使施为句与直接/间接言语行为

如果说(63)和(63')用于施行否定祈使行为是依靠直接言语行为实现的，是说话人直接"以言行事"，那么(64)和(64')用于施行否定祈使行为则是依靠间接言语行为实现的，是说话人间接"以言行事"。所谓间接言语行为，指通过实施另一种施事行为的方式来间接地实施某一种施事行为（塞尔，1979：31）。后面这两例正是说话人通过施行一种断言行为来施行另一种指令行为的。

塞尔（1979：36）归纳出六类规约性间接言语行为，其中，第五类涉及听话人实施某行为理由（如可能性、必要性等）。(64)和(64')用于否定祈使正是通过陈述说话人对于听话人行为理由的认识间接实现的，具体说是通过陈述说话人行为必要性的认识间接实现的。说话人说出听话人"不用做某事"，听话人可根据语用推理得知说话人希望自己不要做某事。既然说话人说听话人没有必要做某事，那么说话人一般不会希望听话人来做这件事。

上一小节指出，否定祈使施为句可分为显性和隐性两种。根据施为动词的类型，显性否定祈使施为句可分为两类：出现意愿类施为动词的句子直接用于施行指令行为，如(63')；出现认识类施为动词的句子首先用于施行断言行为，借以间接施行指令行为，如(64')。

马庆株（1999：323）指出，广义变换的类型包括增添实词扩展，通过考察能不能扩展可以给句法结构及其组成成分分类。据此，根据可以补出的施为动词的类型，隐性否定祈使施为句也可分为两类：可以补出意愿类施为动词的句子直接用于施行指令行为，如（63）；可以补出认识类施为动词的句子首先用于施行断言行为，借以间接施行指令行为，如（64）。

（三）小结

由此，否定祈使施为句与施事行为的关系可图示为（图2-4）：

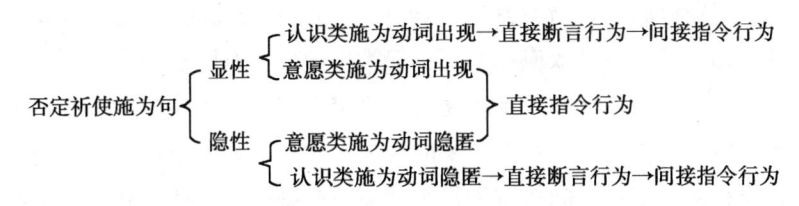

$$
\text{否定祈使施为句} \begin{cases} \text{显性} \begin{cases} \text{认识类施为动词出现} \to \text{直接断言行为} \to \text{间接指令行为} \\ \text{意愿类施为动词出现} \end{cases} \\ \text{隐性} \begin{cases} \text{意愿类施为动词隐匿} \end{cases} \text{直接指令行为} \\ \phantom{\text{隐性}} \text{认识类施为动词隐匿} \to \text{直接断言行为} \to \text{间接指令行为} \end{cases}
$$

图 2-4　否定祈使施为句与施事行为的关系

以上的分析说明，断言行为和指令行为两种言语行为并非总是泾渭分明的，人们提出要求或建议既可以直接依靠指令行为，也可以间接借助于断言行为。同时，这也证明"以言叙事"和"以言行事"也并不总是截然分开的，有时"以言叙事"也能达到"以言行事"的效果。

第五节　原型范畴理论视角下的否定祈使类聚

克罗夫特（1990：125）指出，原型范畴指的是具有清晰的核心或中心成员但边界模糊甚至可变的范畴。换言之，原型范畴是内部成员在人们心目中存在原型性、合格性等级差异的认知范畴。原型范畴内部各成员在人们心目中地位并不平等，有核心成员（中心成员）和外围成员（边缘成员）之分。原型范畴的边界往往是模糊不清的，这是由该范畴边缘成员具有较多相邻范畴的属性造成的。

一　否定祈使类聚的范畴本质

（一）否定祈使类聚的原型效应

否定祈使类聚是指具有否定祈使功能的表达形式构成的类聚，这个类聚包括三个成员：典型的否定祈使句、非典型否定祈使句和否定祈使类陈述句。

莱可夫（1987：58）指出，语言中的范畴在本质上属于认知范畴（cognitive categories）。所有的认知范畴都具有原型效应，所谓原型效应指范畴中的某些成员比其他成员更容易被看作范畴的代表，其他成员由于具有这些成员的部分属性而进入这一范畴。原型效应在语言范畴中的体现尤为明显，这种效应在语言的每一个层面都有体现（参见莱可夫，1987：41，67）。从本质上看，作为语言范畴的一种，否定祈使类聚也可以看作是一种认知范畴，原型效应在否定祈使类聚中也应有明显的体现。

我们认为，与非典型否定祈使句和否定祈使类陈述句相比，典型否定祈使句更应被看作是否定祈使类聚的代表。这是因为典型否定祈使句直接用于否定祈使，不依靠间接言语行为，而非典型否定祈使句和否定祈使类陈述句则间接用于否定祈使，需要依靠间接言语行为。换言之，典型否定祈使句与否定祈使功能的联系是最为自然的，是无标记的。因此，确定否定祈使类聚应该以典型的否定祈使句为认知参照点，典型否定祈使句的属性特征可作为否定祈使类聚的原型特征。

作为认知范畴，否定祈使类聚的原型特征可以从语用功能、语法形式和功能实现方式三个角度来概括。从语用功能角度看，否定祈使类聚的原型特征体现为具有否定祈使功能。从语法形式角度看，否定祈使类聚的原型特征体现为：句子主语指向听话人，句子谓语为自主或可控谓词性成分，句子主语和谓语之间出现否定祈使词语。从语用功能的实现方式上看，否定祈使类聚的原型特征体现为否定祈使功能依靠句子字面意义直接实现。

如果以上述特征作为判断否定祈使类聚内部成员的属性标准，我们会发现从典型的否定祈使句到非典型的否定祈使句、再到否定祈使类陈述句，体现出属性逐渐减少的倾向。这种倾向可通过表2-2清楚地观察到。

表2-2　　　　　　　否定祈使类聚三类成员的属性分布

	典型否定祈使句	非典型否定祈使句	否定祈使类陈述句
否定祈使功能	√	√	√
主语指向听者	√	√	
否定祈使词语	√	√	√（限于A类）

续表

	典型否定祈使句	非典型否定祈使句	否定祈使类陈述句
谓语自主/可控	√	√	√
直接否定祈使	√		
属性统计	5	4	3

温格瑞尔、施密德（1996：21）指出，属性是把若干成员联系成同一范畴的特征和把它们彼此区别开来的特征。观察表 2-2 可发现，把典型否定祈使句、非典型否定祈使句和否定祈使类陈述句联系成同一范畴的属性特征是"具有否定祈使功能"，把典型否定祈使句和非典型否定祈使句、否定祈使类陈述句区别开来的属性特征是"直接实现否定祈使功能"，把非典型否定祈使句和否定祈使类陈述句区别开来的属性特征是"主语指向听话人"。

(二) 否定祈使类聚是原型范畴的证据

克罗夫特（1990：125）认为：原型范畴是具有清晰的核心成员但边界模糊甚至可变的范畴，该范畴核心成员有一束特征（a cluster of properties），但这个范畴的外围成员缺少这些核心特征中的一些特征。以克罗夫特的定义作为参照，否定祈使类聚可看作是一个原型范畴。

首先，否定祈使类聚的核心成员非常清晰，只有"别"字否定祈使句、"不要"否定祈使句和"甭"字否定祈使句这三种典型的否定祈使句。

其次，否定祈使类聚的边界比较模糊且具有可变性。"边界模糊"体现在，非典型否定祈使句和否定祈使类陈述句内部的具体成员相对模糊。非典型否定祈使句内部包括由"不""少""不准""不许""不用""不必"和"不能"构成的否定祈使句。其实，这只是一个基于以往相关研究归纳出来的类聚，不仅内部成员的成员资格可进一步探讨，而且内部成员的数量可重新调整，如"不应""不该""不宜"等进入否定祈使句句法槽后构成的句子似乎也可以看作这一类聚的成员。至于否定祈使类陈述句内部的具体成员就更加模糊不定了。"边界具有可变性"体现在，否定祈使类聚的外围成员的范畴性质游移不定，可看作否定祈使类聚的边缘成员，也可看作是否定陈述类聚的边缘成员。如：

(65)"你不用去了。"(老舍《西望长安》)
(66)"我认为你不用去了。"

如果着眼于句子的派生功能、表达功能,这两例用于劝阻听话人的行为,可看作是否定祈使类聚的边缘成员。如果着眼于句子的基本功能、原初功能,这两例用于陈述说话人的认识,可看作是否定陈述类聚的边缘成员。

这说明非典型否定祈使句和否定祈使类陈述句内部的具体成员存在与相邻的否定陈述类聚过渡交叉的情况。这不难理解,非典型否定祈使句存在字面意义和施为语力的差别,其字面意义通常是陈述某一事实或道理,否定祈使类陈述句存在原初功能和派生功能的差别,其原初功能是陈述某种意愿或观点。

再次,否定祈使类聚的核心成员有一束特征,但该类聚的外围成员缺少这些核心特征中的一些特征。观察表2-2可知,作为否定祈使类聚的核心成员,典型否定祈使句所具有的五项属性特征在否定祈使类聚的外围成员——非典型否定祈使句和否定祈使类陈述句中不同程度地缺失。

由此可见,否定祈使类聚确实是一个原型范畴,该类聚内部各成员在范畴中的地位并不平等。根据包含属性特征的多少,典型否定祈使句可看作是否定祈使类聚的核心成员,否定祈使类陈述句则是否定祈使类聚的外围成员,至于非典型否定祈使句的地位则介于典型否定祈使句和否定祈使类陈述句之间。如果用A代表典型否定祈使句,用B代表非典型否定祈使句,用C代表否定祈使类陈述句,这三类成员在否定祈使类聚中的地位可以图示为(图2-5):

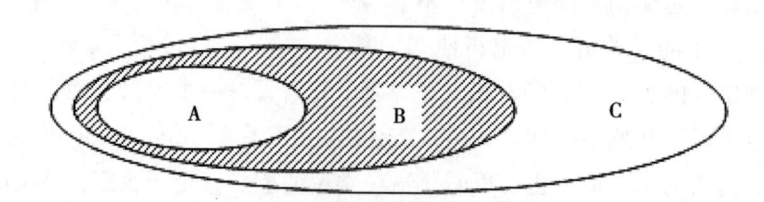

图2-5 否定祈使类聚内各成员的地位

(三)否定祈使句内部成分的原型效应

应该指出,否定祈使类聚中的原型效应不仅仅体现在典型否定祈使句、非典型否定祈使句和否定祈使类陈述句这三个子类聚之间,即使各个子类聚的内部成分的构成上也体现出原型效应。一个很好的证明就是作为否定祈使句标志的否定祈使词语在人们心目中的地位并不一致。这可通过出现在否定祈使句中的否定祈使词语在学者心目中的地位窥见一斑。

参照图2-1中的分类,相关著作(以作者名转指)中提及的白话口语类否定祈使词语统计如表2-3:

表2-3　　　　　相关论著中提及的部分否定祈使词语

	别	不要	甭	不用	不准	不许	不必	不能	少	不
黎锦熙	√	√		√						
吕叔湘	√			√	√	√	√			
丁声树	√	√	√	√	√					
朱德熙	√		√							
蒋平	√	√					√			
刘月华	√	√	√	√		√	√	√	√	√
袁毓林	√	√		√	√	√			√	
数量	7	6	5	6	3	3	3	1	2	1

观察此表可发现,上述七部著作中都一致认为"别"是否定祈使词语,其他词语的否定祈使词语的地位则在各部著作中未获得一致认可。相对而言,"不要""不用""甭"的否定祈使词语地位受到较多认可①,"不能""不"的否定祈使词语地位较少受到认可,"不准""不许""不必""少"的否定祈使词语地位介于二者之间。

可见,否定祈使词语本身也是一个原型范畴,其内部的各个成员之间也存在原型效应。具体说,"别"更容易被看作是否定祈使词语的典型代表,最容易被看作是否定祈使词语的核心成员,其他词语则不同程度地体现了"别"所具有的部分属性特征,因而在人们心目中所获得的否定祈使词语的地位并不一致。

---

①　根据朱德熙(1982:65)的观点,"甭"比"不用"更应该看作是否定祈使词语,但表2-3的统计似乎不支持这一论断,这或许是由"甭"具有方言色彩而"不用"没有方言色彩所致。

其实，不仅否定祈使词语内部存在原型效应，构成否定祈使句法槽的主语和谓语动词的内部也都存在原型效应，也都可以看作是原型范畴。简言之，否定祈使句法槽的主语以第二人称单数代词"你"最为典型，"你们""您"的典型程度降低，"我们"及其他形式主语的典型程度则更低。否定祈使句法槽的谓语动词以自主行为动词最为典型，自主心理动词的典型程度降低，非自主可控行为动词及心理动词的典型程度则更低。

二 否定祈使类聚的内部结构

温格瑞尔、施密德（1996：20）指出，认知范畴的内部结构包括原型、属性、家族象似性。据此，我们认为，否定祈使类聚的内部结构也可以从原型、属性和家族象似性等角度来认识。

（一）否定祈使类聚的原型

泰勒（1989：59—60）指出：原型可以有两种理解，一是指一个范畴的中心成员，二是指一个范畴概念核心的心理表征；原型成员例示了范畴概念核心的心理表征，其他成员则由于与原型成员相似才被赋予进入某一范畴的资格。温格瑞尔、施密德（1996：39）则认为，"原型"与其说是范畴的最好样本，不如说是一种心理表征，一种认知参照点。

以此来看，典型否定祈使句与其被看作是否定祈使类聚的原型，不如被看作是否定祈使类聚的原型成员。作为一种心理表征，否定祈使类聚的原型是：说话人在现场直接向听话人发出否定祈使要求，这种否定祈使要求通过一定的语言形式表达出来。作为否定祈使类聚的原型成员，典型否定祈使句正是例示了上述心理表征。典型否定祈使句所具有的属性特征正与上述心理表征相契合。换言之，上述心理表征可看作是确定否定祈使类聚的认知参照点，其直接体现了否定祈使类聚的属性特征。

（二）否定祈使类聚的属性

温格瑞尔、施密德（1996：23，28）指出，认知范畴的属性彼此在本质上相互联系，而且这些属性本身也存在一个典型性等级，所谓属性的典型性等级指，把范畴内每一个成员的所有属性分量累加起来所排成的等级序列。

就否定祈使类聚而言，该类聚所具有的属性特征的确是相互联系的：一个句子要实现否定祈使表达功能，说话人必须针对否定祈使对象——听话人说出这句话，这样就会要求句子的主语指向听话人；相对于肯定祈使表达而言，否定祈使表达是有标记的，一般会在话语表层形式中出现否定祈使词语；否定祈使的本质是让别人不做某事或不处于某种状态，因而所涉及的行为一般要求是听话人能够自主可控的；如果单纯追求否定祈使效果而不考虑礼貌原则，无疑"直接实现否定祈使功能"是最佳选择。

同时，这些属性本身的确也存在一个典型性等级：作为否定祈使类聚内部三类成员共有的属性，"否定祈使功能"这一属性典型性等级最高，同理，"谓语自主或可控"以及"出现否定祈使词语"这两个属性的典型性等级也较高，而"主语指向听话人"这一属性的典型性等级较低，"直接实现否定祈使功能"这一属性的典型性等级则最低。典型性等级高的属性往往在范畴构建过程中起到关键作用，就否定祈使类聚而言，"具有否定祈使功能"这一属性显然是类聚构建的基础。

（三）否定祈使类聚的家族象似性

所谓家族象似性指，范畴内部成员之间在属性上具有不同程度的相似性（参见维特根斯坦，1958：66）。我们认为，否定祈使类聚内部各成员之间在属性上也具有不同程度的相似性。

从范畴的功能属性上看，典型否定祈使句、非典型否定祈使句和否定祈使类陈述句的相似性体现在都具有否定祈使表达功能。

从范畴的形式属性上看，典型否定祈使句、非典型否定祈使句和否定祈使类陈述句之间也都彼此存在相似性。一方面，典型否定祈使句和非典型否定祈使句的相似性体现在主语都指向听话人上。如（67）（68）中的句子主语都是指向听话人的"你"。另一方面，典型否定祈使句与非典型否定祈使句的相似性体现在变换形式上。由"别""不要""甭"构成的典型否定祈使形式，可以同"不准""不许""少""不"构成的一类非典型否定祈使形式一样前加意愿类施为动词构成意愿明示类直接指令施为句，如：

(67) "你别说话。"（王朔《痴人》）
(67') "我劝你别说话。"
(68) "你少说话。"（老舍《春华秋实》）
(68') "我劝你少说话。"

借助于一定的语法手段（如添加"最好""为好"或"的好"），这些典型否定祈使形式又可以同"不用""不必""不能"构成的另一类非典型否定祈使形式一样，可以前加认识类施为动词构成认识明示类间接指令施为句。如：

(69)"你不要说了。"（电视剧《北京人在纽约》）
(69')"我认为你最好不要说了。"
(70)"你不用再干了。"（老舍《上任》）
(70')"我认为你不用再干了。"

另外，典型否定祈使句和非典型否定祈使句在形式上又与否定祈使类陈述句表现出部分相似性。这表现在，一部分否定祈使类陈述句（主要是 A 类）去掉施为动词及前面的第一人称主语后，形式表现与典型否定祈使句和非典型否定祈使句无异。例子从前文：

(71)"我希望你不要急于否认。"（王朔《枉然不供》）
(71')"你不要急于否认。"
(72)"我认为你不用见他。"（亦舒《璧人》）
(72')"你不用见他。"

如果换个角度看，所有的典型否定祈使句和非典型否定祈使句也都可以通过前加第一人称主语和相应施为动词构成否定祈使类陈述句。

可见，无论从功能属性上看，还是从形式属性上看，甚至从语用功能的实现方式上看，否定祈使类聚内部各成员之间的确存在不同程度的相似性。

(四) 小结

最后，需要指出的是，温格瑞尔、施密德（1996：20）对于认知范畴内部结构的分析，其实可以从成员地位、成员属性和成员关系三个角度来认识。

一个范畴中若干成员的地位取决于成员对于所属范畴核心的心理表征体现的多与少，体现多的成员为核心成员，否则为外围成员。一个范畴概念核心的心理表征具体外化为该范畴的属性特征，具体包括成员间的共同特征和区别特征，核心成员具有的属性特征较多，外围成员具有的属性特征则较少。一个范畴中若干成员的关系表现为彼此具有家族象似性，正如泰勒（1989：60）所言：其他成员则由于与原型成员相似才被赋予进入某一范畴的资格。

我们对于否定祈使类聚内部结构的分析证明，上述对于认知范畴内部结构的认识是合理的。

第三章

"别"字祈使句（上）

第一节 "别"字祈使句研究述评及启示

所谓"别"字祈使句指，由否定祈使词语"别"参与构成的否定祈使句。否定祈使句句法槽为：

主语（指向听话人或说听双方，可省）+否定祈使词语+谓词性成分

据此，"别"字祈使句的句法槽为：

主语（指向听话人或说听双方，可省）+别+谓词性成分

符合这个句法槽的"别"字句即为"别"字祈使句，否则，是非祈使性"别"字句。以往对于"别"字祈使句的研究主要集中在不同"别"字祈使句的句式语义、"别"字祈使句内部成分的句法语义特征等等，有部分学者在研究中还同时涉及了非祈使性"别"字句。具体述评如下。

一 "别"字祈使句研究概述

黎锦熙（2007［1924］：268）指出，"别"用于劝阻。吕叔湘（2002［1944］：308）指出，"别"表示禁止或劝止，是"不要"的合音。丁声树等（1961［1953］：199）指出，"别"表示劝阻。吕叔湘（1980：67）指出，"别"表示劝阻或禁止，还可表示揣测。朱德熙（1982：65）指出，"别"表示说话人主观上不愿意对方做某事。《现代汉

语词虚词例释》(1982：85)指出，"别"表示劝阻或禁止，还可表示提醒，以免出现不应有的情况。

蒋平（1984：4）讨论了"别"在形容词作谓语的祈使句中与程度副词、指示代词和语气词的共现情况，以及"别"与形容词的选择情况。该文指出："别"和所否定的形容词 A 之间可以加"太""过分""过于"或者"那么""这样"等词，"别 A"之类的后边可以带上"了""啊""吧"，作用是使劝说的语气软化，或表示特定的情绪；贬义和中性形容词能进入"别 A"，褒义形容词不太容易进入"别 A"。

张伯江（1985：3—4）讨论了"别 X"和"别不 X"中 X 的构成情况以及两个句式的语义特点。该文指出："别"后边的成分含有消极意义或者含贬义时，一般只能有"别 X"或"别不 X"的一种说法，有些非自主动词能进入"别 X（了）"，但不能进入"别不 X"；"别 X"是要求对方不做什么，"别不 X"则既告诉对方不要"不 X"，又指明了要"X"；"别 X""别不 X"都既可以用于对未然动作的命令，又可以用于对已然动作的命令。

彭可君（1990：4—9）讨论了"别+动""别+动+了""别+形""别+形+了"四种格式的语法意义，以及"别"在表示不同语法意义时对后面动词和形容词的不同选择。该文指出："别+动"表示劝阻或禁止；"别+动+了"可以表示劝止或建议取消计划中的动作行为，也可表示叮嘱或告诫，二者在重音位置和层次构造上表现出不同；"别+形"和"别+形+了"都既可以表示劝阻，又可以表示叮嘱或告诫，二者在重音位置上与"别+动+了"表现出平行性，另外，后者还在层次构造上与"别+动+了"表现出平行性。

彭文还指出："别+动+了"表示劝止时，动词具有［−可计划］［+持续］特征，表示建议取消计划中的动作行为时，动词具有［+可计划］［−持续］特征，表示叮嘱时，动词具有［+自主］［+消除］特征，表示告诫时，动词具有［−自主］［−如意］特征；"别+形"中的形容词都具有［+心态］［+贬义］特征；"别+形+了"表示劝阻时，形容词具有［+心态］特征，表示叮嘱或告诫时，形容词具有［+中性］特征。

袁毓林（1991，1993）讨论了"别 V"和"别 V 了"的句式语义及构成成分的语义特征。袁毓林（1991：18；1993：40）指出：自主和非自主动词都能进入"别 V"，这是由于"别"表示说话人主观上不愿意对方做某事,其预设是听话人准备或正在有意识地做某事,或将要无意中发出某个动作行为;从语义上看,"别+V[+自主]"通常表示劝阻、禁止,"别+V[−自主]"通常表示提醒——提醒听话人警惕、避免在无意中做出说话人不企望发生的事。

袁毓林(1993:41)指出,"别 V 了"是一个包含三重歧义的同形句式,可以分化为三个单义句式:"别+(V_a+了$_1$)"句式义为"说话人阻止听话人进行某个会导致某种'取除'结果的动作、行为",V_a具有[+可控][+取除]特征,了$_1$为动词,在北京话中读/·lou/,意义相当于"掉";"(别+V_b)+了$_2$"句式义为"说话人要求听话人停止其正在进行的动作、行为",V_b具有[+自主][+持续]特征,了$_2$为语气词,在北京话中读/·lə/,表示变化或新情况出现;"别+(V_c+了$_3$)"句式义为"说话人要求听话人不做某事",V_c具有[+自主]特征,了$_3$为动词后缀,在北京话中读/·lə/,表示动作行为的实现。

袁毓林(1993)还讨论了"别"与动结式、形容词以及状态补语选择共现的情况。袁毓林(1993:75,77)指出,具有[+自主][+可控][−褒义]特征的动结式 VC 能进入"别 VC(了)(NP)"句式,具有[−自主][+可控][−褒义]特征的动结式 VC 能进入"别 VC 了(NP)"句式。袁毓林(1993:121,127)指出,具有[+自主][+褒义]特征的形容词能进入"别(太)不 A"句式,具有[+自主][+贬义]特征的形容词只能进入"别 A"句式。

袁毓林(1993:141,143,150)指出,由具有[+自主][±褒义]特征的形容词 A 和具有[−褒义]特征的补语 C 构成的"A 得 C"能进入"别 A 得 C"句式,具有[+自主]特征的动词和具有[−褒义]特征的状态形容词 A_z构成的"V 得 A_z"能进入"别 V 得 A_z"句式,由"太+形容词"充任补语的"V 得太 A"只能进入"别 V 得太 A"句式。

王红旗(1996:15,17)指出,书面上的"别 V 了"可以表示"劝阻或禁止开始做某事""劝阻或禁止继续做某事""劝阻或禁止去除某个客体""提醒避免去除某个客体""提醒避免发生某件事""揣测某件事的发生"六种意义,但是"别"在表达这些意义的句子中本身的意义并未发生变化,都是表示"否定"。

王红旗(1997:12—14)指出,"别 V 了$_1$"可以分化为"别 V_1 了$_1$"和"别 V_2 了$_1$"两个单义格式,前者否定开始做某事,后者否定继续做某事或处于某状态，V_1 和 V_2 的语法特征（用"< >"表示）、语义特征（用"[ ]"表示）分别为：V_1<+自由>[+述人][+自主][-获益][-持续]，V_2<+自由>[+述人][-自主][+自控][+持续][-获益]。

王红旗（1999：11，19）指出：当动词具有[+可控][-自控]特征时，"别 V 了$_1$"表示"否定主体出现某状态"，歧义指数为 1；当动词只有[+动作/行为/变化/心理/活动][-去除][-自移][-可控][-自控]特征时，"别 V 了$_1$"表示"否定发生某件事"，歧义指数为 1；当动词具有[+自移][+自主]特征时，"别 V 了$_1$"可以表示上面提到的两种意义，歧义指数为 2；当动词具有[+去除]特征时，"别 V 了$_1$"除了表示上面提到的两种意义外，还可表示"否定去除某客体"，歧义指数为 3。①

邵敬敏、罗晓英（2004：18，25）讨论了"别"字句的语法意义及其对否定项的选择情况。该文指出："别"字句的主要语法意义包括"禁止""劝阻""求免"，合称"否定性阻拦"，此外还可以表示"否定性猜测""否定性警告""否定性评价"等语法意义，可总称为"否定性意愿"；不同的语法意义跟进入"别"字框架的动词以及形容词的语义特征[+可控]和[-可控]密切相关；"别"跟人称的关系非常密切，第二人称用"别"表主观否定，第一人称单数用"别"表客观否定，第一人称复数和第三人称用"别"则有两种理解。

赵贤德（2004：1—4）考察了"别"字祈使句非动词性谓语的构成情况。该文指出："别"字祈使句中的形容词谓语可以是表示人的心态品性的形容词、感受形容词、量度形容词或颜色形容词；"别"字祈使句中的体词性谓语可以是"名+了"或"修饰语+名"形式；"别"后面有时出现用来引述对方提到的人、物、事或行为"体词并列+的"的形式，或出现用来描述对方所处的状态或情态的"谓词并列+的"的形式，这两类"别"字祈使句在表达禁止的同时，也表达了说话人强烈的厌恶或不满。

赵贤德（2006：15）指出"别"字祈使句的主语有两大类：代词性主语，包括第二人称代词"你、你们、您"，第一人称代词"咱、咱们、我们"，泛指总称的人称代词"大家、大伙儿"，疑问代词"谁、什么、

---

① 王红旗（1997：12）指出该文中"别 V 了$_1$"中的"了$_1$"为句末语气词，口头上读 le。王红旗（1999：11）指出该文中"别 V 了$_1$"中的"了$_1$"为动态助词，口头上读 lou。

哪儿"；名词性主语，包括施事主语、受事主语、工具主语、方位主语等。主语隐去的条件是：面对面表示劝阻时；"别"前/后出现呼语句时；人称代词产生人格换位时。主语出现的条件是：当主语包括发话人时；当主语是尊称时；当主语特指一定范围时；当主语强调所指对象时；当主语为话题主语时。

项开喜（2006：48—55）从"有意—无意"的角度考察了"别 VP 了"格式的句式语义。"别 VP 了"句式有"（你）别 VP 了"和"别（让他/她/它）VP 了"两个基本类：前一类中，VP 表示有意的动作行为，整个句式表示"制止"的意义；后一类中，VP 表示意外的结果或事件，整个句式表示"防止"的意义。二者除了在"了"的性质、结构层次、句子重音等方面有差异外，前一类前面不能加"小心"/"可"，后一类则可以。该文还指出，"别"字句的语义体现为等级序列关系：制止>防止>预测。

二 "别"字祈使句研究简评

从上文的介绍中可看到，20 世纪 80 年代初以及之前的研究主要集中在"别"的意义上面，这一时期"别"的研究尚未获得独立地位，表现为没有出现讨论"别"的用法的专篇文章。但这一时期的研究深化了人们对于"别"的意义的认识，提出"别"有"劝阻或禁止""提醒避免""揣测"三种常见意义。朱德熙（1982：65）概括的"说话人主观上不愿意对方做某事"则揭示了"别"的核心意义，它涵盖了上述三种意义。这些研究为 20 世纪 80 年代中期以后"别"字祈使句的研究奠定了基础。

20 世纪 80 年代中期以后，出现了不少专门研究"别"字祈使句的专篇文章，一些著作中也专辟篇幅讨论"别"的用法，研究内容涉及"别"与其他词语的同现选择情况、制约"别"字祈使句意义表达的因素等。除了研究内容不断拓展以外，研究方法也不断创新。

蒋平（1984）和张伯江（1985）的研究注意到，谓语的感情色彩以及自主与否影响其与"别"的选择搭配，这为后来语义特征分析法应用于"别"字祈使句的研究打下了良好的基础。

彭可君（1990）应用语义特征分析法分析了"别+动""别+动+了""别+形""别+形+了"四种格式中谓词在语义上的准入条件，还分析了不同语义特征对于"别"字祈使句意义表达的制约情况。彭文还注意到

"别+动+了"和"别+形+了"在重音位置和层次构造上都有两种划分可能，而两种划分又分别对应于不同的意义表达。彭文结合谓词语义特征和语音表现形式来研究"别"字祈使句，在研究方法上向前迈出了可贵的一步。

在充分应用语义特征分析法的同时，袁毓林（1991，1993）还将语用学中的"预设"理论应用于"别"字祈使句的研究，较为全面地分析了"别 V""别 V 了""别 VC""别 VC 了""别（太）不 A""别 A 得 C"以及"别 V 得太 A"等祈使句的句式语义。袁文对于"别"字祈使句的研究，无论是在深度上还是在广度上，都大大向前推进了。

王红旗（1996，1997，1999）的系列研究均针对"别 V 了"句式展开，研究内容涉及"别 V 了"句式的意义、"别"的意义、V 的特征以及该句式的歧义指数诸多方面，在"别 V 了"这一句式的研究上可谓用力颇多。王红旗（1996：17）指出"劝阻或禁止""提醒""揣测"等意义并非"别"本身所具有，这启示我们应该对"别"的意义作进一步的思考。王红旗（1997）将"自由""粘着"这一对语法特征引入"别 V 了"的分析，王红旗（1999）将歧义指数分析方法引入"别 V 了"的分析，这是两篇文章在研究方法上的有益尝试。

进入 21 世纪以后，"别"字祈使句语法意义及其对谓词的选择依然是学者们关心的话题，同时主语人称与"别"之间的选择关系也受到重视。研究方法上，除了继续沿用语义特征分析、结构层次分析以外，还注意句法结构类型比较、句法成分共现分析，并试图尝试建立"别"字句语义的等级序列。

在前人研究的基础上，邵敬敏、罗晓英（2004）将"别"字句的"否定性阻拦""否定性猜测""否定性警告""否定性评价"意义总称为"否定性意愿"，全面而深刻。赵贤德（2004）注意到"别"字祈使句中可以出现体词性谓语，赵贤德（2006）总结了"别"字祈使句主语隐现的条件，发现了新的语言事实。项开喜（2006）从"有意—无意"角度入手，考察了两种同形"别 VP 了"的系列差异，并建立了"别"字句语义的等级序列。这些研究无疑将人们对于"别"字句的认识提升到了一个新的高度。

应该说，前辈学者对于"别"字祈使句的研究已经相当深入，这为我们的研究奠定了坚实的基础。虽然如此，我们认为"别"字祈使句的研究还有进一步思考的空间，有一些问题还值得进一步探讨。具体说，"别"字句究竟可以表达哪些意义，"别"字祈使句可以表达哪些意义，影响"别"字祈使句意义表达的因素究竟有哪些，"别"字祈使句包括哪些具体表达形式，这些具体表达形式与内部构成成分如何相互制约，元语性"别"字祈使句具有哪些区别于一般元语否定句的特点，等等，都值得进一步研究。

三 "别"字祈使句研究启示

上面着重对"别"字祈使句的研究现状进行了述评，下面将重点探讨这些研究对于我们认识"别"字祈使句意义的启示。通过上文的介绍可知，20世纪80年代中期以来，关于"别"字祈使句的意义，不同的学者概括有所不同，具体如下：

A. 说话人希望听话人不要做某事或进入某状态（张伯江，1985）

B. 说话人希望听话人停止某动作或改变某状态（张伯江，1985）

C. 劝阻或禁止（彭可君，1990；袁毓林，1991）

D. 叮嘱或告诫（彭可君，1990）

E. 提醒警惕或避免（袁毓林，1991）

F. 劝阻或禁止开始做某事（袁毓林，1991；王红旗，1996）

G. 劝阻或禁止继续做某事（袁毓林，1991；王红旗，1996）

H. 劝阻或禁止去除某个客体（袁毓林，1991；王红旗，1996）

I. 提醒避免去除某个客体（王红旗，1996）

J. 提醒避免发生某件事（王红旗，1996）

K. 否定性阻拦（邵敬敏、罗晓英，2004）

L. 制止（项开喜，2006）

M. 防止（项开喜，2006）

通过比较可以发现，各位学者对于"别"字祈使句意义的表述虽有不同，但上面各表述之间并非彼此完全排斥，因此上面部分意义可以合并。具体说，A、B、C、F、G、H、K、L等义可合并统称为"劝阻或禁止"，D、E、I、J、M等义可合并统称为"提醒避免"。

此外，部分学者还在研究中涉及非祈使性"别"字句的意义，具体如下：

N. 揣测（王红旗，1996；项开喜，2006）
O. 否定性猜测（邵敬敏、罗晓英，2004）
P. 否定性警告（邵敬敏、罗晓英，2004）
Q. 否定性评价（邵敬敏、罗晓英，2004）

其中，N、O两义可合并统称为"否定性揣测"，P义"否定性警告"和Q义"否定性评价"，这几种意义是非祈使性"别"字句表达的意义，与"别"字祈使句表达的"劝阻或禁止"与"提醒避免"这两种意义并立。当然，这些具体意义之间又并不是完全割裂的，它们可以统筹于一个更高层次的意义：

R. 否定性意愿（邵敬敏、罗晓英，2004）

通过上面的总结可以发现，"别"字祈使句表达的意义主要有两种：劝阻或禁止和提醒避免。所谓"劝阻或禁止"指，要听话人不进行某行为或不持有某心理，具体又分以下四种情况：

A. 要听话人不开始某行为
B. 要听话人不继续某行为
C. 要听话人不进入某心理
D. 要听话人不持续某心理

所谓"提醒避免"指，要听话人避免无意中进行某行为或持有某心理，具体又分以下四种情况：

A. 提醒听话人避免无意中发生某行为
B. 提醒听话人避免无意中继续某行为
C. 提醒听话人避免无意中产生某心理
D. 提醒听话人避免无意中持续某心理

劝阻和禁止其实并不完全相同，但有共同特点，即都表达否定性要求。劝阻和禁止的主要差别在语气上，而一句话的语气主要决定于语调。劝阻句和禁止句的主要差别在语调上，劝阻句语调比较缓慢，禁止句语调急降而短促（邢公畹，1994：387）。另外，劝阻句多用"了""啊"等语气词，禁止句则一般不用语气词（黎锦熙，2007［1924］：268；吕叔湘，2001［1944］：308）。劝阻句前面或后面有时出现说明禁阻理由的分句，禁止句则不会出现说明禁阻理由的分句。由于语气及语调在文本信息中不好把握，本书并不时时区分劝阻和禁止，只是在二者有其他语法形式差别时才作区分。

劝阻禁止和提醒避免虽然表面上不同，却又并非泾渭分明。"要听话人不继续某行为"和"要听话人不持续某心理"是典型的劝阻禁止，如"别吵了""别考虑了"；"要听话人不开始某行为"和"要听话人不进入某心理"本身均为劝阻禁止，但也均有提醒的意味，如"别走""别信"；"提醒听话人避免无意中发生某行为"和"提醒听话人避免无意中产生某心理"是典型的提醒避免，如"别摔跟头""别忘记"；"提醒听话人避免无意中继续某行为"和"提醒听话人避免无意中持续某心理"本身均为提醒避免，但也均有明显的劝阻意味，如"别哆嗦了""别担心了"。

从下一节起，本书将讨论不同类型"别"字祈使句的句式语义，这些句式与构成成分之间的相互制约关系，以及这些不同句式中谓词的准入条件。

第二节 "别 V"及"别 A"祈使句

一 "别 V"祈使句

（一）"别 V"祈使句的两种意义

"别 V"祈使句主要表示两种意义：劝阻或禁止和提醒避免。"别 V"可用于劝阻或禁止，如：

（1）老太太长时间地凝视元豹，慢慢露出狞笑："好，你练得不

错，现在咱们练习双人舞——你们别动，老老实实夹着。"（王朔《千万别把我当人》）

（2）"马锐，我们走了。"一个孩子率先站起来，其他孩子也纷纷起立。"别，你们别动。"（王朔《我是你爸爸》）

（3）"你觉得他说的可信吗？""他的话你别信。"

（4）"我觉得他的话有道理。""他的话你别信。"

"动"是自主行为动词，具有［+持续］特征，"别动"可以表示要听话人不开始某行为，如（1），也可以表示要听话人不继续某行为，如（2）。"信"是自主心理动词，具有［+持续］特征，"别信"可以表示要听话人不进入某心理，如（3），也可以表示要听话人不保持某心理，如（4）。

彭可君（1990：4）指出，"别 V"的语法意义比较单一，表示劝阻或禁止。实际上，"别 V"有时并不表示劝阻或禁止。如：

（5）"相机端稳了，别哆嗦！"（百度搜索）

（6）"你别哆嗦，哆嗦什么呀？"（王朔《玩的就是心跳》）

（7）"没怎么，对不起，卫宁。别生气。""没事，上去一块儿坐坐吧。"（王朔《一半是火焰，一半是海水》）

（8）慧芳眼圈红了："对，我就是一没用的人。"夏顺开忙道："你别生气，我不是挖苦你。"（王朔《刘慧芳》）

"哆嗦"是非自主行为动词，具有［+持续］特征。"别哆嗦"可以表示提醒避免尚未开始的非自主行为，如（5），也可以表示提醒避免正在进行的非自主行为，如（6）。"生气"是非自主心理动词，具有［+持续］特征，"别生气"可以表示提醒听话人避免无意中进入某心理，如（7），也可以表示提醒听话人避免无意中持续某心理，如（8）。

需要强调的是，（6）中的"别哆嗦"也可以看作说话人要听话人不继续某行为，这样看来，该表达也含有一定的劝阻意味。同样，（8）中的"别生气"也可以看作是说话人要听话人不持续某心理，也含有一定的劝阻意味。

比较上述八个例子可发现，制约"别 V"表劝阻或禁止还是提醒避免的主要因素是 V 是自主动词还是非自主动词。① 由此，袁毓林（1991：18）指出，"别+V［+自主］"通常表示劝阻、禁止，"别+V［-自主］［+可控］"通常表示提醒——提醒听话人警惕、避免无意中做出说话人不期望发生的事。换个角度看，劝阻或禁止与提醒避免的主要区别在于：劝阻或禁止的一般是自主行为或心理，提醒避免的一般是非自主的行为或心理。

参照马庆株（1981，1988）和袁毓林（1991，1993）的研究，我们认为，自主动词是表示行为主体有意识地发出的行为或心理主体有意识地持有的心理的动词；非自主动词是表示行为主体无意中发出的行为或心理主体无意中持有的心理的动词。

（二）"别 V"祈使句的歧义现象

邵敬敏、罗晓英（2004：19）指出，"别 V"可能有两种意义，禁止于未然和禁止于已然，这跟"别"没有关系，只是语境的不同导致语义的不同。我们认同这一观点，但需指出的是，不仅表示"劝阻或禁止"的"别 V"可能有这两种意义，表示"提醒避免"的"别 V"也可能有这两种意义，见（5）—（8）。我们同时认为，"别 V"是否有歧义以及有哪些歧义，与 V 的语义类型密切相关。

其实，并不是所有的自主动词或非自主动词构成"别 V"都是有歧义的。有的自主行为动词构成的"别 V"即使脱离语境也并不一定有两种意义，如：

(9)"你别放弃！"
(10)"晚会别开始！"

"放弃"和"开始"在语义上有共同特点：除了都表示自主行为以外，还都没有续段，即不具有［+持续］特征，都属于非持续性动词或者说点结构动词。

马庆株（1981：86）指出，不能加"着"的动词叫非持续性动词。

---

① 本书自主动词的范围与马庆株（1988）和袁毓林（1991）所论大致相同，非自主动词的概念及范围取自马庆株（1988），比袁毓林（1991）非自主动词的范围要大。袁文使用的［-自主］特征本书一律改写为［+可控］特征。袁毓林（1991）中的可控动词包括自主动词，本书［+可控］概念外延较袁文［+可控］概念外延小，只表示人可以避免的通常在无意中发出的行为或心理，不包括人可以有意识地发出的行为或心理。

马庆株（1981：89）进一步指出，非持续性动词表示的动作或变化是一瞬间就完成了的，这种动作变化的开始点和结束点是重合的，因此时量宾语只表示动作或变化完成以后经历的时间。"放弃"和"开始"具有类似的特征，如：

  ＊放弃着 ＊正在放弃 放弃了两年了
  （行为完成后持续时间，非行为持续时间）
  ＊开始着 ＊正在开始 开始了两天了
  （行为完成后持续时间，非行为持续时间）

郭锐（1993：416）也指出，点结构动词的特点是瞬时性和变化性，不包含一个渐变的续段过程，动作一开始就结束。郭锐（1993：416）所举的例子就包括"放弃"和"开始"。

因此，(9)和(10)中，"别放弃""别开始"都表示要听话人不开始某行为，或者说都表示要听话人不达成某行为。

同样，有的非自主行为动词或非自主心理动词构成的"别V"即使脱离语境也并不一定有两种意义，如：

  (11)"别摔跟头！"（老舍《女店员》）
  (12)"跟我父亲和妹妹在一起，别忘记。"（翻译作品《战争与和平》）

"摔跟头"是行为动词，"忘记"是心理动词，二者语义上的共同点是都具有［-自主］［-持续］特征，属于非持续性动词或者说点结构动词。前一例中的"别摔跟头"表示提醒听话人避免无意中发生某种不如意的非自主行为，后一例中的"别忘记"表示提醒听话人避免无意中产生某种非自主心理。

（三）V的类型与"别V"意义的关系

我们认为，"别V"是否有歧义以及有哪些歧义，与V的语义类型密切相关。换言之，不同语义特征的V对"别V"的意义影响很大。

在不考虑语境因素的情况下，如果V为自主持续行为动词，则"别V"劝阻或禁止的行为可以是尚未开始的，也可以是正在进行的；如果V

为自主持续心理动词,则"别 V"劝阻或禁止的心理可以是尚未进入的,也可以是正在持续的。如果 V 为非自主持续行为动词,则"别 V"提醒避免的行为可以是尚未开始的,也可以是正在进行的;如果 V 为非自主持续心理动词,则"别 V"提醒避免的心理可以是尚未开始的,也可以是正在进行的。如果 V 为自主非持续行为动词,则"别 V"劝阻或禁止的行为只能是尚未开始的;如果 V 为非自主非持续行为或心理动词,则"别 V"提醒避免的行为或心理只能是尚未开始的(参见表3-1)。

表 3-1　　"别 V"祈使句意义与句中动词类型间的对应关系

V 的类型	例词	"别 V"的意义	是否有歧义
[+自主][+行为][-持续]	放弃	劝阻或禁止开始某行为	否
[+自主][+行为][+持续]	动	劝阻或禁止开始/继续某行为	是
[+自主][+心理][+持续]	信	劝阻或禁止进入/持续某心理	是
[+可控][+行为][-持续]	崴脚	提醒避免发生某行为	否
[+可控][+心理][-持续]	忘记	提醒避免产生某心理	否
[+可控][+行为][+持续]	哆嗦	提醒避免发生/继续某行为	是
[+可控][+心理][+持续]	生气	提醒避免产生/持续某心理	是

注:自主心理非持续动词未发现用例。

观察表 3-1 可发现,"别 V[+自主][+行为][+持续]"与"别 V[+自主][+心理][+持续]"在表义上是平行的,前者劝阻或禁止的行为可以是尚未开始的,也可以是正在进行的,后者劝阻或禁止的心理可以是尚未开始的,也可以是正在进行的。这与这两种动词的语义特点有关。无论是自主行为动词,还是自主心理动词,如果其表示的行为或心理有起点又有续段,则由这些动词构成的"别 V"就可能表示两种意义。

同样"别 V[+可控][+行为][+持续]"与"别 V[+可控][+心理][+持续]"在表义上是平行的,前者提醒避免的行为可以是尚未开始的,也可以是正在继续的,后者提醒避免的心理可以是尚未进入的,也可以是正在持续的。这与这两种动词的语义特点有关。无论是非自主行为动词,还是非自主心理动词,如果其表示的行为或心理有起点又有续段,则由这些动词构成的"别 V"就可能表示两种意义。

然而,"别 V[+自主][+行为][-持续]"与"别 V[+自主][+行为][+持续]"在表义上是不平行的,前者劝阻或禁止的行为只能是尚未开始的,后者劝阻或禁止的行为可以是尚未开始的,也可以是正在进行的。这与这两种动词的语义特点有关。前者中的 V 是自主非持续行为动词，由于不具有［+持续］特征，因而劝阻或禁止的行为不能是正在进行的。后者中的 V 是自主持续行为动词，由于具有［+持续］特征，因而劝阻或禁止的行为可以是正在进行的。

同样，"别 V［+可控］［+行为］［-持续］"与"别 V［+可控］［+行为］［+持续］"在表义上也是不平行的，前者提醒避免的行为只能是尚未开始的，后者提醒避免的行为可以是尚未开始的，也可以是正在进行的。这也与这两种动词的语义特点有关。前者中的 V 是可控非持续行为动词，由于不具有［+持续］特征，因而提醒避免的行为不能是正在进行的。后者中的 V 是可控持续行为动词，由于具有［+持续］特征，因而提醒避免的行为也可以是正在进行的。

"别 V［+可控］［+心理］［-持续］"与"别 V［+可控］［+心理］［+持续］"在表义上也是不平行的，也是因为前者不具有［+持续］特征，后者具有［+持续］特征。此不赘述。

可见，在脱离语境的情况下，无论是自主行为动词还是自主心理动词，无论是非自主可控行为动词还是非自主可控心理动词，如果其表示的行为或心理具有［+持续］特征，则由这些动词构成的"别 V"就可能表示两种意义，如果其表示的行为或心理不具有［+持续］特征，则由这些动词构成的"别 V"就只能表示一种意义。

（四）强可控动词和弱可控动词

虽然都是非自主可控动词，可控心理动词的可控性似乎强于可控行为动词。举例来说，相对于"摔跟头"这一行为，"生气"这一心理情绪似乎可控性更强一些。所谓"可控"，这里专指人可以避免通常在无意中发出的行为或心理。通常认为"可控"是针对行为者而言的。我们认为，这种"可控"有时不仅仅取决于听话人自身，也可能取决于说话人行为的影响。这表现在说话人可以通过自己的某种有意识的行为改变听话人的心理情绪。如：

（8'）慧芳眼圈红了："对，我就是一没用的人。"夏顺开忙道："你别生气，我不是挖苦你。没关系，不会不要紧，咱们现学。你聪明，我都会了你还能学不会？只要肯学，那不用太用功。"一句话把慧芳说得破涕为笑。（王朔《刘慧芳》）

由"生气"这一类表示消极心理情绪的非自主可控动词构成的"别

V",既可以表示在预计听话人有可能产生某种消极心理情绪的情况下提醒听话人避免产生这种情绪心理,如(7),也可以表示在发现听话人已经表现出某种消极心理情绪的情况下提醒听话人避免持续这种情绪心理,如(8)。于是"别 V [+可控] [+心理]"可能表示两种意义。而"摔跟头"表示的非自主行为可控性相对较差,说话人的行为一般不能使听话人摆脱这一状态,"别摔跟头"也就不能表示提醒听话人避免正在进行的某种非自主行为。

为区别"摔跟头"和"生气"所代表的两类可控动词,我们把"摔跟头"所代表的一类可控动词称为弱可控动词,把"生气"所代表的一类可控动词称为强可控动词。弱可控动词是表示某人通常在无意中发出的但在他人的提醒下可以避免发生的不如意的行为或心理的动词,该类词多具有瞬时性,如"摔""丢""跌""掉""崴""忘""迷路""落枕"等。强可控动词是表示某人通常在无意中发出的但在他人行为的影响下可以发生改变的行为或心理的动词,该类词均具有持续性,包括"生气""发愁""后悔""担心""吃惊""害怕""心疼""怀疑"等。

无论是普通话中还是方言中,都存在着强可控动词和弱可控动词的对立。普通话中这种对立表现在,强可控动词能受"不用""甭"否定,不能受"小心"支配,弱可控动词则不能受"不用""甭"否定,但能受"小心"支配。试比较:

    不用担心 甭担心 *小心担心 *不用摔了 *甭摔了 小心摔了
    不用害怕 甭害怕 *小心害怕 *不用落枕 *甭掉了 小心掉了

方言中这种对立表现在:绍兴方言中,强可控动词能受"覅"否定,不能受"看"修饰,弱可控动词则不能受"覅"否定,但能与"看"组配;晋中方言中,强可控动词能受"不要"否定,不能受"看"修饰,弱可控动词能受"不要"否定,也能与"看"组配。试比较:[①]

    覅担心 不要担心 *看担心 *覅摔了 不要摔了 看摔了

---

① 学友盛益民、智宇晖分别提供绍兴、晋中方言用例,学友赵晶指出锦州方言中也有此区别。特此致谢!

勡害怕　不要害怕　*看害怕　*勡掉了　不要摔了　看掉了

可见，无论是普通话中还是汉语方言中，可控动词都有必要区分强可控动词和弱可控动词。

（五）"别"字祈使句排斥的动词

一般认为，自主动词和非自主动词都有可能进入"别 V"祈使句（参见袁毓林，1991：18）。实际上，并不是所有的自主动词和非自主动词都能进入"别 V"祈使句。如：

别研究　　　　别误会　　　　别推销　　　　别打听
*别装作　　　*别觉得　　　*别脱销　　　*别知道

根据马庆株（1988：161）确立的标准，"研究""装作""推销""打听"是自主动词，"误会""觉得"和"知道""脱销"是非自主动词。同样是自主及物动词，"研究"能进入"别 V"祈使句，"装作"却不能进入"别 V"祈使句。同样是非自主可控动词，"误会"能进入"别 V"祈使句，"觉得"却不能进入"别 V"祈使句。这是因为"装作""觉得"是尹世超（1991：401）所说的黏着动词，这类黏着动词"必带且仅带宾语"。如：

(13)"得啦，别装作很迟钝的样子，谁碰到这种事也不能像家常便饭似的安之若素，三、五天就撂到脑后忘得一干二净。"（王朔《我是"狼"》）

(14)"你别觉得丢面子，咱没什么不好意思的。"（王朔《给我顶住》）

述人动词"知道"和非述人动词"脱销"都不能进入"别 V"祈使句，这是因为"知道"表示的认识心理是非可控的，非述人动词"脱销"表示的行为状态不是人发出的，自然也就不能为人所自主控制。

二 "别 A"祈使句

（一）A 的类型与"别 A"意义的关系

"别 A"主要表示提醒避免，如：

(15)"别紧张,别紧张,留着点嗓子!"她还没出场,宝庆就一再提醒她。帘子一掀,秀莲安详地走了出来,穿着漂亮的服装,象仙女一样娇艳。(老舍《鼓书艺人》)

(16)"不不,千万别送,我自己走挺好。""还是要送,你别急,等会儿,马上就完。"(王朔《玩的就是心跳》)

(17)"我什么时候跟人说过你不好了?""那是谁说的我老爱和你吵架,无理取闹?得啦,我不是要跟你算账,你也别紧张。"(王朔《过把瘾就死》)

(18)"下车,顺明,我看他能怎么着。""别别,你们二位都先别急。"(王朔《千万别把我当人》)

(15)中的"别紧张"和(16)中的"别急"表示提醒听话人避免无意中发生某种心理。(17)中的"别紧张"和(18)中的"别急"表示提醒听话人避免无意中持续某种心理。由于后两例中的"别A"也可以看作是要听话人不持续某种心理,因而这两例中的"别紧张"和"别急"带有劝阻的意味。

彭可君(1990:8)指出,进入"别A"的A具有[+贬义][+心态]特征。上述四例中的形容词确实都有[+心态]特征。其实,进入"别A"的A并非都具有[+心态]特征。如:

(19)"别调皮,我现在忙,等会陪你玩。"(百度搜索)

(20)她显得很拘束和羞涩。我笑到:"别拘束,随便点!"(同上)

(21)"以后晚上别调皮,好好睡觉。"(同上)

(22)"大家请坐。别拘束,我们谈谈心。"(同上)

(19)中的"别调皮"和例(20)中的"别拘束"表示提醒听话人避免无意中持续某种行为性状。由于这两例中的"别A"也可以看作是要听话人不持续某种行为,因而这两例中的"别调皮"和"别拘束"带有劝阻的意味。(21)中的"别调皮"和(22)中的"别拘束"表示提醒听话人避免无意中显现某种行为性状。

与"紧张""急"不同,"调皮""拘束"不具有[+心态]特征,属于评价行为举止的状态形容词。① 如果说前者具有［+心态］［+性状］特征，后者则具有［+行为］［+性状］特征，前者可称为心理形容词，后者可称为行为形容词，前者可进入"心里 A"的框架，后者可进入"举止 A"的框架。如：

心里紧张	心里着急	心里害羞	心里骄傲
*举止紧张	*举止着急	*举止害羞	*举止骄傲
举止调皮	举止拘束	举止放肆	举止任性
*心里调皮	*心里拘束	*心里放肆	*心里任性

这两类词语共同的特点是具有［+述人］［+可控］［+性状］［+贬义］特征，这表现在这两类形容词一般只能进入否定祈使句"别 A！"，而不能进入肯定祈使句"A 一点儿！"。试比较：

*紧张一点儿！	*着急一点儿！	*害羞一点儿！	*骄傲一点儿！
别紧张！	别着急！	别害羞！	别骄傲！
*调皮一点儿！	*拘束一点儿！	*放肆一点儿！	*任性一点儿！
别调皮！	别拘束！	别放肆！	别任性！

蒋平（1984：5）和彭可君（1990：8）均认为褒义形容词不能进入否定祈使句。其实，有的褒义形容词也可以进入"别 A！"。如：

别谦虚！　　　　别客气！　　　　别认真！

袁毓林（1993：121）指出，不同的人在不同的情境下，对词的感情色彩可能有不同的理解，有些通常情况下的褒义词，在特殊的语境中可以理解为带有贬义色彩。换个角度看，"谦虚""客气""认真"等态度性状虽然符合一般的社会规约，但却有可能不符合说话人特定情境中的心理评价或心理需求。如：

---

① 状态形容词表示事物或动作的状态，包括述人形容词和述行形容词两类（参见张国宪，2006：73）。

(23)"别谦虚,读硕士已经很不容易了。"(百度搜索)
(24)"随便一说,别认真。"(同上)

心理形容词和行为形容词一般具有［+持续］特征,这表现在这两类词都可以出现在"一直很 A"的框架。如:

| 一直很紧张 | 一直很着急 | 一直很害羞 | 一直很骄傲 |
| 一直很调皮 | 一直很拘束 | 一直很放肆 | 一直很任性 |

正是由于心理形容词和行为形容词都有［+持续］特征,因此,"别 A［+心理］"既可以表示提醒避免进入某心理性状,如(15)(16),又可以表示提醒避免持续某心理性状,如(17)(18),"别 A［+行为］"既可以表示提醒避免持续某行为性状,如(21)(22),也可以表示提醒避免显现某行为性状,如(23)(24)。由此,"别 A"祈使句意义与句中形容词 A 类型间的对应关系可参见表3-2。

表3-2 "别 A"祈使句意义与句中形容词类型的对应关系

A 的类型	例词	"别 A"的意义	是否有歧义
［+可控］［+心理］［+持续］	紧张	提醒避免进入/持续某心理性状	是
［+可控］［+行为］［+持续］	调皮	提醒避免显现/持续某行为性状	是

(二)"别 A"祈使句中 A 的可控性

袁毓林(1993:117)指出,"别 A"表示说话人要求听话人不表现出某种性状。依此来看,袁文倾向于认为"别 A"表示劝阻或禁止。袁毓林(1993:120)还指出进入"别 A"的形容词还需具有［+自主］特征,这类自主形容词表示人自身能够控制的性状。邵敬敏、罗晓英(2004:22)则指出,"别 A"表示提醒对方或劝阻对方不要显示出某种状态或属性,其中的 A 具有［+人类］［+可控］特征。

我们认为,如果单独考虑形容词的自主性,将表示"人自身能够控制的性状"的形容词称为自主形容词固无不可,但应指出这里的"自主"不同于自主动词的"自主",一个证明就是袁毓林(1993:123)所列出的自主形容词都不能进入马庆株(1988:161)提出的自主动词的鉴定格式。

马庆株（1988：163）指出，广义的动词中包括形容词，按照分类标准，基本可以划为非自主动词。由此我们认为，如果结合整个谓词体系来考虑形容词的自主性，或许将表示"人自身能够控制的性状"的形容词称为非自主可控形容词会更好。通过对比袁毓林（1991：14）的非自主动词表和袁毓林（1993：123）的自主形容词表可发现，二者确有相似之处。

袁毓林（1991：14）列出的非自主动词有：

着慌　着迷　着急　犯疑　心疼　害羞
吃惊　伤心　后悔　胆怯　发愁　害怕

袁毓林（1993：123）列出的自主形容词有：

急　　慌　　美❺　紧张　急躁　性急
难过　忧虑　烦恼　苦闷　难受　惭愧
羞却　害羞　慌张　焦急　惊讶　后悔

这两组谓词的共同特点是都表示人一般无意中发出但可以提醒避免的某种心理。应该指出，我们将袁毓林（1991：14）列出的非自主动词称为非自主可控动词，相应地，我们这里将袁毓林（1993：123）所列出自主形容词称为非自主可控形容词。

根据袁毓林（1991：18），"别 V［+自主］"通常表劝阻禁止，"别 V［-自主］"通常表提醒避免，我们认为"别 A［-自主］［+可控］"表示说话人提醒听话人避免表现出某种性状，具体包括提醒听话人避免显现某种性状和提醒听话人避免持续某种性状。"提醒听话人避免持续某种性状"也可以看作阻止某种性状持续，因而带有劝阻的意味。

第三节　"别 V 了"及"别 A 了"祈使句

一　"别 V 了"祈使句

相对于"别 V"，"别 V 了"似乎更引人注意。彭可君（1990）、袁毓林（1991，1993）、王红旗（1996，1997，1999）、邵敬敏和罗晓英（2004）、项开喜（2006）均在论著中讨论了"别 V 了"。

彭可君（1990：5）认为"别 V 了"可以表示劝止，也可表示叮嘱或告诫。袁毓林（1993：41）指出，"别 V 了"有三重歧义：阻止听话人"取除"；要求听话人停止正在进行的行为；要求听话人不做某事。王红旗（1996：15）指出，书面上的"别 V 了"可以表示"劝阻或禁止开始做某事""劝阻或禁止继续做某事""劝阻或禁止去除某个客体""提醒避免去除某个客体""提醒避免发生某件事""揣测某件事的发生"六种意义。项开喜（2006：48）指出，"别 V 了"可以表示"制止"，也可以表示"防止"。

上述论著都注意到一个现象，即"别 V 了"有两种不同的层次构造："别 V｜了"和"别｜V 了"。前者"别"的辖域是 V，后者"别"的辖域是"V 了"。前者重音落在"别"上，后者重音落在 V 上。（彭可君1990：7）其中"别 V｜了"中的"了"是语气词"了"（le），而书写上同形的"别｜V 了"中"了"实际上有两个，一个是时体助词"了"（le），另一个是动词"了"（lou）。①

（一）"别 V｜了（le）"祈使句

1. 劝阻或禁止义"别 V｜了（le）"

"别 V｜了（le）"可以表示劝阻或禁止，如：

（25）"下班后咱们去喝点？""别喝了，太晚了！"
（26）"别喝了，你该醉了。""我想醉，我要醉。"（王朔《永失我爱》)
（27）"我收到一条短信，说我中奖了。不知道该不该信。""肯定是骗局，别信了，天上不会掉馅饼的。"（百度搜索）
（28）"我觉着他的话可信。""他的话你别信了，别忘了上次的教训！"

"喝"是一个行为动词，"信"是一个心理动词，二者的共有特征是

---

① 关于汉语有无时体以及"了"是完成体助词还是完整体助词，学界目前仍有争论，这方面的讨论可参见竟成主编（2004）。本书"时体助词"相关的概念来自邢公畹（1994：262）。

[+自主] [+持续]。① (25) 中，"别喝了"表示要听话人不开始某行为。(26) 中，"别喝了"表示要听话人不继续某行为。(27) 中的"别信了"表示要听话人不进入某心理。(28) 中的"别信了"表示要听话人不持续某心理。

比较 (25) (26) 和 (27) (28) 会发现，其中的"别 V [+自主] [+行为] 了"与"别 V [+自主] [+心理] 了"在表义上是平行的，前者劝阻或禁止的行为可以是尚未开始的，也可以是正在进行的，如"别喝了"，后者劝阻或禁止的心理可以是尚未开始的，也可以是正在持续的，如"别信了"。这是因为这些 V 都具有 [+持续] 特征。

同"别 V"类似，有的"别 V [+自主] [+行为] ｜了"即使脱离语境也并不一定有两种意义，如：

(29) "别来了！"（引自袁毓林，1991：19）
(30) "别去了！"（同上）

马庆株 (1981：88) 和袁毓林 (1991：19) 都指出，"来""去"具有 [-持续] 特征，属于自主非持续动词。因此，通常情况下，由"来""去"构成的"别来了""别去了"都表示说话人要听话人不开始某自主行为，而不表示说话人要听话人不继续某自主行为。

我们认为，说话人实施劝阻或禁止的前提是，说话人意识到听话人有可能开始某自主行为或进入某自主心理，或者说话人意识到听话人有可能继续某自主行为或持续某自主心理。这样看来，无论是劝阻或禁止自主行为，还是劝阻或禁止自主心理，都与说话人是否能获悉听话人进行某自主行为或持有某自主心理的可能性有关。

一般而言，说话人只有发现听话人可能开始某行为时，才会要听话人不开始某行为；只有发现听话人可能继续某行为时，才会要听话人不继续某行为。这两点条件都比较容易满足。说话人可以通过听话人表达自己的意图或其他表现来获悉听话人可能开始某行为，如 (25)；说话人可以通过感知听话人正在进行某行为来获悉听话人可能继续该行为，如 (26)。

---

① 马庆株 (1981：88) 将"喝"列在弱持续动词 V_{b21} 表中。袁毓林 (1991：13) 将"相信"列在自主动词表中。

同样，说话人只有获悉听话人可能进入某心理时，才会要听话人不进入某心理；也只有发现听话人可能持续某心理时，才会要听话人不持续某心理。心理活动本身具有不可见性（王珏2004：271）。然而，上述两点条件都不难得到满足。说话人可以通过听话人的言语来获悉听话人有进入某心理的可能，如（27）；说话人可以通过听话人的言语来获悉听话人可能持续某种心理，如（28）。

2. 提醒避免义"别V｜了(le)"

"别V｜了"除了可以表示劝阻或禁止外，还可以表示提醒避免。如：

（31）"你别哆嗦了，我打不开门啊。"希雨一直哆嗦的手让我开不了门。(百度搜索)

（32）她紧咬着嘴唇，眼中噙满泪水，一言不发。"好啦好啦。"我拍拍她的脸蛋，"课不能落，下午我给你打电话。别生气了，我是为你好。"（王朔《一半是火焰，一半是海水》）

"哆嗦"和"生气"均属于非自主可控动词，都具有［+持续］特征。前一例中的"别哆嗦了"表示提醒听话人避免持续某种说话人不希望的非自主行为；后一例中的"别生气了"表示提醒听话人避免持续某种消极心理情绪。同（8）中的"别生气"类似，上述两例中的"别哆嗦了"和"别生气了"也可以看作说话人要听话人不持续某行为/心理，这样看来，二者也含有一定的劝阻意味。

通过比较会发现，"别V［+可控］［+行为］"与"别V［+可控］［+行为］｜了"在表义上似乎是不平行的：前者提醒避免的行为可以是尚未开始的，也可以是正在进行的，如"别哆嗦"；后者提醒避免的行为则似乎只能是正在进行的，如"别哆嗦了"。"别V［+可控］［+心理］"与"别V［+可控］［+心理］｜了"在表义上似乎也是不平行的：前者提醒避免的心理可以是尚未开始的，也可以是正在持续的，如"别生气"；后者提醒避免的心理似乎也只能是正在持续的，如"别生气了"。

其实，"别V［+可控］［+行为/心理］｜了"并非不能表示提醒避免尚未开始的可控行为或心理，只是需要更多的句法语用条件。如：

(33)"刚才你手就哆嗦了,这次照相手别哆嗦了!"

(34)"昨天谈判你就生气了,今天去谈你压着点火,别生气了!"

前一例中的"别哆嗦了"表示提醒听话人避免再次发生某种说话人不希望的非自主行为;后一例中的"别生气了"表示提醒听话人避免再次产生某种消极心理情绪。当对某种未发生的非自主可控行为或心理提醒避免时,便带上了"告诫"的意味。

一般来说,说话人不会在无任何征兆的情况下劝阻禁止听话人做某事或提醒听话人避免做某事。对于自主的行为或心理是这样,对于非自主的行为或心理而言,更是如此。

通过比较会发现,(33)和(34)都由具有因果关系的分句构成,①说话人是在听话人已有某种非自主行为或心理的情况下提醒听话人避免再次发生这种非自主行为或心理。正是由于在相同的场景中,听话人有过类似的非自主表现,说话人才提醒听话人避免再次进入这种非自主状态。这应该就是这类非自主可动词构成的"别 V │了"表示提醒避免尚未开始的可控行为或心理的句法语用条件。

3. V的类型与"别 V │了(le)"意义的关系

综上,"别 V │了"祈使句意义与句中 V 的类型的对应关系可概括如表3-3。

表3-3   "别 V │了"祈使句意义与句中动词类型的对应关系

V 的类型	例词	"别 V │了"的意义	是否有歧义
[+自主][+行为][-持续]	来	劝阻或禁止开始某行为	否
[+自主][+行为][+持续]	喝	劝阻或禁止开始某行为/继续某行为	是
[+自主][+心理][+持续]	信	劝阻或禁止进入某心理/持续某心理	是
[+可控][+行为][+持续]	哆嗦	提醒避免继续某行为/再发生某行为	是
[+可控][+心理][+持续]	生气	提醒避免持续某心理/再产生某心理	是

---

① 上述两例中的因果复句不同于常规的因果复句,常规的因果复句由属于同一个认知域(行域)内的因句和果句构成,如"因为你手哆嗦了,所以照片没照好",上述两例中的因句和果句跨不同的认知域,因句属行域,如"(因为)刚才你手就哆嗦了",果句属于言域,如"(所以我说)这次照相手别哆嗦了"。

4. 关于"别 V｜了 (le)"存在的分歧

如果单纯考虑形式特征，(32) 中的"别生气了"与 (28) 中的"别信了"非常相近，层次结构和重音位置都相同，意义上也有相似点，即都表示要听话人不持续某种心理。主要差别在于"信"是自主动词，"生气"是非自主动词。

根据袁毓林（1991：18），"别 V［+自主］｜了"表示劝阻或禁止，"别 V［-自主］｜了"则表示提醒避免。但是，根据项开喜（2006：52），作为与防止义"别｜V 了"构成语义对立的形式，无论 V 自主与否，"别 V｜了"均表示"制止"。我们认为，两位学者之所以会产生上述分歧与对以下两个问题的认识有关。一个是，如何认识动词的自主性。另一个是，如何认识提醒避免无意中做某事。

其实，袁毓林（1991：18）也指出，动词的自主与非自主只是一个程度问题，没有绝对分明的界限，比如同是非自主动词的"着急""心疼""害怕""伤心""后悔""发愁"等词的自主性比"遗忘""忽视""误会""错怪""遗漏""受"等词要强得多。袁文还指出，"甭"只能带自主动词，不能带非自主动词，"甭+V"通常表示劝阻、禁止，而"害怕""发愁"等均可进入"甭 V"。这无异于说"害怕""发愁"等是自主动词，"别害怕""别发愁"等表示劝阻或禁止。据此，我们认为，"生气""发愁"显然比"摔""丢"自主性强，那么"别生气（了）"与"别发愁（了）"被看作是表示劝阻也便可以理解了。这也说明对于非自主动词有必要区分强可控动词和弱可控动词。

关于"提醒避免无意中做某事"，其实可以有两种理解。一种是狭义的理解，即指提醒听话人避免无意中发生的某种说话人不希望的行为或心理。这既包括听话人无意中发生的某种不如意的行为，如"摔跟头""迷路""摔了""丢了""掉了""崴了""落枕了"等，也包括听话人无意中产生的某种说话人不希望的心理，如"恼了""忘了"等。另一种是广义的理解，除了狭义理解外，还包括提醒听话人避免无意中持续某种说话人不希望的消极心理情绪，如"发愁""生气""心疼""害怕""担心"，以及提醒听话人避免无意中持续某种说话人不希望的行为，如"发抖""哆嗦"。

如果对"提醒避免无意中做某事"持狭义理解，那么其只包括"别摔跟头""别丢了""别忘了"一类，"别发愁（了）""别生气（了）"

"别哆嗦（了）"等便不属于"提醒避免"一类，而只能归入"劝阻或禁止"一类。如果对"提醒避免无意中做某事"持广义理解，那么"别发愁（了）""别生气（了）""别哆嗦（了）"等仍旧可归入"提醒避免"一类。

本书采取折中的办法。首先在坚持袁毓林（1991：18）标准的基础上，我们认为"别 V［+持续］［-自主］｜（了）"可以表示广义的"提醒避免"，即说话人提醒听话人避免持续某种说话人不希望的心理，如（8）中的"别生气"，（32）中的"别生气了"。第二，我们也认同"动词的自主与非自主只是一个程度问题"的论断，而且基于形式与意义相对应的理论诉求，与"别 V［+持续］［+自主］｜（了）"层次相同的"别 V［+持续］［-自主］｜（了）"在一定程度上也可以被看作是表示劝阻。

因此，前文我们在分析（8）（31）（32）中的"别生气""别哆嗦了""别生气了"时，我们做出如下表述，三者均表示提醒听话人避免持续某种消极心理情绪/非自主可控行为，由于三者也可以看作是说话人要听话人不持续某心理/行为，因而均含有较强的劝阻意味。

（二）"别｜V 了（le）"祈使句及相关问题

除了"别 V｜了"可以表示提醒避免外，"别｜V 了"也可以表示提醒避免，其中的"了"是时体助词"了"（le）。如：

（35）"行李，看着行李，别丢了。"（张洁《无字》）
（36）"下月一号，按阳历算，别忘了！"（老舍《茶馆》）

"丢"和"忘"均属于非自主弱可控动词，都具有［-持续］特征，这一类动词参与构成的"V 了"具有［+消极］［+结果］特征。前一例中的"别丢了"表示提醒听话人避免无意中发生某种不如意的行为；后一例中的"别忘了"表示提醒听话人避免无意中产生某种说话人不希望的心理。

上一小节已提到，虽然（31）—（34）中的"别 V｜了"和（35）（36）中的"别｜V 了"都可以看作是说话人要提醒听话人避免无意中做某事，但二者是有区别的。从形式上看，除了结构层次不同外，重音也不同，"别 V｜了"重音一般落在"别"上，"别｜V

了"重音一般落在 V 上。从意义上看,"别 V｜了"表示提醒听话人避免持续某种消极心理情绪,V 有 [+持续] 特征;"别｜V 了"表示提醒听话人避免无意中发生某种不如意的行为或心理,V 有 [-持续] 特征。

一般来说,说话人要提醒听话人避免无意中发生某种非自主行为或产生某种非自主心理的前提是,听话人有可能发生某种非自主行为或产生某种非自主心理,或者听话人有可能继续某种非自主行为或持续某种非自主心理。这样看来,无论是提醒避免非自主行为,还是提醒避免非自主心理,都与说话人是否能获悉听话人进行某种非自主行为或持有某种非自主心理的可能性有关。

说话人只有发现听话人可能发生某种非自主行为时,才会提醒听话人避免发生某种非自主行为,只有发现听话人可能产生某种非自主心理时,才会提醒听话人避免产生某种非自主心理。一般说,说话人通过自己的认知经验来获悉听话人可能发生某种非自主行为或产生某种非自主心理。据我们考察,这主要包括三种情况。

第一种是基于眼前情况获悉听话人可能进入某种非自主的行为状态或心理状态,如(5)中的"别哆嗦"是说话人针对听话人照相有可能手哆嗦做出的提醒,(7)中的"别生气"是说话人针对听话人受到自己的威胁有可能生气做出的提醒。

第二种是基于过去类似的场景获悉听话人可能再次发生某种非自主的行为或心理,如(33)中的"别哆嗦了"是说话人针对听话人照相有可能再次手哆嗦做出的提醒,(34)中的"别生气了"是说话人针对听话人谈判时有可能再次生气做出的提醒。

第三种是基于常识或经验获悉听话人可能造成某种不如意的行为结果或心理后果,如(35)中的"别丢了"是说话人针对行李在车站易丢失对听话人做出提醒,(36)中的"别忘了"是说话人针对原来打算一段时间以后做的事容易忘记而对听话人做出提醒。

同样,说话人只有获悉听话人可能继续某非自主行为时,才会提醒听话人避免继续某非自主行为;也只有发现听话人可能持续某非自主心理时,才会提醒听话人避免持续某非自主心理。

说话人可以通过听话人的言语行为或其他表现来获悉听话人有继续某非自主行为的可能,如(6)中的"别哆嗦",(31)中的"别哆嗦了",

都是针对已经感受到对方哆嗦才做出的提醒；说话人可以通过感知听话人正在进行的某种相关的行为来获悉听话人可能持续某种心理，如（8）中的"别生气"，（32）中的"别生气了"，都是针对已经感受到对方生气才做出的提醒。

（三）"别｜V了（lou）"祈使句

袁毓林（1991，1993）、王红旗（1996，1999）都曾提及表示劝阻禁止"去除"或提醒避免"去除"的"别｜V了"，其中的"了"在北京话中读/·lou/，意义相当于"掉"。袁毓林（1993：41）认为"了"（lou）是动词，项开喜（2006：53）认为"了"（lou）是动态助词。考虑到"了"的语音和意义都还比较实在，我们认为"了"（lou）是动词，"V了（lou）"是一个述补词组。①

袁毓林（1993：41）指出，"别｜V了（lou）"中的V大多数是自主动词，如"吃、喝、咽、吞、放、涂、抹、拨、洒、擦、砸、杀、切、冲、卖、还、毁"；少数是非自主可控动词，如"忘、丢、掉、落、碰、磕、摔"，V的共有语义成分是"取除"。袁毓林（1993：42）指出，"别｜V了（lou）"的句式义可以概括为：说话人阻止听话人进行某个会导致某种"取除"结果的动作、行为。王红旗（1999：14）指出，"别｜V了（lou）"中的V必须具有"去除"义，具体包括"消失""位移""变形"等意义。

我们认为，将上述V的共有语义成分概括为"取除"或"去除"是立足于施动者的视角，如果着眼于受动者，上述V的共同语义特征可以概括为广义的"消失"，具体包括事物整体的消失，如"吞了"，事物整体的脱离，如"掉了"，事物外形的改变，如"砸了"，事物性状的改变，"杀了"，等等。

"别｜V了（lou）"中的"V了（lou）"表现的是对受事的整体处置，这似乎不同于"V了（liǎo）"，这表现在有的"V了（lou）"变换成"V了（liǎo）"后意义发生改变，有的则根本不能变换成"V了（liǎo）"。如：

---

① 从结构上看，"别V了（lou）"应归入"别VC"，我们将其与"别V了（le）"作为书面同形处理。

别吃了（lou）≠别吃了（liǎo）
别喝了（lou）≠别喝了（liǎo）
别吞了（lou）＊别吞了（liǎo）
别忘了（lou）＊别忘了（liǎo）

根据"别｜V了（lou）"中V是否具有[+自主]特征，"别｜V了（lou）"句式义可以分为两种："别｜V[+自主]了（lou）"和"别｜V[-自主]了（lou）"。"别｜V[+自主]了（lou）"表示劝阻或禁止，即说话人要听话人不进行某个会导致某种"消失"结果的自主行为。"别｜V[-自主]了（lou）"表示提醒避免，即提醒听话人避免无意中发生的某个会导致某种"消失"结果的非自主行为。如：

(37)"这些板书你别擦了（lou），下堂课还用。"
(38)"那些废书你别卖了（lou），我还有用呢！"
(39)"这是一箱高档玻璃杯，你别磕了（lou）！"
(40)"明天是交费的最后一天，你别忘了（lou）！"

前两例中，"擦""卖"为自主动词，"别擦了（lou）"和"别卖了（lou）"表示劝阻或禁止；后两例中，"磕""忘"为非自主动词，"别磕了（lou）"和"别忘了（lou）"表示提醒避免。

（四）小结

基于上述分析，我们会发现现代汉语书面语中的"别V了"至少包括三种形式："别V｜了（le）""别｜V了（le）"和"别｜V了（lou）"。关于三者的关系有两种观点。袁毓林（1993：41）认为"别V了"是一个包含三重歧义的同形句式。项开喜（2006：48）则认为"别｜V了（lou）"与另外两种"别V了"是同形现象，其中的"了"读音不同，因而不具有同一性，不是歧义现象。

石安石（1993：124）指出歧义应称同形歧义，即同一形式的话语或话语片段可能表达不同意义的现象，包括口头同形歧义和书面同形歧义。马庆株（2010：324）也持有相同观点。按照这一观点来看，从书面上看，"别V了"的确是一个包含三重歧义的同形句式，从口头上看，"别V了"又不是一个包含三重歧义的同形句式。可见，袁毓林（1993：41）

和项开喜（2006：48）两文的观点各有合理之处，这也说明研究歧义有必要区分口头同形歧义和书面同形歧义。

二 "别A了"祈使句

与"别V了"存在两种不同的层次划分相似，"别A了"也存在两种不同的层次划分："别A｜了"和"别｜A了"。彭可君（1990：9）指出，前者的重音落在"别"上，后者的重音落在A上。这两种"别A了"在谓词选择和句式语义上表现出一定的差别。

（一）"别A｜了"祈使句

"别A｜了"的例子如：

(41) "别调皮了，快点穿衣服！"（百度搜索）
(42) "别任性了，都什么时候了，快！"（同上）
(43) "别紧张了，进来轻松一下。"（同上）
(44) "别着急了，船到桥头自然直。"（同上）

"调皮""任性"均为行为形容词，"紧张""着急"均为心理形容词。前两例中，"别A了"均表示提醒听话人避免持续某种行为性状；后两例中，"别A了"均表示提醒听话人避免持续某种心理情绪。提醒避免持续也可以看作是劝止，因而上述四例有较强的劝阻意味。

有时，"别A｜了"劝阻的意味较弱。如：

(45) "下次去奶奶家，别调皮了！"
(46) "下次再逛超市，别任性了！"
(47) "下次去看老师，别紧张了！"
(48) "下次电脑中毒，别着急了！"

前两例中，"别A了"均表示提醒听话人避免再显现某种行为性状；后两例中，"别A了"均表示提醒听话人避免再显现某种心理情绪。由于提醒避免显现某种性状与劝阻差异较大，因而上述四例劝阻意味较弱。

形容词可以分为性质形容词和状态形容词。① 根据张国宪（2006：77），状态形容词包括述物形容词和述行形容词两类，前者基本分布在空间、颜色、状态、感情、感觉、评价等语义区域，后者基本分布在时间、速度、范围、方式、程度、态度、频度、评判等语义区域。其中，由感情、感觉、评价、态度、评判等义域的状态形容词构成的"别A了"祈使句的内部层次倾向于为"别A｜了"。如：

别高兴了（感情）　别紧张了（感觉）　别骄傲了（评价）
别犹豫了（态度）　别难受了（感觉）　别轻狂了（评判）

从表义上看，上述感情、感觉、评价、态度、评判义形容词均具有[+持续]特征，由其参与构成的"别A｜了"倾向于表示提醒听话人避免持续某种状态，有较强的劝阻意味。

（二）"别｜A了"祈使句

"别｜A了"的例子如：

(49) "汤别咸了!"（引自彭可君，1990：8）
(50) "粥别稠了!"（同上）
(51) "衣服可别大了!"（同上）
(52) "反正你别晚了!"（同上）

彭可君（1990：8）指出，当A为中性形容词或表示量度的形容词时，"别A了"表示告诫。换言之，这一类"别｜A了"表示提醒听话人避免致使某一事物产生某种性状。

根据张国宪（2006：22），性质形容词表示事物的属性，性质形容词包括饰物形容词和饰行形容词两类，前者基本分布在空间、度量、颜色、年纪、属性（温度、味道）、评价等语义区域，后者基本分布在时间、速度、方式、情状、程度、频度等语义区域。由性质形容词构成的"别A

---

① 朱德熙（1982：73）和张国宪（2006：19）都区分了性质形容词和状态形容词，但两部著作中这两类词语的范围不完全相同。本书性质形容词和状态形容词的定义、范围及分类从张著。应指出的是，性质形容词与状态形容词并非泾渭分明。王倩（2017：158）就指出，由性质形容词到状态形容词是一个连续统。

了"祈使句均为"别｜A 了"。如：

别高了(空间)　别浅了(度量)　别黄了（颜色）　别凉了（温度）
别酸了(味道)　别贱了(评价)　别晚了（时间）　别快了（速度）

上述"别｜A 了"都表示提醒避免致使某种性状出现，凸显的是性状出现，致使行为因为不凸显而被隐去，其实致使行为都可以显性化。如：

别挂高了　　　别挖浅了　　　别晒黄了　　　别吹凉了
别放酸了　　　别卖贱了　　　别来晚了　　　别走快了

与感情、感觉、评价、态度、评判等义域的状态形容词构成的"别 A 了"祈使句均倾向于为"别 A｜了"不同，表示程度、方式的状态形容词构成的"别 A 了"祈使句均为"别｜A 了"。如：

别过度了（程度）　　别过分了（程度）　　别草率了（方式）

相对于感情、感觉、态度、评价、评判义形容词而言，"过度""过分""草率"不具有［+持续］特征，具有［+结果］特征，这表现在其不能进入"A+了+时量成分"。如：

紧张了两天了　　　犹豫了半天了　　　难受了一天了
*过度了两天了　　 *过分了半天了　　 *草率了一天了

因此，与感情、感觉、态度、评价、评判义状态形容词构成的"别 A｜了"倾向于表示提醒避免持续某种状态不同，"过度""过分""草率"构成的"别｜A 了"表示提醒避免造成某种结果。

至于表示空间、颜色、状态、时间、速度、范围等语义的状态形容词，则既不能进入"别 A｜了"，也不能进入"别｜A 了"。如下面各例均不合格：

*别宽阔了（空间）	*别漆黑了（颜色）	*别肮脏了（状态）
*别长久了（时间）	*别广泛了（范围）	*别迅速了（速度）

这是因为上述状态形容词所表示的状态都是人无法控制的，具有[-可控]特征。

第四节 "别 V 着"及"别 A 着"祈使句

现代汉语中，"别 V/A 着"在书面中构成同形歧义，在口语中则可以分化为两种不同的"别 V/A 着"："别 V/A 着₁（zhe）"和"别 V/A 着₂（zhao）"。其中"着₁（zhe）"为时体助词，通常用在动词或形容词后面表示动作进行或状态持续，"着₂（zhao）"为动词，通常用在动词或形容词后面表示行为或性状有了某种结果。①

一 "别 V 着₁"及"别 A 着₁"祈使句

（一）V 的类型与"别 V 着₁"祈使句的意义

马庆株（1988：173）指出，自主动词加"着"可以表示祈使。袁毓林（1992：269；1993：47）也指出，北京口语中有一种由动词加"着"构成的"V 着！"祈使句。与之对应，现代汉语中也有一种劝阻或禁止义的"别 V 着（zhe）！"祈使句。赫琳（2009：108）指出，"别 V 着（zhe）"表示说话人要求听话人结束某个已经持续的动作行为或状态。如：

(53)"别站着，入座吧！"
(54)"别呆着，去干活！"
(55)"别穿着，脱了吧！"
(56)"别扛着，放下吧！"
(57)"别留着，拿出来！"

---

① 马庆株（1988：170）指出，"着（zhao）"可作述补结构的补语。为了简化标题，本书将"着（zhe）"标为"着₁"，将"着（zhao）"标为"着₂"。

(58)"别看着，闭眼睛！"

这六例"别 V 着"均表示要听话人不保持某行为或心理状态，具体说，分别表示要听话人不保持某身体姿态、休止状态、穿戴状态、拿持状态、放置状态和感知状态。这一类"别 V 着"的预设是：听话人处于某种行为或心理状态并有可能继续这种行为或心理状态。进入"别 V 着"句式的动词都是有起点、终点且续段较强的双限结构动词，都具有[+自主][+持续]特征。如果换一种语境，"别 V 着"也都可以表示要求听话人不进入某行为或心理状态。如：

(59)"一会儿进屋我们得站着吧？""别站着，坐着就行。"
(60)"放假后我想在家呆着放松放松。""别呆着，还是找点活儿干吧！"
(61)"进屋后还穿着外衣吗？""别穿着，挺热的。"
(62)"这些货咱们扛去吧？""咱别扛着，雇车了。"
(63)"这些资料留不留？""别留着，都烧掉。"
(64)"别人在提款机上取钱的时候，咱别看着！"

具体说，这六例"别 V 着"分别表示要听话人不进入某身体姿态、休止状态、穿戴状态、拿持状态、放置状态和感知状态。这一类"别 V 着"的预设是：听话人尚未处于某种行为或心理状态，但有可能进入这种行为或心理状态。一般来说，要求对方不处于某种行为或心理状态，信息量是不充分的，还要告诉对方应该如何做或为何这样做。因此，"别 V 着"后面一般还会出现补充说明应该如何做或为何这样做的分句，前者如（59）中的"坐着就行"，后者如（61）中的"挺热的"。

袁毓林（1992：269）指出，能进入"V 着！"的动词有六个小类，分别是表示身体姿态、休止状态、穿戴状态、拿持状态、放置状态和感知状态的。参见上述六例可知，这六个小类的动词也可以进入"别 V 着"祈使句。实际上，能够进入"别 V 着"祈使句的动词种类要多于这六类。如：

(65)"你别忍着，哭出来吧！"

(66)"你别拦着,我要出去!"
(67)"这孩子你别惯着,都惯坏了!"
(68)"别躲着,出来吧!"
(69)"别占着,让出来吧!"
(70)"别跟着,被发现了不好。"

这六例"别 V 着"分别表示要听话人不保持某忍受状态、阻拦状态、娇宠状态、躲避状态、占有状态和跟踪状态。这些"别 V 着"的预设是:听话人处于某种行为或心理状态并有可能继续这种行为或心理状态。进入"别 V 着"句式的动词也都具有[+自主][+持续]特征。如果换一种语境,上述"别 V 着"也都可以表示要求听话人不进入某行为或心理状态。如:

(71)"要是受委屈了,你别忍着!"
(72)"要是他想出门,你别拦着!"
(73)"如果这孩子太任性,你别惯着!"
(74)"如果亲戚朋友来了,你别躲着!"
(75)"出门办事的时候,这个座儿你别占着!"
(76)"我们去谈判的时候,你别跟着!"

具体说,这六例"别 V 着"分别表示要听话人不进入某忍受姿态、阻拦状态、娇宠状态、躲避状态、失神状态和跟踪状态。这些"别 V 着"的预设是:听话人没有处于某种行为或心理状态,但有可能进入这种行为或心理状态。

劝阻或禁止义"别 V 着"所表示的"要听话人不保持某行为或心理状态"和"要听话人不进入某行为或心理状态"两种意义,可以概括为"要听话人不处于某行为或心理状态"。从时间因素上看,二者针对行为或心理状态的已然、未然情况不同。"要听话人不保持某行为或心理状态"是针对已经开始且正在持续的行为或心理状态发出劝阻,"要听话人不进入某行为或心理状态"是针对尚未开始但有可能开始的行为或心理状态发出劝阻。

相对于表示"要听话人不保持某行为或心理状态","别 V 着"表示

"要听话人不进入某行为或心理状态"时，在句法上有更多的要求，或者前一分句为假设分句，如（71）—（74），或者前一成分为时间状语，如（75）和（76）。

与"别 V"相似，劝阻或禁止义"别 V 着"中的 V 要求具有 [+自主] 特征。如果 V 具有 [+可控] 特征，"别 V 着"则表示提醒避免。如：

(77) "别愣着，快吃呀！"
(78) "一旦发生危险，赶紧抢救，别愣着！"

前一例中，"别愣着"表示说话人提醒听话人避免保持某种无意中产生的失神的心理状态，有劝阻的意味。后一例中，"别愣着"表示说话人提醒听话人避免进入某种无意中产生的失神的心理状态，无劝阻的意味。这两种意义可以概括为提醒听话人避免处于某种无意中产生的心理状态。从时间因素上看，前者是针对无意中已经开始且正在持续的心理状态发出提醒，后者是针对尚未开始但有可能无意中开始的心理状态发出提醒。

（二）"别 V 着₁"祈使句中 V 的范围

我们统计了《汉语动词用法词典》（孟琮等，1999）中的 2117 个动词（以义项为单位）、《现代汉语语法信息词典详解》（俞士汶等，2003）中的 2147 个动词（以义项为单位）和《汉语水平词汇与汉字等级大纲》（刘英林，2001）中的 2850 个动词（以词项为单位），其中能够进入"别 V 着（zhe）"祈使句的有 190 个，分列如下：①

头部器官状态 19：板、绷（běng）、仰、垂、探、散（sǎn）、鼓、盯、瞪、眯、睁、看（kàn）、听、记、顶、张、衔、含、叼

躯干状态 17：趴、躺、坐、倒（dǎo）、背（bēi）、弓、挺、倚、靠、侧、撑、架、支、挤、挑（tiāo）、担（dān）、扛

上肢状态 43：搬、抱、端、举、抬、握、提、挑（tiǎo）、拿、捧、搂、带❶、把、别（biè）接、夹、揪、抓、押、指、按、捏、

---

① 如果例词在若干义项上都可进入"别 V 着"，我们进而在例词后加代号来区分，代号取自《现代汉语词典》（2016）。

掐、勒、推、赶、拖❶、扯、拉、挽❶、牵、拽、捎、带❷、领、带❻、扬、弯、伸、扳、挽、扶、挂

下肢状态11：蹲、跪、立、踩、登、蹬、盘、翘、骑、走、跑
忍受状态6：挨（ái）、忍、渴、饿、闷、憋
存置状态35：藏❷、放、搁、留、压❶、压❻、收、摆、挂、堆、存、叠、卷、攒、吊、横、兜、包、缠、裹、捆、绑、垫、浸、泡、圈、别（bié）、倒（dào）、翻、扣、反、插、套❾、镇、拴
工具工作状态11：吹、点、打、闪、锁、闭、开、关、掩、封、塞
穿戴状态7：穿、戴、披、套❷、盖、罩、挽❸
阻拦状态6：挡、堵、拦、卡、守、看（kān）
停歇状态4：歇、停、呆、待
娇宠状态5：顺、惯、护、哄、宠
其他状态26：陪、跟、挨（āi）、贴、驮、占、空（kòng）、等、藏❶、躲、窝、避、欠、拖❸、瞒、对、排、晒、晾、淋、冻、露、烘、赖、恋、愣

应该说，上面的分类只是一个粗疏的意义类，而不是一个严密的逻辑类，更不是一个严格的语法类，因而有些小类难免有交叉，有待于进一步细化。例如，"顶""弯""抬"都可能与多种身体部位的状态相关，"驾""支""撑"既可以与身体部位的状态相关，也可以与非身体部位的状态相关。因此，上述意义标示只是引导人们认识进入"别V着"的V的意义类别的提示。如果扩大查检的范围，相信能进入"别V着"祈使句的动词会更多。

(三) "别V着₁"祈使句中V的特征

袁毓林（1992：272）指出，进入肯定祈使句"V着!"中的V绝大多数是单音节动词，双音节只发现"提溜"一个。进入劝阻或禁止义"别V着（zhe）"的V也基本上是单音节动词，双音节词除了"提溜"外，我们还发现"嘟噜""耷拉""搭拉""眯缝""侧歪""跛拉""佝偻""揪揪儿""抽抽儿"也能进入"别V着"。[1] 如：

---

[1] 这些词语取自朱青筠（2005：43—49）和裴培（2008：69—71）。

| 脸别嘟噜着 | 头别耷拉着 | 嘴别揪揪儿着 | 身子别侧歪着 |
| 鞋别趿拉着 | 眼别眯缝着 | 脸别抽抽儿着 | 身子别佝偻着 |

由此看来,"别V着"中V的韵律分量都比较轻,至于原因,后文将讨论。这里我们重点讨论"别V着"中V的语义特征。

1. "别V着₁"中V的[+自主]特征

袁毓林(1992:273)指出,祈使句"V着!"中的V必须具有[+自主][+状态][+附着]三项语义特征。对于"别V着"祈使句而言,情况要复杂些。

根据前文分析可知,劝阻或禁止义"别V着"祈使句要求V具有[+自主]特征。如果"别V着"表示提醒避免义,其中的V要求具有[+可控]特征,如"别愣着"。考察上一小节列举的动词可发现,出现在"别V着"中的V绝大多数是自主动词,只有极个别是非自主动词,如"愣"。由此可见,[+自主]特征是"别V着"中V的优势特征,但并非"别V着"中V的必有特征。

而且,即使是单音节自主动词也并非都能进入劝阻或禁止义"别V着"。如:

| *别来着 | *别去着 | *别回着 | *别到着 | *别进着 | *别出着 |
| *别骗着 | *别加着 | *别请着 | *别罚着 | *别夺着 | *别给着 |

上述"别V着"中的V本身不具有持续性,即不具有[+持续]特征,属于非持续性动词(马庆株,1981:86)。这表现在这些V不能后加"着",如:

| *来着 | *去着 | *回着 | *到着 | *进着 | *出着 |
| *骗着 | *加着 | *请着 | *罚着 | *夺着 | *给着 |

既然这些非持续性动词不能后加"着","别V着"自然也不能成立。

2. "别V着₁"中V的[+状态]特征

吕叔湘(1980:594)指出,助词"着"(zhe)可以表示动作正在进行,也可以表示状态的持续。朱德熙(1981:13,14)指出,有的"V

着"表示静止的状态,有的"V着"表示动作的持续,有的"V着"表示动作结束以后遗留下来一种状态。马庆株(1981:88)指出,看类动词加"着"只表示动作行为的持续,挂类动词加"着"既能表示动作行为本身的持续,又能表示动作行为造成的状态的持续。[①] 马希文(1987:20)也指出,动词后边加上"着",就转而指明状态。

袁毓林(1992:272)持有与马庆株(1981:88)类似的观点,在此分类基础上,袁文指出只有V［+状态持续］能够进入"V着!"祈使句,V［+动作持续］是不能进入"V着!"祈使句的,如"推"。我们认为,包括"推"在内的一些"V［+动作持续］着"也是可以构成祈使句的。如:

(79)"车子我推累了,你推着!"
(80)"拖着,别抬着!"
(81)"上坡路别骑着,赶着!"
(82)"跟着,别让他们跑了!"

这一类"V着"表示动作行为的持续。上述"V着"祈使句表示说话人要听话人进入某动作行为状态。这一类表示动作行为持续的"V着"也可以参与构成"别V着"祈使句。如:

(83)"车子别推着,骑上去,我们还赶时间呢!"
(84)"把桌子抬起来,别拖着!"
(85)"下坡的时候别赶着,骑上!"
(86)"一会儿我们去游泳,你别跟着!"

这一类"别V着"祈使句表示说话人要听话人不处于某动作行为状态,具体包括两种情况:一种表示说话人要听话人不持续某动作行为状态,如前两例中的"别V着";一种表示说话人要听话人不进入某动作行为状态,如后两例中的"别V着"。

当然,并非具有［+动作持续］特征的自主动词都能进入劝阻或禁止

[①] 与此类似,戴耀晶(1997:6)将"V着(O)"表示的事件分为动态事件和静态事件。

义"别V着"。试比较：

A ＊别安着 ＊别教着 ＊别说着 ＊别写着 ＊别画着 ＊别剪着
　＊别演着 ＊别劝着 ＊别数着 ＊别钓着 ＊别学着 ＊别铲着
B 别跟着 别赶着 别拖着 别领着 别推着 别牵着

上述A、B两组"别V着"中的V的共同点是具有持续性，即具有[+动作持续]特征，属于持续性动词。这表现在这些V能前加"正"后加"着呢"，如：

正安着呢　正教着呢　正说着呢　正写着呢　正画着呢　正剪着呢
正演着呢　正劝着呢　正数着呢　正钓着呢　正学着呢　正铲着呢
正跟着呢　正赶着呢　正拖着呢　正领着呢　正推着呢　正牵着呢

比较A和B两组例子会发现，虽然二者中的V都具有[+动作持续]特征，但也有区别，B组中的V还具有[+位移]特征，A组中的V则不具有[+位移]特征。这表现在B组的"别V着"后面往往可以出现具有[+位移]特征的动词"走""去"等，A组则不可以。试比较：

A' ＊别安着走 ＊别教着走 ＊别说着走 ＊别写着走 ＊别画着走
　＊别演着走 ＊别劝着走 ＊别数着走 ＊别钓着走 ＊别学着走
B' 别推着走 别跟着走 别赶着走 别拖着走 别牵着走
　别跟着去 别赶着去 别拖着去 别领着去 别推着去

因此，我们会发现，上述B组"别V着"构成祈使句的条件是V具有[+动作][+持续][+位移]特征。当构成"V着"后，这一类"V着"既可以自身独立地表示一种位移行为状态，如"推着"，也可以作为一种方式、状态来修饰具有[+位移]特征的动作行为，如"推着走""推着去"等。这样看来，或许正因为"别V[+动作持续][+位移]着V_0"中V已经具有[+位移]特征，而作为状语的"V着"又是否定的焦点，那么在一定语境中只单纯表示[+位移]的V_0就可以省略。如：

别跟着走≈别跟着	别赶着走≈别赶着	别拖着走≈别拖着
别领着走≈别领着	别推着走≈别推着	别牵着走≈别牵着

由此可见，如果我们将"状态持续"严格地定义为"动作行为造成的状态的持续"，那么上面讨论的"别V着"中的V，如"跟""赶""拖""领"等，并不具有［+状态持续］特征，"推""牵""拉"等虽然可以有［+状态持续］特征，但也可以有［+动作持续］特征。这样看来，［+状态］特征并非劝阻或禁止义"别V着"中V的必有特征，只是V的优势特征，即并非全部成员所有却是多数成员所有的特征。

袁毓林（1992：272）指出，V［+状态持续］能够进入"V着！"祈使句。现代汉语中也确实存在着大量的"别V［+状态持续］着"祈使句。如：

(87) "脸别绷着，跟别人都对不起你似的！"
(88) "别饿着，总不吃东西该饿坏了！"
(89) "你们俩的手别拉着，松开！"
(90) "空调别吹着，天气又不热，多费电哪！"

3. "别V着$_1$"中V的［+附着］特征

袁毓林（1992：273）指出，V［+状态持续］表示的是一种相对静止的状态，这种静止状态的最大特点是附着性，即是附着于某处的一种静止状态，这样，V［+状态］一般具有［+附着］特征。能够进入劝阻或禁止义"别V着"的V也多数具有［+附着］特征。除了袁文已经列举的六小类动词外，其他类动词有［+附着］特征的也不少，如"含""叼""插""塞""拴""躲""藏"等。

朱德熙（1981：5）和袁毓林（1992：273）都曾指出，具有［+自主］［+状态］［+附着］特征的V能进入以下三种具有变换关系的句式：

A：N+V+在+N_P
B：N+在+N_P+V+着
C：N_P+V+着+N

"含""叼""插""塞""拴""躲""藏"等均可进入上述三个变换式。如：

糖含在嘴里	门栓插在门上	牛拴在门外	人藏在屋里
糖在嘴里含着	门栓在门上插着	牛在门外拴着	人在屋里藏着
嘴里含着糖	门上插着门栓	门外拴着牛	屋里藏着人

朱德熙（1981：11）指出，有的动词包含"附着于某物"的语义特征，可以记为［附着］。《现代汉语词典》（2016：409）对"附着"的解释是：较小的物体黏着在较大的物体上。这里首先应明确，构成附着关系的两个物体应该是两个原本分离的物体，如"躺"这一行为涉及的人体背部和床具之间就具有附着关系，而具有天然联结在一起的物体无所谓附着，如"散"（sǎn）这一行为涉及的人体头部和头发的关系就不能说是附着关系。我们认为，对于与行为或心理 V 有关的"附着"而言，应区分主体的附着和客体的附着，也应区分具体的附着和抽象的附着。

所谓主体的附着指，行为的主体附着于某物或某处所。表示身体部位状态意义的动词的词义中所寓含的"附着"意义往往属于主体的附着，如"坐"的主体坐者臀部往往附着于坐具或某处所，"躺"的主体躺者背部往往附着于床具或某处所，其他的如"蹲""跪""立""趴""倚""靠""撑""支""架""藏❶""躲""窝""避"等，也具有类似的特征。

当这一类具有［+主体附着］特征的 V 进入上述 A、B、C 三种句式时，三种句式中的 N 要求具有［+身体部位］特征，其中 C 句式中的 N 还要求具有［-定指］特征。① 由此，三种句式改写如下：

A₁：N［+身体部位］+V［+主体附着］+在+N_P
如：他坐在主席台上

---

① 赵元任（1979：46）指出汉语有一种强烈的趋势：主语所指的事物是有定的，宾语所指的事物是无定的。陈平（1987：88）指出，存现句的宾语是不定指成分。根据朱德熙（1962：360），C 句式属于存现句，自然其宾语 N 具有［-定指］特征。王红旗教授向笔者指出，［-定指］是语用特征。特此致谢！

B₁：N［+身体部位］+在+N_p+V［+主体附着］+着

如：他在主席台上坐着

C₁：N_p+V［+主体附着］+着+N［+身体部位］［-定指］

如：*主席台上坐着他

由这一类具有［+主体附着］特征的动词构成的"别V着"表示要听话人的身体不处于某种行为状态，如"别坐着"。

所谓客体的附着指，行为的客体附着于某物或某处所。表示存置状态意义的动词的词义中所寓含的"附着"意义往往属于客体的附着，如"存"的客体被存物往往附着于某处所，"挂"的客体被挂物往往附着于某处所，其他的如"放""搁""留""摆""收""堆""垫""攒""压❶""插""叠""卷""吊""圈""拴""扣""藏❷"等，也具有类似的特征。

当这一类具有［+客体附着］特征的 V 进入到上述 A、B、C 三种句式时，三种句式中的 N 要求具有［+物体］特征，其中 C 句式中的 N 也要求具有［-定指］特征。由此，三种句式改写如下：

A₂：N［+物体］+V［+客体附着］+在+N_p

如：饭菜摆在桌子上

B₂：N［+物体］+在+N_p+V［+客体附着］+着

如：饭菜在桌子上摆着

C₂：N_p+V［+客体附着］+着+N［+物体］［-定指］

如：桌子上摆着饭菜

由这一类具有［+客体附着］特征的动词构成的"别V着"表示要听话人不使某物体处于某种行为状态，如"别摆着"。

主体的附着与客体的附着有时可以合而为一，即行为客体附着于行为主体的某个身体部位。① 表示手口部位状态和穿戴状态的动词的词义中所寓含的"附着"意义往往属于这一种类型，如"握"的客体附着于

---

① 根据郭锐（1995：170）和袁毓林（2002：14），主事论元指性质、状态或变化事件的主体。这里讨论的主体和客体均属于袁文所界定的主事论元。

"握"的主体的手部,"含"的客体附着于"含"的主体的口部,其他的如"搬""抱""端""举""提""拿""捧""把""揪""抓""押""掐""按""捏""挽""穿""戴""披""拽""牵""扳""叼"等,也具有类似的特征。

当这一类 V 进入上述 A、B、C 三种句式时,三种句式中的 N 要求具有 [+物体] 特征,NP 要求具有 [+身体部位] 特征,其中 C 句式中的 N 也要求具有 [-定指] 特征。由此,三种句式改写如下:

A_3:N [+物体] +V [+主体∧客体附着] +在+N_P [+身体部位]

如:笔握在手里

B_3:N [+物体] +在+N_P [+身体部位] +V [+主体∧客体附着] +着

如:笔在手里握着

C_3:N_P [+身体部位] +V [+主体∧客体附着] +着+N [+物体] [-定指]

如:手里握着笔

由这一类具有 [+主体附着] [+客体附着] 特征的动词构成的"别 V 着"表示要听话人的物体不处于某种行为状态,如"别握着"。

上面提到的附着,无论是主体的附着,还是客体的附着,都属于具体的附着,即较小的具体物体附着在较大的具体物体上。与具体的附着相对的是抽象的附着,指的是一个心理抽象物附着在另一个心理抽象物上。表示心理抑制状态意义的动词的词义中所寓含的"附着"意义往往属于抽象的附着,如"闷""憋"的抽象客体往往附着于"心里"这一抽象处所。

当这一类具有 [+心理附着] 特征的 V 进入到上述 A、B、C 三种句式时,三种句式中的 N 要求具有 [+心理] 特征,其中 C 句式中的 N 还要求具有 [-定指] 特征。由此,三种句式改写如下:

A_4:N [+心理] +V [+心理附着] +在+N_P [+心理]

如:委屈憋在心里

B₄：N［+心理］+在+Nₚ［+心理］+V［+心理附着］+着
如：委屈在心里憋着
C₄：Nₚ［+心理］+V［+心理附着］+着+N［+心理］［-定指］
如：心里憋着委屈

由这一类具有［+心理附着］特征的动词构成的"别 V 着"表示要听话人不处于某种心理状态。

然而正如［+状态］只是"别 V 着"中 V 的优势特征，［+附着］也只是"别 V 着"中 V 的优势特征，而不是 V 的必有特征。朱德熙（1981：15）也指出，具有［+状态］特征的动词只有一部分具有［+附着］特征。这就意味着并非所有进入"别 V 着"的 V 都具有［+附着］特征。如：

板　绷（běng）仰　垂　探　散（sǎn）鼓　盯　瞪　眯　睁
跑　瞒　看（kàn）听　弓　挺　侧　张　闭　开　关　渴
饿　忍　挨（ái）吹　点　打　闪　顺　惯　护　哄　宠　欠
拖❸　对　空（kòng）排　愣　露　恋　陪　跟　走

上述动词不具有前文所说的［+附着］特征，因而均不能同时进入上述 A、B、C 三种句式。如：

*头发散在头上　　*门开在屋里　　*一个人跟在路上
*头发在头上散着　*门在屋里开着　　一个人在路上跟着
*头上散着头发　　屋里开着门　　　*路上跟着一个人

由此可见，［+自主］［+状态］［+附着］特征都不是"别 V 着"祈使句中 V 的必有特征，［+自主］特征只是劝阻或禁止义"别 V 着"中 V 的必有特征，提醒避免义"别 V 着"中的 V 则要求有［-自主］特征。

4. "别 V 着₁"与"V 着₁"的不对称

通过比较会发现，能进入"别 V 着！"的 V 似乎并非都能进入"V 着！"。如：

第三章 "别"字祈使句（上）

别叠着！别卷着！别包着！别缠着！别裹着！别捆着！
别倒（dào）着！别翻着！别探着！别板着！别绷着！
别鼓着！别瞪着！别弓着！别挺着！别顺着！别惯着！
别护着！别哄着！别宠着！别恋着！别愣着！
＊叠着！　＊卷着！　＊包着！　＊缠着！　＊裹着！　＊捆着！
？板着！？绷着！＊倒（dào）着！　＊翻着！　＊探着！
＊鼓着！　＊瞪着！　＊弓着！　＊挺着！　＊顺着！　＊惯着！
＊护着！　＊哄着！　＊宠着！　＊恋着！　＊愣着！

"叠着""卷着""包着""缠着""裹着""捆着"可以构成"V 着 VC"祈使句。如：

被子叠着拿走！　包子包着拿走！　大葱捆着拿走！

这一类"V 着"表示说话人要听话人进入某行为状态。与这种现象相对应，现代汉语中还存在"V 起来"句式，也可以表示说话人要听话人进入某行为状态。因此，这两种句式在该意义上大致可以互换，而不影响基本意义。如：

被子叠起来拿走！　包子包起来拿走！　大葱捆起来拿走！

袁毓林（1993：62）也注意到了类似的现象，并把这种"起来"和"着"在特定语境中表义基本相同的现象称为"语义中和"。如：

站着　　站起来　　　收着　　收起来

"板着""绷着"一般不用于肯定祈使是因为，其表示的行为状态不合乎交际时的礼貌原则。"板"和"绷"都是"露出严肃或不高兴的表情"的意思，这一行为表现在日常交际中通常是不受欢迎的。因而，只是在特殊的语境中，如上级对下级的要求中，"板着""绷着"才可用于肯定祈使。如：

(91)"脸板着！否则学生该欺负你了。"
(92)"脸绷着！主任就应该有主任的样儿。"

至于"倒（dào）着""翻着"表现的是事物的倒置状态，不符合一般常规，因此进入"别 V 着！"不受限，而进入"V 着！"受限。"鼓着""瞪着""弓着""挺着""探着"表现的是身体部位或器官的非常态表现，因而很难构成肯定祈使句。"顺着""惯着""护着""哄着""宠着"表现的行为状态不合乎人类社会的一般规约，因此，一般也不构成肯定祈使句。"恋""愣"表示的都是非自主的行为，根据马庆株（1988：175），这类动词只能构成否定祈使句，不能构成肯定祈使句。

5."别 A 着₁"祈使句

赵元任（1979：294）认为，"着"一般不用于性质动词（形容词）。马庆株（1992：131）也指出，形容词加"着"表示祈使的是个别的例子，如"慢着"。与此类似，能进入"别 A 着"表示劝阻或禁止的形容词也很少。如：

(93)"别歪着！正一正！"
(94)"别亮着！关了吧！"
(95)"上课的时候，身子别歪着！"
(96)"白天的时候，灯别亮着！"

前两例中，"别歪着"表示要听话人不保持某种状态，"别亮着"表示要听话人不致使某物保持某种状态；后两例中，"别歪着"表示要求听话人不进入某种状态，"别亮着"表示要听话人不致使某物进入某种状态。

我们统计了《汉语形容词用法词典》（郑怀德、孟庆海，1999）中的 1329 个形容词（以义项为单位）和《汉语水平词汇与汉字等级大纲》（刘英林 2001）中的 1163 个形容词（以词项为单位），能够进入劝阻或禁止义"别 A 着"的形容词只有"反""偏""歪""斜""亮""闲""空"（kōng）7 个。

从语音上看，这 7 个形容词都是单音节词；从语义上看，这 7 个形容词除"闲"外都具有［-述人］特征，其中"反""偏""歪""斜"所表示的性状不合乎一般常规；从语法上看，这 7 个形容词也都能加"着"（zhe）表示状态，"A 着"表示的是说话人可以有意识地发出或停止的状态，在进入"别 A 着"中时都带有使动意义；从语用上看，"反""偏""歪""斜""闲"一般只能进入"别 A 着"否定祈使句，"亮""空"还可以进入"A 着"肯定祈使句。

6. "别 V/A 着$_1$"中 V/A 的语音特征

无论是动词还是形容词，在进入"V/A 着"和"别 V/A 着"时，一般都要求是单音节，即使出现双音节，也只能是"提溜""侧歪"这样一些口语化较强的轻声词①，我们认为这主要是由语体和表达上的需求造成的。

从表达上看，就动词而言，现代汉语里的单音节动词在口语表达中十分活跃，双音节动词则相对在书面表达中使用较多（参见张国宪，1989：12）。命令或劝阻这一类的行为，无论是"V/A 着"还是"别 V/A 着"，一般多在口语交际中出现，即一般都用于现场会话的场合。这要求进入"V/A 着"和"别 V/A 着"的"V/A"也要具有较强的口语色彩，以适应口语表达的需要。试比较：

提着！	提溜着！	带着！	*携带着！
侧着！	侧歪着！	垂着！	*下垂着
别提着！	别提溜着！	别带着！	*别携带着！
别侧着！	别侧歪着！	别垂着！	*别下垂着

冯胜利（2010：405）指出，北京话的轻声原则是：口语的未必都轻声，但轻声的必定是口语。"提溜""侧歪"与"提""侧"共同的特点是口语程度高，因而都能进入上述格式。"携带""下垂"与"带""垂"相比，口语程度很低，因而一般不能进入上述格式。

口语交际要求即时、快捷，从语言经济性的角度看，为了省力、为了适应口语交际需要，自然是单音节动词在口语表达中占优势，"重·轻"模式的双音节动词也要比"重·重"模式的双音节动词更省力，因而更

---

① 根据苏联 T. Ⅱ. 扎多延柯的实验，北京话不但轻音本身的音很短，连它前面的有声调的音节也比一般要短；有轻音音节的双音节词语在音长上要比一般的双音节词语缩短一半左右（林焘，1962：302）。据此，可以推知，轻声词在韵律上更接近单音节词。

适应口语表达。①

这样看来，进入"V/A 着"和"别 V/A 着"祈使句的 V/A 大多数是单音节谓词，极少数是双音节轻声词谓词，而没有双音节非轻声谓词，就不足为奇了。

二 "别 V 着₂"及"别 A 着₂"祈使句

（一）"别 V 着₂"祈使句

现代汉语中，存在着与"别 V 着₁（zhe）"书面同形的"别 V 着₂（zhao）"。赫琳（2009：108）指出，其中的"着（zhao）"是着（zháo）的变体。赫文指出，"别 V 着（zhao）"表示说话人提醒听话人不要发出某一动作，而使自己受损。

据前文的考察可知，"别 V 着（zhe）"中的 V 主要是自主动词，"别 V［+自主］着（zhe）"表示劝阻或禁止；极少数 V 是非自主可控动词，"别 V［-自主］着（zhe）"表示提醒避免。可以说，V 的自主与否影响"别 V 着（zhe）"的意义表达。与此不同，"别 V 着（zhao）"中的 V 无论是自主动词还是非自主可控动词，"别 V 着（zhao）"都表示提醒避免。如：

(97)"你小心点脚，别轧着！"（百度搜索）
(98)"要注意手才行，别切着！"（同上）
(99)"这桶水的分量我拎着都重，你别闪着！"（同上）
(100)"大姐，悠着点，别摔着。"（同上）

前两例中的"轧"和"切"都是自主动词。后两例中的"闪"和"摔"都是非自主可控动词。这四例中的"别 V 着（zhao）"均表示说话人提醒听话人避免无意中造成某种受伤害的行为结果，其中的"着（zhao）"为动词，表示行为有了某种结果，这里的"着（zhao）"均可以被"到（dao）"替换而基本不影响意义。如：

---

① 赵元任（1979：82）指出，汉语双音节词或者是前轻（非轻声）后重，或者是前重后轻（轻声）。导师马庆株教授以及王洪君教授、冯胜利教授均曾向笔者指出语体因素对"V/A 着"和"别 V/A 着"祈使句的构成有影响。特此致谢！

（97'）"你小心点脚，别轧到！"
（98'）"要注意手才行，别切到！"
（99'）"这桶水的分量我拎着都重，你别闪到！"
（100'）"大姐，悠着点，别摔到。"

与"别 V 着（zhao）"类似，"别 V 到（dao）"也表示说话人提醒听话人避免无意中造成某种受伤害的行为结果。

马庆株（1988：170）指出，"着（zhao）"作补语的述补结构是非自主的。这是因为，一般情况下，虽然自主行为人可以自主控制，但"V 着（zhao）"表示的行为结果是不能由人自主控制的。这样，无论 V 是自主动词还是非自主可控动词，一旦进入"V 着（zhao）"都成为具有[-自主]特征的述补结构。① 因此，"别 V 着（zhao）"便只能表示提醒避免。

我们统计了《汉语动词用法词典》《现代汉语语法信息词典详解》和《汉语水平词汇与汉字等级大纲》中的动词，能够进入"别 V 着（zhao）"祈使句的有 34 个，分列如下：

碰	摔	闪	烫	冻	淋	晒	晾	激	卡（qiǎ）
亏	踢	踩	烧	绊	戳	撞	射	磕	熏	勒	挤
切	削	砍	轧	铡	砸	剁	劈	伤	扎	吓	呛

上述这些动词构成的"V 着（zhao）"都具有[+消极][+结果]特征，表示的是对某人有损害的行为结果。由于这种行为结果不符合人们的一般心理期待，因而一般是人们所竭力避免的。

虽然"别 V 着（zhe）"也可以表示提醒避免，但其中的 V 须具有[-自主]特征，而能够进入"别 V 着（zhe）"的 V[-自主]数量极少，我们只发现"愣""恋"两个动词。前文提到的例子重举如下：

（101）"别愣着，快吃呀！"

---

① 从结构上看，"别 V 着（zhao）"属于"别 VC"，此处将其作为"别 V 着（zhe）"书面同形处理。

（102）"一旦发生危险，赶紧抢救，别愣着！"

这两例中，"别 V 着"的意义可以概括为提醒听话人避免处于某种无意中产生的心理状态。前一例中的"别愣着"是针对无意中已经开始且正在持续的心理状态发出提醒，后一例中的"别愣着"是针对尚未开始但有可能无意中开始的心理状态发出提醒。

比较（101）（102）与（97）（98）可知，"别 V [-自主] 着（zhe）"表示说话人提醒听话人避免处于某种无意中产生的心理状态，"别 V 着（zhao）"均表示说话人提醒听话人避免无意中发生某种受伤害的行为。从时间指向上看，前者提醒避免的既可以是无意中正在持续的心理状态，如（101），也可以是尚未产生但有可能无意中产生的心理状态，如（102），后者提醒避免的只能是尚未发生但有可能无意中发生的行为结果，如（97）（98）。

有些动词既能进入"别 V 着（zhe）"，又能进入"别 V 着（zhao）"。如：

（103）"这是我的凳子，你别踩着（zhe）！"
（104）"无论气温有多高，宝宝的小肚子千万别晾着（zhe）！"（百度搜索）
（105）"注意地上有钉子，别踩着（zhao）！"
（106）"要注重宝宝腹部的保暖，别晾着（zhao）！"（百度搜索）

"踩"和"晾"都是自主动词。前两例中，"别踩着（zhe）"表示说话人要听话人不保持某种行为状态，"别晾着（zhe）"表示说话人要听话人不进入某种性质状态。后两例中，"别踩着（zhao）"表示说话人提醒听话人避免无意中造成某种受伤害的行为结果，"别晾着（zhao）"表示说话人提醒听话人避免无意中造成某种消极结果。与"踩"类似的还有"挤""勒"，与"晾"类似的还有"淋""冻""晒"。

换个角度看，上述例子说明，一方面动词的自主性对句式的语义表达有影响，而另一方面不同的句式对于动词的自主性也会有一定的影响。这也说明动词意义与句式的意义之间存在着某种相互制约的关系。

(二)"别 A 着₂"祈使句

与进入"别 A 着（zhe）"的形容词只能是可控形容词不同，进入"别 A 着（zhao）"的形容词只能是非可控形容词。如：

(107)"大家别累着！"（百度搜索）
(108)"睡觉悠着点，盖好被，别凉着！"（同上）
(109)"正餐没吃饱，多吃点零食，别饿着！"（同上）
(110)"我感觉湿度很重要，而且千万别旱着！"（同上）

这四例中的"别 A 着（zhao）"均表示说话人提醒听话人避免无意中造成某种消极结果。比较（107）（108）与（93）（95）可知，"别 A 着（zhao）"均表示说话人提醒听话人避免无意中造成某种消极结果，"别 A 着（zhe）"则表示说话人要听话不处于某种性质状态"。前者提醒避免的只能是尚未发生但有可能无意中发生的行为结果；后者劝阻或禁止的既可以是正在持续的状态也可以是尚未产生但有可能无意中产生的状态。

我们统计了《汉语形容词用法词典》和《汉语水平词汇与汉字等级大纲》中的形容词，能够进入提醒避免意义"别 A 着（zhao）"的形容词我们只发现了"热""凉""累""渴""饿""咸""辣""旱""涝"9个。

从语音上看，这9个形容词都是单音节词；从语义上看，这9个形容词都具有[-可控]特征，其中"热""凉""累""渴""饿""辣""咸"所表示的性状都与人的感受相关；从语法上看，这9个形容词都能加"着"（zhao）表示消极结果，在进入"别 A 着"时都带有致使意义；从语用上看，这些形容词构成的"A 着（zhao）"只能进入否定祈使句。

第四章

"别"字祈使句（下）

第一节 "别 VO"祈使句

一 "别 VO"祈使句的意义

述宾词组 VO 可以参与构成劝阻或禁止义"别 VO"祈使句，如：

(1) "别碰她，她不是那种人，不合适。"（王朔《橡皮人》）

(2) "放手，别碰我。"（王朔《动物凶猛》）

(3) "别编了，你以为我信?""对，没有，我骗你呢，你千万别信我的话。"（王朔《无人喝采》）

(4) 方枪枪在被窝里唔唔咽咽哭出声，被子都湿了。方超安慰他："别信他们的，他们是故意这么说的。""可他们自己都承认了。"（王朔《看上去很美》）

前两例中，"别 VO"表示要听话人不进行某行为，进入该句式的动词均为自主持续行为动词。(1) 中的"别碰她"表示要听话人不开始某行为，(2) 中的"别碰我"表示要听话人不继续某行为。后两例中，"别 VO"表示要听话人不处于某心理，进入该句式的动词均为自主持续心理动词。(3) 中的"别信我的话"表示要听话人不进入某心理，(4) 中的"别信他们的"表示要听话人不持续某心理。

述宾词组 VO 也可以参与构成提醒避免义"别 VO"祈使句，如：

(5)"生病了赶紧吃药,别耽误工作!"(百度搜索)

(6)"我再问你最后一个问题!""你赶紧走,别耽误我的时间!"

(7)"到时候去看吧,别嫌丑。""哪能呢,没看我就知道不错。"(王朔《浮出海面》)

(8)"我们那也是一辈子闷呵!""大妈,您别嫌闷得慌。"(王朔《刘慧芳》)

前两例中,"别 VO"表示提醒听话人避免无意中进行某行为,进入该句式的动词均为可控持续行为动词。(5)中的"别耽误工作"表示提醒听话人避免发生某行为,(6)中的"别耽误我的时间"表示提醒听话人避免继续某行为。后两例中,"别 VO"表示提醒听话人避免无意中处于某心理,进入该句式的动词均为可控持续心理动词。(7)中的"别嫌丑"表示提醒听话人避免产生某心理,(8)中的"别嫌闷得慌"表示提醒听话人避免持续某心理。

与"别 V"类似,并不是所有的自主动词或非自主动词构成"别 VO"都是有歧义的。有的自主动词构成的"别 VO"即使脱离语境也只有一种意义。如:

(9)"别抛弃我。"(电视剧《北京人在纽约》)

(10)"别到那儿。"(王朔《玩的就是心跳》)

"抛弃"和"到"都是自主行为动词,都不具有[+持续]特征,都属于马庆株(1981)所定义的非持续性动词和郭锐(1993)所定义的点结构动词。上述两例中,"别抛弃我""别到那儿"都表示要听话人不开始某行为,或者说都表示要听话人不达成某行为。

同样,有的可控动词构成的"别 VO"即使脱离语境也只有一种意义。如:

(11)"别错过机会,这也许是你最后一次机会了。"(王朔《给我顶住》)

(12)"想说什么再演习演习,到时候别忘了词儿。"(王朔

《顽主》）

"错过"是行为动词，"忘"是心理动词，二者语义上的共同点是都具有［+可控］［-持续］特征，属于非持续性动词或者说点结构动词。前一例中的"别错过机会"表示提醒听话人避免无意中发生某种不如意的可控行为，后一例中的"别忘了词儿"表示提醒听话人避免无意中产生某种可控心理。

由上可知，"别 VO"是否有歧义以及有哪些歧义，也与 V 的语义类型密切相关。具体可参见表 4-1。

表 4-1　　"别 VO"祈使句意义与句中动词类型间的倾向性对应关系

V 的类型	例词	"别 V O"的意义	是否有歧义
［+自主］［+行为］［-持续］	抛弃	劝阻或禁止开始某行为	否
［+自主］［+行为］［+持续］	碰	劝阻或禁止开始/继续某行为	是
［+自主］［+心理］［+持续］	信	劝阻或禁止进入/持续某心理	是
［+可控］［+行为］［-持续］	错过	提醒避免发生某行为	否
［+可控］［+心理］［-持续］	忘	提醒避免产生某心理	否
［+可控］［+行为］［+持续］	耽误	提醒避免发生/继续某行为	是
［+可控］［+心理］［+持续］	嫌	提醒避免产生/持续某心理	是

如果 V 是自主持续行为动词，则"别 VO"劝阻或禁止的行为可以是尚未开始的，也可以是正在进行的；如果 V 为自主持续心理动词，则"别 VO"劝阻或禁止的心理可以是尚未进入的，也可以是正在持续的。如果 V 是非自主可控持续行为动词，则"别 VO"提醒避免的行为可以是尚未发生的，也可以是正在继续的；如果 V 是非自主可控持续心理动词，则"别 V"提醒避免的心理可以是尚未产生的，也可以是正在持续的。如果 V 是自主非持续行为动词，则"别 VO"劝阻或禁止的行为则只能是尚未开始的；如果 V 是非自主可控非持续行为或心理动词，则"别 VO"提醒避免的行为或心理则只能是尚未产生的。

二　"别 V［+行为］O"祈使句

孟琮等（1999：8）将名词性宾语分出 14 类，支配这些名词性宾语的主要是行为动词。据我们考察，这 14 类宾语中，除施事宾语和等同宾语不能进入"别 VO"祈使句外，其他 12 类宾语都可进入。① 如：

别砸玻璃（受事宾语）　　别按手印（结果宾语）
别考研究生（目的宾语）　别抽鞭子（工具宾语）
别存活期（方式宾语）　　别过圣诞节（时间宾语）
别走小道（处所宾语）　　别热凉菜（致使宾语）
别违反校规（对象宾语）　别躲债（原因宾语）
别唱歌（同源宾语）　　　别打官司（杂类）

以上"别 VO"中的 V 都具有 [+自主][+行为] 特征，因而构成祈使句时表示劝阻或禁止。这 12 类宾语中，除对象宾语、原因宾语、同源宾语、杂类 4 类外，其他 8 类宾语参与构成"别 VO"句式时，句式义只能为劝阻或禁止。换言之，当句式"别 VO"中的 O 为受事宾语、结果宾语、工具宾语、方式宾语、目的宾语、致使宾语、时间宾语或处所宾语时，"别 VO"只表示劝阻或禁止。

一般来说，受事宾语表示的是受施事动作行为影响的事物，结果宾语表示的是由施事动作行为造成的结果，工具宾语表示的是施事施行某动作行为所凭借的器具，方式宾语表示的是施事施行某动作行为所采取的方法，目的宾语表示的是施事施行某动作行为的目的，致使宾语表示的是施事所施行的致使行为作用的对象，时间宾语表示的是施事施行某行为的时间，处所宾语表示的是施事施行某行为的处所。

所谓施事，指的是自主性动作行为的发出者（袁毓林，2002：14）。根据道蒂（Dowty，1991：572），原型施事的特征主要包括"自主性""感知性""使动性""位移性""自立性"。沈家煊（1999：208）也指出，施事性的典型特征包括"有生性""使因性""自主性""支配性""显著性"。

由上可知，施事所施行的动作行为都会带有 [+自主] 特征。上面提到的支配受事宾语、结果宾语、工具宾语、方式宾语、目的宾语、时间宾

---

① 张云秋（2004：63，76，88）将材料宾语、工具宾语、方式宾语看作非典型受事宾语。

语以及处所宾语的动词,表示的即是施事所施行的自主动作行为。因此,由这些动词及其宾语参与构成的"别 VO"只表示劝阻或禁止义。

由对象宾语、原因宾语、同源宾语和杂类宾语参与构成"别 VO"可以表示劝阻或禁止,例子如前,也可以表示提醒避免意义,如:

别误会我(对象宾语)　　别愁经费(原因宾语)
别摔跟头(同源宾语)　　别有负担(杂　　类)

这是因为支配对象宾语的既可以是自主行为动词,如"违反",也可以是可控心理动词,如"误会",支配原因宾语的既可以是自主行为动词,如"躲",也可以是可控心理动词,如"愁",支配同源宾语的既可以是自主行为动词,如"唱",也可以是可控行为动词,如"摔",支配同源宾语的既可以是自主行为动词,如"打",也可以是非自主动词,如"有"。正因为上面四例中的动词 V 具有[-自主]特征,因此不表示劝阻或禁止。应指出,"有"本为非可控动词,但当其后带有[+心理]特征的名词时,"有+N[+心理]"便带上[+可控]特征。

施事宾语和等同宾语则不能进入劝阻或禁止义"别 VO"句式。如:

?别出去了一个人(施事宾语)　?别搬了三户人家(施事宾语)
　*别是少先队员　(等同宾语)　*别是工会主席　(等同宾语)

马庆株(1988:166)指出,当自主动词后面加上表示完成的时体助词"了"表示完成的动作时,语义上就很难说它是自主抑或是非自主了。上面例中的"出去了""搬了"便属于这种情况,其已经失去[+自主]特征,进入"别 VO"即使能说也不再表示劝阻或禁止,而是表示提醒避免义或否定性揣测。至于"是",马庆株(1988:172)指出是非自主动词。作为判断动词,"是"显然不具有[+行为/心理]特征。既然"是"不具有[+自主][+行为/心理]特征,自然就无法参与构成劝阻或禁止义"别 VO"句式了。

三 "别 V[+心理]O"祈使句

张全生(2001:7)将心理动词分为情感动词、感知动词和意志动词三类。这三类心理动词中的自主动词参与构成的"别 VO"表示劝阻或禁止,其中的非自主动词参与构成的"别 VO"表示提醒避免。

(一)"别 V [+情感] O"祈使句

情感类心理动词参与构成"别 VO"的例子如:

(13)"哟,这是什么对待好朋友的洋办法呀?""杨太太,别怪老二,他老护着他的大嫂。"(老舍《残雾》)

(14)"那还不如把我打死好。""我没劲打你,打你脏了我的手。你也别怨我狠,这叫做以其人之道还治其人之身。"(苏童《妻妾成群》)

(15)"别怪我说了这些傻话,我不能自持。"(张洁《无字》)

(16)"我看她对你也是先礼后兵,到时候可别怨我不救你。"(王朔《我是你爸爸》)

"怪"和"怨"均属于非自主可控情感动词。① 前两例中,"别 VO"表示提醒听话人避免无意中持续某种非自主情感心理,有劝阻的意味;后两例中,"别 VO"表示提醒听话人避免无意中产生某种非自主情感心理,无劝阻的意味。简言之,这四例中的"别 VO"都表示提醒听话人避免无意中处于某种非自主情感心理。在"别 VO"分句后面或前面往往会出现说明相关理由的分句,这样做的好处是使得说话人的提醒更容易让对方接受。

与行为类及物动词多数只能带体词性宾语不同,有不少心理类及物动词不仅能带体词性宾语,如(13)(14),还能带谓词性宾语,如(15)(16)。

值得注意的是,作为主观性插说成分,"别怪我说(直话)"这一形式虽然还保留着提醒避免的意味,但更多的是用来降低对听话人的冒犯程度。如:

---

① "怪"和"怨"兼有心理动词和言说动词的属性。根据张京鱼(2001:113)、王红斌(2002:63)和李秉震(2010:26)提出的标准,"怨恨"义的"怪"和"怨"均为心理动词。袁毓林(1991:13)将"怪"列入自主动词,应当是"责怪"义的"怪"。我们认为"怨恨"义的"怪"应看作强可控动词。

（17）"小兄弟，别怪我说，你的脑子实在不大灵活！"（老舍《四世同堂》）

（18）"别怪我说，你这么顾虑这个那个的，简直有点不大象个老战士了！"（老舍《西望长安》）

这两例中，"别怪我说"后面的分句直接表达了说话人对听话人的否定性评价。有时，"别怪我说"后面的分句不是直接而是间接表达了说话人对听话人的否定性评价。如：

（19）"丁经理既是工商联的委员，就更可靠了！""您别怪我说，他要是品质不可靠，也当选不了工商联的委员。"（老舍《春华秋实》）

（20）"那可就得罪了李将军，他不是好惹的呀！""孟老师，别怪我说直话，不是您把李将军带到我家里去的吗？"（老舍《方珍珠》）

前一例中，"您别怪我说"后面的两个分句构成假设分句，表明说话人"丁经理品质可靠是其当上工商联委员的必要条件"的观点，从而间接否定了对方"丁经理当上工商联委员就更可靠"的观点。后一例中，"别怪我说直话"后面的分句是由"不是"引领的反问句，用于提醒对方注意事实是由于对方将李将军带到自己家而使自己得罪了李将军，从而间接否定了对方的做法。由于后面分句不同程度地对对方的行为或心理做出了否定性的评价，考虑到对话时的礼貌原则，说话人在这些分句前面加上了"别怪我说（直话）"。

邱闯仙（2010：14）指出，主观性插说成分具有以下特征：结构形式相对固定，语义凝固；不能单独表达完整的命题意义；本身表达一种附加的主观意义。以此来看，上述四例中的"别怪我说（直话）"可看作主观性插说成分，该形式本身虽然也承载着劝阻或禁止义，但在内容上并不与核心句的命题意义相关，因此，省略后似乎并不影响话语命题意义。如：

（17'）"小兄弟，你的脑子实在不大灵活！"

(18') "你这么顾虑这个那个的,简直有点不大象个老战士了!"

(19') "丁经理既是工商联的委员,就更可靠了!""他要是品质不可靠,也当选不了工商联的委员。"

(20') "那可就得罪了李将军,他不是好惹的呀!""孟老师,不是您把李将军带到我家里去的吗?"

与原句相比,上述四句没有了主观性插说成分"别怪我说(直话)",句子的命题意义并没有受太大影响,但说话人试图缓和对对方否定性评价的主观意义也消失了,因此句子显得较为直率。

应指出的是,虽然"别怪我说(直话)"可看作主观性插说成分,但其词汇化和语法化程度并不高,还没有成为一个典型的话语标记。[①] 这一方面表现在其语形并不稳定,可以有"别怪我说""别怪我说你""别怪我直说""别怪我说话直""别怪我说直话"或"别怪我说话难听"等变体;另一方面表现在听话人仍可针对"别怪我说(直话)"做出回应。如:

(17'') "小兄弟,别怪我说你,你的脑子实在不大灵活!""不怪不怪,我是不灵活。"

(18'') "别怪我说话直,你这么顾虑这个那个的,简直有点不大象个老战士了!""不怪不怪,是我考虑得多了。"

(19'') "丁经理既是工商联的委员,就更可靠了!""您别怪我说直话,他要是品质不可靠,也当选不了工商联的委员。""不怪不怪,你说得有道理。"

(20'') "那可就得罪了李将军,他不是好惹的呀!""孟老师,别怪我说话难听,不是您把李将军带到我家里去的吗?""不怪不怪,是我的错。"

董秀芳(2007:59)就曾指出:语形不稳定的话语标记都是由词汇

[①] 现代汉语中有的"别V"词汇化程度很高,如"别说""别提""别管","别说""别提了"则已语法化为比较典型的话语标记(参见侯瑞芬,2009:138)。

化而来的，其词汇化程度还不十分高，只是处于词汇化过程的最初阶段：熟语化。

根据张全生（2001：7），常见的情感类心理动词有：

爱　愁　担心　惦记　怪　害怕　恨　后悔　怀念　怀疑　嫉妒
满足　佩服　热爱　讨厌　同情　喜欢　嫌　羡慕　尊敬　尊重
想₁　想念　埋怨

袁毓林（1991：13）将"爱""怪""恨""想""同情""尊重"列入自主动词，将"愁""嫌""害怕""后悔"列入非自主动词。如果按照马庆株（1988：161）的标准来衡量，则上面的情感类心理动词均为非自主动词。在马庆株（1988：161）标准的基础上，这里我们提出一个区分自主动词和非自主动词的鉴定格式：我要求你 VP。能进入该格式的为自主动词，不能进入的为非自主动词。如：

我要求你尊重他　　　＊我要求你爱他
＊我要求你喜欢他　　＊我要求你担心他
＊我要求你同情他　　＊我要求你恨他
＊我要求你惦记他　　＊我要求你怀念他

与其他情感心理动词不同，对一个人的"尊重""尊敬"常常表现在具体的行为上，因此，"我要求你尊重他！"实际上用于要求听话人通过行为表现出对"他"的尊重。"爱""喜欢"等情感类心理动词更多地表现为内心"对人或事物有好感"，这是很难被要求的。因此，"爱""喜欢"及其他侧重表现内心情感的心理动词很难进入上述格式。①

由此，我们认为"尊重""尊敬"以及类似的"关心""关爱""重视"都是自主动词，"爱""喜欢"以及"恨""怨恨""担心""害怕"等均为非自主可控动词。一般来说，自主情感动词进入"别 VO"表示劝

---

① 心理动词"爱"在《现代汉语词典》（2016：5）中有三个义项，在"对人或事物有很深的感情"和"喜欢"两个义项上是非自主的，在"爱惜、爱护"义项上则是自主的。

阻或禁止,非自主情感动词进入"别VO"则表示提醒避免,但由于这些非自主情感动词均为强可控持续动词,因此,在表示提醒听话人避免持续某种心理时有较强的劝阻意味。如:

(21)"你别累坏了,日子还长着呢。""别,别,您可千万别同情我,让我累死。"(王朔《千万别把我当人》)

(22)停了一下,她说,"别担心我,我不会的。"(王朔《空中小姐》)

袁毓林(1993:28)指出,贬义自主动词只能进入否定祈使式,褒义自主动词不能进入否定祈使式,例如:

别打扰他们　　别嚷嚷出去　　别惯坏孩子　　别调皮捣蛋
*别尊重别人　*别树立信心　*别改正缺点　*别爱护学生

与感知动词和意志动词不同,情感动词表示人的内心情感,往往带有褒贬色彩。如"怪""怨""恨"带有贬义色彩,"尊重""关心""重视"则带有褒义色彩。进入"别VO"的情感类自主动词似乎也遵守"褒义自主动词不能进入否定祈使式"这一规律。如:

*别关爱别人　　*别关心别人　　*别尊敬别人　　*别重视学习

其实,褒义的情感类自主动词并非完全不能进入"别VO",只是需要更多的句法、语义或语用条件,具体说,对于宾语O有更多的要求。首先,如果宾语O在说话人看来具有某种消极评价色彩,"别V[+情感][+褒义]O"就能够成立,如:

(23)"你别尊重这种人,这种人不值得尊重!"
(24)"你别关心这种人,这种人不值得关心!"

虽然这两例中的情感动词是褒义的,但说话人对动词所表示的行为支配的对象的评价是消极的,因此"别V[+情感][+褒义]O"可以用于对具有贬义色彩的"V［+情感］［+褒义］O［+贬义］"行为的劝阻或禁止。再者，如果宾语O为第一人称代词，"别V［+情感］［+褒义］O"在一定句法语义条件下也可以成立，如：

(25)"你别尊重我，我不需要你尊重！"
(26)"你别关心我，我不希望你关心我！"

"别V［+情感］［+褒义］我"实际表达的是说话人的一种特殊意愿，其不受一般的语用习惯制约。根据一般的语用习惯，说话人对自己阻止听话人做的事不会在否定祈使式中直接做出肯定性评价，所以，V［+自主］［+褒义］一般不能进入否定祈使句。（袁毓林1993：29）显然，上述两例不受此语用习惯制约。这时，为了强化说话人的这种特殊意愿，上下文中往往会出现表示说话人意愿的其他语句。

(二)"别V［+感知］O"祈使句

感知类心理动词参与构成"别VO"的例子如：

(27)"你们别以为是个体户就趁钱。"（王朔《浮出海面》）
(28)"你别以为你挺了解我。"（王朔《橡皮人》）
(29)"回见，别忘了我，每天睡觉前闭眼想想。"（王朔《玩的就是心跳》）
(30)"一天三次，一次两片，别忘了吃。"（王朔《永失我爱》）

"以为"和"忘"都是非自主可控动词，"以为"只能带谓词性宾语，"忘"则既能带名词性宾语，也能带谓词性宾语。前两例中，"别以为O"字面上表示提醒听话人避免无意中持有某种认识；后两例中，"别忘了O"表示提醒听话人避免无意中进入某种认识状态。

"以为"是非自主可控动词，"别以为O"字面上表示提醒听话人避免持有某种认识，实际上是反驳听话人的某种错误认识，借以表明说话人自己的观点。因此，在"别以为O"分句的前面或后面常常会出现标示说话人真实想法的分句，如：

(31)"别以为哥们儿糊涂,哥们儿心里明镜似的。"(王朔《玩的就是心跳》)

(32)"就是事实,别以为别人都是傻瓜,看不出来。"(王朔《过把瘾就死》)

前一例中,"别以为 O"后面的分句指出了与说话人认识 O 相对的实际情况;后一例中,"别以为 O"前面的分句指出了与说话人认识 O 相对的实际情况。

现代汉语中,副词"其实"或者用于引出与上文相反的意思,或者表示对上文的修正或补充(吕叔湘,1980:386)。郭红(2010:96)总结出"其实"的基本语义结构模式。如下:

A. 某种表面现象或片面认识
B. 上文所说的不是实际情况
C. 实际情况

出现"别以为 O"的句子恰恰与上述语义结构模式相融,其构成 B 环节,其中的 O 作为内嵌谓词性成分构成 A 环节。因此,在"别以为 O"分句的前面或后面分句中可以出现或补出评注性副词"其实","其实"引领的分句构成 C 环节。如:

(31')"别以为哥们儿糊涂,<u>其实哥们儿心里明镜似的</u>。"
(32')"<u>其实</u>就是事实,别以为别人都是傻瓜,看不出来。"

吴福祥(2004:225)指出,"其实"是一个反预期标记,还指出反预期包括与说话者的预期相反、与受话人的预期相反、与包括说听双方在内的特定言语社会共享的预期相反三种类型。出现在"别以为 O"分句前面或后面的"其实"属于与受话人预期相反的反预期标记,即这时"其实"引出的分句与听话人的预期认识相反。

殷树林(2009:194)指出,在肯定句中说话人对"以为"后面的论断常持否定态度。通过上述例子可看出,在否定祈使句中说话人对"以为"后面的论断只持否定态度。

概括地说,"别忘了O"提醒听话人避免进入某种认识状态,宾语O的类型影响整个句式的意义。当宾语为名词时,该句式实际意义是希望听话人记住某人或某物,如(29),当宾语为表示将来具体行为的谓词性成分时,该句式实际意义是提醒听话人去做某事,如:

(33)"路上碰见坏人,别忘了跟他使大梦拳。"(王朔《千万别把我当人》)

(34)"我陪小雨去,总得有个大人领着她。你到学校别忘了替小雨请假。"(王朔《刘慧芳》)

当宾语成分为表现抽象判断的谓词性成分时,该句式实际意义或者是提醒听话人重新确立某种认识,或者是提醒听话人重新确立某种做法,如:

(35)"政府说过这话吗?别忘了政府可是为人民的。"(王朔《一点正经没有》)

(36)"你怎么能这么对待群众?别忘了是谁哺育的我们,没有群众你就是个零。"(王朔《千万别把我当人》)

从篇章分布来看,"别忘了O"常常位于另一个分句或句子之后,如(33)至(36)。从上下文语义关系的角度看,"别忘了O[+将来][+具体][+行为]"往往用于对前一句子所述事件的补充说明,提醒听话人做某件与前一句子所涉及人或物有关的事情,如(33)(34),而"别忘了O[-将来][-具体][+判断]"往往用于对前一句子表达观点的补充说明,提醒听话人注意说话人持有某种观点是有依据的,如(35)(36)。

句式的意义和句式成分的意义之间往往相互影响。"别以为O"是提醒听话人避免保持某种认识状态,"别忘了O"是提醒听话人避免进入某种认识状态,二者意义的差别与"以为"和"忘"的意义差别有关。

从动词的过程结构上看,"以为"属于无限结构动词,特点是无起点、无终点、续段弱,"忘"属于点结构动词,特点是起点与终点重合、无续段(参见郭锐,1993:413)。由于"以为"没有起点但有续段,"别以为 O"不能表示提醒避免进入某种认识状态,而只能表示提醒避免保持某种认识状态;由于"忘"起点与终点重合、没有续段,"别忘了 O"不能表示提醒避免保持某种认识状态,而只能表示提醒避免进入某种认识状态。

"别以为/忘了 O"的预设是听话人可能"以为/忘了 O",这一预设反映的往往是说话人对于听话人某种心理认识的主观断定,并非一定为听话人所认可,因而有时可以被取消。如:

(37)"别以为我听不出你这是讽刺我。""绝对不是,我是十分钦佩,真的真的。"审判员一本正经地向马锐颔首。(王朔《我是你爸爸》)

(38)"老实点!别忘了你现在在哪儿!""一点没敢忘,我要是忘了,这天地间就没您了。"(王朔《千万别把我当人》)

心理活动本身具有不可见性(王珏 2004:271)。感知类动词表现的是人的感知认识,如果不借助于言语或动作行为等外在表现,一个人的感知认识一般是无法被直接洞察的。因此,当说话人以听话人的某种认识作为前提预设发出劝阻或提醒时,听话人可以通过否定这一前提预设来做出回应。

根据张全生(2001:7),常见的感知类心理动词有:

感到　感觉　估计　觉得　认为　想$_2$　以为　明白　相信
晓得　知道　考虑　了解　认得　懂　认识　忘记　记得

根据马庆株(1988:161)的标准,"估计""相信""考虑"均属于自主动词,这几个词也能够进入"我要求你 VP"。如:

你估计一下!　　　你相信他!　　　你考虑一下!
我要求你估计一下!　我要求你相信他!　我要求你考虑一下!

这一类感知动词进入"别 VO"表示劝阻或禁止听话人持有某种感知心理。

袁毓林（1991：12）指出，非自主可控动词只能进入否定祈使式，不能进入肯定祈使式。"感觉""觉得""认为""想₂""以为""忘记"均属于非自主可控动词，均可进入"别 VO"表示提醒听话人避免持有某种感知心理。如：

    *认为自己不行！   *以为别人不知道！   *忘记关灯！
    别认为自己不行！   别以为别人不知道！   别忘记关灯！

其余的感知类心理动词，如"感到""明白""晓得""知道""了解""懂""认得""认识""记得"等，则既不能进入肯定祈使式，也不能进入否定祈使式，属于非自主非可控动词。这些心理动词都表示感知达到某种结果，而这种感知结果不能由感知主体自主控制，更不能由感知主体之外的其他人自主控制。如：

    *感到自己不行！   *明白老师的话！   *记得数学公式！
    *别感到自己不行！   *别明白老师的话！   *别记得数学公式！

（三）"别 V [+意志] O"祈使句

意志类心理动词参与构成"别 VO"的例子如：

（39）"别想趁机靠前。"（王朔《人莫予毒》）
（40）"别想跑。"（王朔《橡皮人》）
（41）"别打算蒙我说你不认识他。"（王朔《人莫予毒》）
（42）"你别想赖。"（王朔《刘慧芳》）

"想""打算"等意志动词属于非自主可控动词，只能带谓词性宾语（张全生，2001：7）。虽然"想""打算"可以带心理动词参与构成的宾语成分，但是"别想/打算 O"中的宾语 O 中却不能出现心理动词。试比较：

    我想考虑考虑   *你别想考虑考虑
    我想琢磨琢磨   *你别想琢磨琢磨

出现"别想/打算 O"中的谓词性宾语 O 中的动词可以是具体行为动词,也可以是抽象行为动词。所谓具体行为动词指的就是动作动词,即表示人或动物身体或身体部位发出的动作的词,具体包括头部动作动词、五官动作动词、上肢动作动词、下肢动作动词、躯体动作动词等。这一类动词表示的动作行为往往具有可见性。所谓抽象行为动词指的就是,表示人或动物的活动但又不是其身体或身体部位直接发出的动作的动词。这一类动词表示的动作行为往往不具有可见性。

根据上述划分可以看出,(39)中的"靠"和(40)中的"跑"属于具体行为动词,(41)中的"蒙"和(42)中的"赖"属于抽象行为动词。

"别想/打算 O"字面上表示提醒听话人避免做某种打算,实际上表明说话人的态度:不允许听话人有某种打算。说话人之所以会持有这一态度,是因为在说话人看来,O 表示的通常是对听话人有利但违背说话人意志或损害说话人利益的一种具体动作或抽象行为。在这类"别"字句后面通常会出现或可以补出说明说话人持有"不允许"态度的理由的后续分句。如:

(39')"别想趁机靠前,你来不及,你需要一连串的动作,而我只要一下。你要真不想让我死,就呆在原地别动。"(王朔《人莫予毒》)

(40')"别想跑,我只认得你,只管你要钱。"(王朔《橡皮人》)

(41')"别打算蒙我说你不认识他,我不会相信的。"

(42')"你别想赖,我不会让你得逞的。"

从语料来看,这种说明说话人持有"不容许"态度的理由的后续分句有两种类型:一种是陈述客观理由,如(39')中的"你来不及",(40')中的"我只认得你";另一种是陈述主观理由,如(41')中的"我不会相信的",(42')中的"我不会让你得逞的"。

其实,所有的"别想/打算 O"分句后面都可以补出陈述主观理由的句子。如:

（39''）"别想趁机靠前，我不会让你得逞的，你来不及，你需要一连串的动作，而我只要一下。你要真不想让我死，就呆在原地别动。"

（40''）"别想跑，我不会让你得逞的，我只认得你，只管你要钱。"

几乎所有的"别想/打算 O"的后面都可以出现"我不会让你得逞的"一类陈述主观理由的句子，这也说明"别想/打算 O"的共性是着重表现说话人的强烈的主观态度"不允许"。

有时，有任指用法的疑问代词可以出现在"别想/打算 O"祈使句中。如：

（43）"你和我接触就应该小心，谁也别想讹我。"（王朔《玩的就是心跳》）

（44）"除非我死，谁也别想从我身边将德秀抢走。"（姚雪垠《李自成》）

这一类"谁也别想 VP"字面同样是提醒听话人避免做某打算，实际上是表现说话人的强烈的主观"不允许"的坚决态度。这一类句子中的"谁"代指包括听话人在内的任何人，对包括听话人在内的所有人发出祈使，所以语气更为强烈。

然而，有的"谁也别想 VP"并不表示提醒避免或不允许。如：

（45）"那儿的房间都是一样的，在夜里谁也别想分得清，我稀里糊涂上了别人的床。"（王朔《人莫予毒》）

（46）五个人吃的饭十个人吃，谁也别想吃饱。（张洁《沉重的翅膀》）

与（43）（44）不同，（45）中的句子虽用于对话语体，但用于对过去发生事情的评论和叙述，（46）中的句子则并非用于对话语体，其中的"谁"也不指向听话人。两例中的"谁也别想 VP"仅仅是表示评论，并非发出祈使。

根据张全生（2001：7），常见的意志类心理动词有：

打算　想₃　决定　企图　希望　期望

根据马庆株（1988：161）的标准，这些心理动词中只有"决定"能进入肯定祈使句，是自主动词，其他的均不能进入肯定祈使句，是非自主动词。其中"打算""想""企图"均能进入否定祈使句，均为非自主可控动词。如：

他打算出国。　　＊你打算出国！　　你别打算出国！
他想走捷径。　　＊你想走捷径！　　你别想走捷径！
他企图他逃窜。　＊你企图逃窜！　　你别企图逃窜！

然而，"希望""期望"一般不能进入否定祈使句。如：

他希望出国。　　＊你希望出国！　　＊你别希望出国！
他期望出国。　　＊你期望出国！　　＊你别期望出国！

我们统计了北大语料库中的现代汉语语料，"别希望/期望 O"没有发现用例，而"别想/打算 O"仅在王朔小说语料中就发现10例。

与"打算""想"不同，"希望""期望"虽带的谓词性宾语表示的仅是人做某事的愿望，而不涉及即将实施某行为，人们一般不会针对人的愿望本身发出提醒或劝阻。一般来说，人的行为是可以控制的，人的愿望却是很难控制的。因此，"希望""期望"一类词一般不能进入否定祈使句。"希望""期望"虽然一般不能进入否定祈使句，但考虑到这两个词与"打算""想"语义接近，我们仍将其看成是非自主可控动词。

第二节　"别 AD+VP"祈使句

"别 AD（状语）+VP"[①]可表示劝阻或提醒避免，如：

[①] 此一节中 VP 只指状语 AD 后面的谓语，不包括状语 AD。

(47)"别这么认真。"(王朔《一半是火焰，一半是海水》)
(48)"别光谢，透露点内幕消息。"(王朔《我是你爸爸》)
(49)"别傻坐着，说话呵。"(王朔《一点正经没有》)
(50)"别不高兴，真的。"(王朔《动物凶猛》)
(51)"别给我开磺胺，我磺胺过敏。"(王朔《永失我爱》)
(52)"别对我说你们什么也没干。"(王朔《我是"狼"》)

前四例中，"别 AD+VP"表示提醒避免；后两例中，"别 AD+VP"表示劝阻。

从形式上看，"别"字后面充当状语的成分主要有两种：一种是单个词，如（47）至（49）中充当状语的分别是副词、形容词和代词；另一种是词组，以介宾词组最为常见，如（51）和（52）。

从意义上看，"别"字后面充当状语的成分表示的意义主要有程度、范围、否定、频率（含重复）、方式、状态、对象、原因、目的、时间、处所、语气等。这些表示不同意义的状语都可参与构成"别 AD+VP"祈使句。

一 "别 AD$_{程度、范围}$VP"祈使句

（一）"别 AD$_{程度}$VP"祈使句

"别"后状语表示程度的例子如：

(53)"你别太狂。"(王朔《给我顶住》)
(54)"别太相信自己的记忆力。"(王朔《人莫予毒》)
(55)"别这么赤裸裸。"(王朔《浮出海面》)
(56)"别那么心胸狭窄。"(王朔《我是你爸爸》)

副词"别"后面充当程度状语的主要是程度副词"太"和指示代词"这么""那么"等。

"别太 VP"表示提醒听话人避免保持某心理或状态过了度，进入到这个句式的 VP 可以是形容词，如（53）中的"狂"，也可以是动词词组，如（54）中的"相信自己的记忆力"。

根据彭可君（1990：8），"别 A"中的 A 一般要求具有［+心态］［+

贬义]特征，袁毓林（1993：126）指出，"别太 A"中的 A 既可以是贬义的，也可以是褒义的。如：

别太滑头　　别太马虎　　别太消极　　别太随便
别太老实　　别太积极　　别太高兴　　别太大方

袁毓林（1993：126）指出，这是因为"太"表示程度过头，多用于不如意的事情，不论 A 是褒义的还是贬义的，"太 A"总是贬义的，只能进入否定祈使句。根据张国宪（2006：77），上述例子中的 A 均属于状态形容词。进入"别太 A"的 A 不仅可以是状态形容词，也可以是性质形容词。如：

别太高　　别太浅　　别太黄　　别太凉
别太辣　　别太贱　　别太晚　　别太快

上述"别｜太 A"都表示提醒避免致使某种性状超过限度，凸显的是性状过度。其实，上述"别｜太 A"中的 A 表示的往往是某种自主动作行为的结果状态。由于在具体语境中，这些具体的动作行为往往是默认的，因而可以省略，其实这些动作行为可以显性化。① 如：

别挂得太高　　别挖得太浅　　别卖得太贱　　别去得太晚
别走得太快　　别炒得太辣　　别染得太黄　　别晾得太凉

"挂""挖""卖""去""走""炒""染""晾"均为自主动词，表示的是人能有意识地发出或停止的动作行为。由这些动词参与构成的"V 得太 A"表示的是人对某种行为的结果状态的评价，"太 A"所表示的结果状态是人能够避免的，具有［+可控］特征。

"别这么/那么 VP$_{性状/情感}$"是"别 AD$_{程度}$VP"祈使句另一种常见的类型，表示提醒听话人避免在某种较高程度上保持某一特定情境中的某种状态。该句式中，VP$_{性状/情感}$是能表现有程度差别的性质或状态的谓词性成

---

① 袁毓林（1993：151）已经注意到"别 V 得太 A"与"别太 A"间存在这种变换关系。

分,其可以是形容词或心理动词,如(55)中的"赤裸裸",也可以是谓词性词组,如(56)中的"心胸狭窄"。这里的"这么/那么"除了标示程度高外,还有联系现实情境的作用。所谓现实情境指已经发生或正在发生的情境[科姆里(Comrie),1985:39]。"这么/那么VP$_{性状/情感}$"指示的对象均是现实情境中的状态。如:

(55')"没什么不好。我也爱钱,所以喜欢你。""别这么赤裸裸,晶晶。"(王朔《浮出海面》)
(56')"没你这么逗的,有你这么开玩笑的么?""别那么心胸狭窄,开朗点,你还真得学习学习大人的涵养。"(王朔《我是你爸爸》)

前一例中,"这么赤裸裸"指示的是现场对话中晶晶言语所表现出来的"因为爱钱,所以喜欢某人"这一价值观的毫无掩饰的状态;后一例中"那么心胸狭窄"指示的是现场对话中对方马锐的言语所表现出来的(在说话人马林生看来是)气量狭小的状态。

考察语料中出现的"别这么/那么VP$_{性状/情感}$"用例,似乎有的"这么/那么"可省,有的"这么/那么"则不可省。如:

(57)"别那么见外。"(王朔《玩的就是心跳》)
(57')"别见外。"
(58)"别那么狭隘。"(王朔《千万别把我当人》)
(58') *"别狭隘。"

"见外"与"紧张"类似,用于表现人物的某种状态,本身就可以直接与现实情境相联系,因而(57')也成立,但由于出现"那么",(57)程度更深,且"与现实情景相联系"的情状更为凸显。"狭隘"则与"心胸狭窄"相似,多用于对人、行为或事物属性的评价,本身不直接与现实情境相联系,因此,"狭隘"与"心胸狭窄"这一类词语进入"别"字祈使句时,要加入"这么/那么"这样一些联系现实情境的词语才能成立,否则不能成立。

（二）"别 AD_范围 VP" 祈使句

"别"后状语表示范围的例子如：

(59) "吃呵，喝呵，别光聊。"（王朔《刘慧芳》）
(60) "杨重别光自个抽烟，给老太太一颗。"（王朔《顽主》）
(61) "大家往前坐坐，别都挤在后面。"（王朔《给我顶住》）
(62) "别都拿走，给人小孩留点，要不忒不够意思了。"（王朔《我是你爸爸》）

副词"别"后面充当范围状语的主要是范围副词"光""只""都""全"等。其中"光""只"属于限制类范围副词，"都""全"属于总括类范围副词（连蜀，2006：97）。

"别光VP"表示提醒听话人避免只做某事，言外之意是还要听话人做其他事。因此，在该句式的前后常常会出现要听话人做其他事的句子，如（59）中的"吃呵，喝呵"，（60）中的"给老太太一颗"。通过比较可知，"别光VP"句式中的VP表示的行为、心理往往具有［-未然］特征，该句式前后的其他表示肯定祈使的句子中的VP表示的行为、心理则往往具有［+未然］特征。

一般认为，非可控动词表示的动作行为通常是不能由动作者有意作出或避免的，这一类词也就不能进入"别VO"句式（袁毓林，1993：26）。如：

　　*别知道补钙　　*别看中价格　　*别懂得补钙　　*别通晓价格

然而，"知道""看中"等非可控动词却可以进入"别光VO"句式。如：

(63) "别光知道补钙，也要多吃这些食物给孩子补锌。"（百度搜索）
(64) "别光看中价格，也比比质量什么的。"（同上）

"知道"是非可控心理动词，"知道O"作为一种感知心理状态是人不能够控制的。"光知道O"这种心理状态虽然不能由人自主决定,但是可以由人竭力避免或者说可以由人改变这种心理状态。换言之,"知道"本身虽然是非可控的,但"知道"的范围却可以人为地改变,即"光知道O"是可控的。同理"光看中O"也是可控的。这就是上面两例可以成立的原因。

"别都VP"可以表达两种意义:表示要多个听话人不要都做某事,如(61)中的"别都挤在后面";表示要听话人不要对某些事物都做某种处置,如(62)中的"别都拿走"。VP陈述说明的论元的性质是影响"别都VP"意义表达的主要因素。根据郭锐(1995:170)和袁毓林(2002:11—13),动词的必有论元包括主体论元和客体论元两种,主体论元指带有施事、感事、致事或主事等论旨角色的名词性成分,客体论元指带有受事、与事、结果、对象或系事等论旨角色的名词性成分。

如果VP是对多个主体论元的陈述说明,那么"别都VP"表示要多个听话人不要都做某事。如:

(65)"你们别都去睡觉,留一个把门的。"
(66)"咱们别都掉炒菜,他喜欢吃饺子。"

这一类"别都VP"句式中的VP都具有[+自主]特征。如果VP是对多个客体论元的陈述说明,那么"别都VP"表示要听话人不要对某些事物都做某种处置。如:

(67)"窗户别都关上,留两个通风的。"
(68)"面条别都拿走,我们这儿有吃面的。"

这一类"别都VP"句式中的VP主要由动趋式和动结式充当,VP所表示的动作和趋向/结果之间的实现关系可由人自由控制,VP除具有[+自主]特征外,还具有[+处置]特征。汉语里的"把"字句一般被认为专门用来表示处置义(王力,1985[1943]:82;沈家煊,2002:387)。上面两个例子均表达对于处置行为的劝阻或禁止,因此,都可以转化为带"把"字的"别"字祈使句。如:

(67') "别把窗户都关上,留两个通风的。"
(68') "别把面条都拿走,我们这儿有吃面的。"

二 "别 AD$_{方式、状态}$VP" 祈使句

"别"后状语表示方式的例子如:

(69) "别按老习惯乘车。"(百度搜索)
(70) "别用这种眼光看我。"(同上)
(71) "别一个字一个字地念!"
(72) "汪若海,你别偷看呀。"(王朔《动物凶猛》)

副词"别"后面充当方式状语的主要是介宾词组"按/用 N$_{方式}$"、数量(名)的重叠形式以及方式副词(如"偷""瞎""胡"等)。

"别按/用 NP$_{方式}$VP"表示要听话人不要以某种特定的方式做某事。从认知上看,NP 表示的方式有两种:一种是惯常性的方式(NP$_1$),如(69)中的"老习惯",一般指向非现场情境;另一种是非惯常性的方式(NP$_2$),如(70)中的"这种眼光",一般指向现场情境。"别按/用 NP$_1$ VP"表示要听话人不要以某种惯常的方式做某事,如(69);"别按/用 NP$_2$VP"表示要听话人不要以某种现场刚刚或正在采用的方式做某事,如(70)。

"别 AD$_{数量(名)重叠}$VP"也表示要听话人不要以某种特定的方式做某事,其中数量(名)词组的重叠方式为 ABAB,重叠形式后面往往需要加"地",如(71)。相对于其他方式状语,方式副词往往表示比较抽象的方式。"别 AD$_{方式副词}$VP"表示要听话人不要以某种特定方式做某事,如(72)。

"别"后状语表示状态的例子如:

(73) "看见你们了,别急慌慌穿衣服。"(王朔《动物凶猛》)
(74) "别傻坐着,说话呵。"(王朔《一点正经没有》)
(75) "快到院门了,你可别这副样子进院。"(王朔《过把瘾就死》)

(76)"别像个傻子似地看我。"(王朔《空中小姐》)

"别 AD$_{状态}$VP"表示要听话人不要以某种特定的状态做某事,副词"别"后面充当状态状语的主要是具有评价义或描摹义的形容词,如(73)(74),以及定心词组和助词词组,如(75)(76)。[①] 这时,状语所表示的状态多是已然或曾经发生过的状态。

有时,"别"后状语到底表示方式还是状态并不容易区分。如:

(77)"您别这么说,我们可不经夸。"(王朔《修改后发表》)
(78)"别这么看我,我一点没觉着你目光逼人。"(王朔《玩的就是心跳》)

与"别这么/那么 VP$_{性状/情感}$"中的"这么/那么"表示程度不同,上述"别这么/那么 VP$_{动作行为}$"中的"这么/那么"表示方式或状态,但又很难断然说这里的"这么/那么"只表示方式或只表示状态。笼统地说,"别这么/那么 VP$_{动作行为}$"就表示要听话人不要以当时特定情境中的某种方式或状态做某事。该句式中,VP$_{动作行为}$表现的是具体动作的行为,不具有内部程度差别,VP$_{动作行为}$可以是动词,如(77)中的"说",也可以是动词词组,如(78)中的"看我"。

与"别这么/那么 VP$_{性状/情感}$"中的"这么/那么"类似,"别这么/那么 VP$_{动作行为}$"中的"这么/那么"也有联系现实情境的作用。"这么/那么 VP$_{动作行为}$"指示的对象均是现实情境中某种方式或状态下的动作行为。如:

(79)"我始终认为贵刊是国内的一流刊物,图文并茂,趣味高雅。""您别这么说,我们可不经夸。"(王朔《修改后发表》)
(80)百姗仰着脸盯着我,像是在疾劲的风雨中努力看清对方的脸,眼圆睁,肌肤紧绷。"别这么看我,我一点没觉着你目光逼人。"(王朔《玩的就是心跳》)

---

① 关于评价义或描摹义形容词可参见张国宪(2006:23,78)。邢福义(1993:5)认为"像 X 似的"是述宾词组"像 X"加上"似的"构成的比况结构。

与一些"别这么/那么 VP$_{性状/情感}$"中的"这么/那么"可省不同，"别这么/那么 VP$_{方式/状态}$"中的"这么/那么"均不可省。如：

（79'）＊"我始终认为贵刊是国内的一流刊物，图文并茂，趣味高雅。""您别说，我们可不经夸。"
（80'）＊百姗仰着脸盯着我，像是在疾劲的风雨中努力看清对方的脸，眼圆睁，肌肤紧绷。"别看我，我一点没觉着你目光逼人。"

"别这么/那么 VP$_{动作行为}$"中否定的焦点在状语"这么/那么"上，"这么/那么"指代的是当时特定情境中听话人做某事的方式或状态，一旦去掉"这么/那么"，否定的焦点必然发生变化，如（79'）中否定的焦点落在光杆动词"说"上，（80'）中否定的焦点落在动词宾语"我"上，这改变了说话人的原意，自然与上下文语境不协调。

三 "别 AD$_{否定、频率}$VP"祈使句

"别"后状语表示否定的例子如：

（81）"你别不说话，我知道是你。"（王朔《玩的就是心跳》）
（82）"您别不理我，穿上试试！"（陈建功、赵大年《皇城根》）
（83）"别不高兴，真的。"（王朔《动物凶猛》）
（84）"您别不满意，在那儿我不会象在这儿对您说那么多的。"（王朔《人莫予毒》）

副词"别"后面充当否定状语的主要是否定副词"不"。从形式上看，VP 一般只限于光杆动词、形容词以及简单的述宾词组或述补词组。（张伯江 1985：3）从意义上看，VP 具有［+自主/可控］［-贬义］特征。"别不 VP［+自主］"表示要听话人不进行"不 VP"这一行为或不持有"不 VP"这一心理，由于"别""不"构成双重否定，"别不 VP［+自主］"也可理解为表示要听话人进行 VP 这一行为或持有 VP 心理，如（81）（82）。"别不 VP［+可控］"表示提醒听话人避免无意中持有"不 VP"的心理，如（83）（84）。

汉语中另一常见否定副词"没"则不能出现在"别"字后面充当状语。① 如：

(81') *"你别没说话，我知道是你。"
(82') *"您别没理我，穿上试试！"
(83') *"别没高兴。"
(84') *"别没满意。"

一般认为，"没"与"不"的主要区别在于："没"用于客观否定，经常用于过去和现在，"不"用于主观否定，经常用于现在和将来（白荃，2000：25；史金生，2002：96）。"别 VP"用于对听话人将来行为或状态的禁止和劝阻，因此其中的 VP 具有 [+未然] 特征，这一点恰与"不"的 [-已然] 特征相合，而与"没"的 [-未然] 特征冲突。

"别"后状语表示频率（含重复）的例子如：

(85)"好好在岛上过日子吧，别老想着三民主义统一中国。"（王朔《一点正经没有》）
(86)"别老让你父母给你寄东西，就像我对你关心不够似的。"（王朔《浮出海面》）
(87)"别再恨我，我不过给人家跑跑腿。"（老舍《四世同堂》）
(88)"你要不去，那张票就让它作废，别再给别人。"（王朔《给我顶住》）

副词"别"后面充当频率（含重复）状语的主要是频率副词"老""总是""经常""再"、形容词"频繁"以及单音节时间名词的重叠形式等。

"别老 VP"表示要听话人不要总是保持某心理或持续某行为。当 VP 具有 [+自主] [+持续] [+心理] 特征时，该句式表示要听话人不要总

---

① 当"没"固化为词内或习语内部成分时，可以出现在"别"后。如："你别没完啊。"（王朔《空中小姐》）

保持某心理，如（85）中的"别老想着三民主义统一中国"。当 VP 具有[+自主][+可重复][+行为]特征时，该句式表示要听话人不要总重复做某行为，如（86）中的"别老让你父母给你寄东西"。当 VP 具有[+自主][+持续][+行为]特征时，该句式表示要听话人不要总持续某行为，如"别老坐着"。

"别频繁（地）VP"表示让听话人不要高频次地重复某行为。与"别老 VP"不同的是，"别频繁（地）VP"不能表示让听话人不要总是保持某心理或持续某行为状态。进入"别频繁（地）VP"的 V 只能具有[+自主][+可重复][+行为]特征，不能具有[+状态][+心理]特征。如：

（85'）＊"好好在岛上过日子吧，别频繁地想着三民主义统一中国。"

（86'）"别频繁地让你父母给你寄东西，就像我对你关心不够似的。"

"别再 VP"表示要听话人不再保持某心理或持续某行为。当 VP 具有[+可控][+持续][+心理]特征时，该句式表示提醒听话人避免继续保持某心理，如（87）中的"别再恨我"。当 VP 具有[+自主][+可重复][+行为]特征时，该句式表示让听话人不要再重复某行为，如（88）中的"别再给别人"。当 VP 具有[+自主][+持续][+行为]特征时，该句式表示要求听话人不再持续某行为，如"别再站着了"。

与"别老 V 着"后面可出现可不出现"了"不同，"别再 V 着了"后必须出现语气词"了"。我们认为，这与两个句式的意义有关。"别老 V 着"表示要听话人不要总是保持某心理或持续某行为，但并非是要结束某一状态。"别再 V 着了"表示要求听话人不再持续某行为或保持某心理，是要听话人结束某一状态。从这个角度看，前者是无界的，后者是有界的。根据沈家煊（1995：374），"了"的一个重要功能是使无界概念变为有界概念。"别再 V 着了"中必须出现"了"就是为了满足整个句式的有界化要求。"别老 V 着"则没有这种有界化要求，因此，后面不必出现"了"。

"别 NN$_{单音节、时间}$VP"也可以表示让听话人不要以某种频率进行某行为。如：

(85'') "好好在岛上过日子吧，别天天地想着三民主义统一中国。"

(86'') "别月月让你父母给你寄东西，就像我对你关心不够似的。"

四 "别 AD_{对象、语气}VP" 祈使句

（一）"别 AD_{对象}VP" 祈使句

"别"后状语表示介引对象的例子如：

(89) "你别给我添乱。"（王朔《我是你爸爸》）
(90) "别跟我说这个。"（王朔《玩的就是心跳》）
(91) "别和父亲学！"（老舍《二马》）
(92) "别对任何人说我的事！"（老舍《四世同堂》）
(93) "别拿人岁数大的人开心。"（王朔《顽主》）
(94) "你别把人家作者晾这儿。"（王朔《修改后发表》）

"别给 NP+VP"表示要听话人不给某人/物做某事；"别跟/和 NP+VP"表示要听话人不和某人/物做某事；"别对 NP+VP"表示要听话人不对某人做某事；"别拿 NP+VP"表示要听话人不拿某人/物做某事；[①] "别把 NP+VP"表示要听话人不对某人/物做出某种处置。

表面上看，形容词、动词及谓词词组都可进入"别对 NP+VP"，实际上该句式对 VP 有特殊的要求。如：

(95) "你别对我厉害，别对我这么厉害。"（王朔《一半是火焰，一半是海水》）
(96) "别对我太好！"（百度搜索）

[①] 介词"拿"可以介引处置对象，也可以介引依凭对象，如"拿主席压我"，后者也可看作方式状语。

(97)"别对人说！"（老舍《新时代的旧悲剧》）
(98)"别对我有意见！"（百度搜索）

如果 VP 是形容词或以形容词为谓语中心的词组，那么这个形容词要求是二价形容词。所谓二价形容词指，在语义上必须有两种性质不同的名词与其关联的形容词（参见刘丹青，1987：60）。一般认为，二价形容词可以分为情感态度类、经验认知类、有用无益类和公平平等类四种（陆俭明，2003：133）。能够进入"别对 NP+A"表示提醒避免的 A 主要是具有 [+贬义] 特征的情感态度类形容词，如（95）中的"厉害"，而进入"别对 NP 太 A"表示提醒避免的情感态度类形容词则没有褒贬限制，如（96）中的"好"。

如果 VP 是行为动词或以行为动词为谓语中心的词组，那么这个动词要求是二价或三价动词，这个动词可以表示一方针对另一方发出的行为，如（97）中的"说"。这时，"别对 NP+VP"表示要听话人不针对某人/物做某种行为。从句式内成分之间的语义关系上看，这一类"别对 NP+VP"中的动词 VP 要求表现的是听话人针对行为参与者而非受事或对象 N 发出的自主行为。从句式内成分之间的语法关系上看，表示行为参与者的 NP 只能充当 V 的与事宾语，不能充当 VP 的受事宾语、对象宾语。①

别对我说≠别说我　　*别对我看≠别看我　　*别对我打≠别打我

我们发现进入到"别对 NP+VP"中的行为动词主要是言说动词，如"说""喊""讲""谈"等，这一类词的共同特点是及物性较低,② 即对言谈对象及内容影响较小，对行为参与者的影响就更小，因而需要介词"对"来引出。感知动词"看"可以带对象宾语，动作动词"打"可以带受事宾语，但由于不涉及行为参与者，所以不能进入"别对 NP+VP"。

另外，有一类 VP 由"有 NP"构成，其中的 NP 要求是二价名词。所谓二价名词指，某个名词一定要求与另外的两个名词在语义上构成依存关系（参见袁毓林，1992：206）。一般认为，二价名词可以分为情感态

---

① 这里"与事""受事""对象"的概念取自袁毓林（2002：15）。
② 大量的跨语言的证据表明，"说"类动词的及物性是比较低的。[参见帕米拉·蒙罗（Pamela Munro），1982：302]

度类、见解论点类、作用意义类和方针政策类四种（陆俭明，2003：136）。能够进入"别对NP₁有NP₂"表示劝阻或禁止的N₂主要是具有[+贬义]特征的情感态度类、见解论点类和作用意义类的名词，如（98）中的"意见"。

"别拿NP+VP"和"别把NP+VP"的意义虽然都可以笼统地说表示要听话人不对某人/物做出某种处置，但实际上二者并不完全相同。如：

（99）"别拿我当作乡下脑壳！"（老舍《四世同堂》）
（100）"别把我当作乡下脑壳！"
（101）"别拿眼紧扫搭着我！"（老舍《骆驼祥子》）
（102）＊"别把眼紧扫搭着我！"
（103）＊"别拿自行车推走！"
（104）"别把自行车推走！"

当这两个句式中的V是"当""当作"时，两句式都表示要听话人不对某人/物做出某种处置。"当作"的意义可概括为"在行为上把A处理为B"（王红旗，2009：27）。那么，"别拿/把A当作B"的意义可以进一步概括为要听话人不在行为上把A处理为B。因此，这两种句式中还可以补出表示在何种行为上把A处理为B的动词。如：

（99'）"别拿我当作乡下脑壳吓唬！"
（100'）"别把我当作乡下脑壳吓唬！"

"别拿NP+VP"和"别把NP+VP"的区别在于：前者还可以表示要听话人不凭借某人/物来做某事，后者则不能，可比较（101）和（102）；后者还可以表示要听话人不对某受事做出某种具体处理，如使发生位移，前者则不能，可比较（103）和（104）。

（二）"别 AD_语气 VP"祈使句

"别"后状语表示语气的例子如：

（105）"你是个明白人，别偏偏在这'情'字上犯糊涂。"（百度搜索）

（106）"错了要道歉，别硬是把自己挺到了下不了台。"（同上）

（107）"如果失眠，千万别索性开夜车。"（同上）

（108）"罗姑娘请坐，别反倒叫我们喧宾夺主了。"（同上）

每个语气副词都有自己独特的语义特点，因此，每一个"别AD$_{语气}$VP"都有自己独特的意义。"别偏偏VP［+可控］"表示提醒听话人避免造成偏离常规的结果，如（105）。"别硬是VP［+可控］"表示提醒听话人避免执拗地做某事，如（106）。"别索性VP［+自主］"表示要听话人不要在几种可控选择的行为中选择最彻底的行为，如（107）。"别反倒VP［+可控］"表示提醒听话人避免造成与说话人预期相反的结果，如（108）。

我们考察了史金生（2002：92）所列出的204个语气副词，能够进入"别AD+VP"充当语气状语AD的只有"偏、偏偏、就、就是、硬、硬是、索性、反倒、反而"9个。[①] 其中，"反倒""反而"属于表示关系的评价语气副词，"偏、偏偏、就、就是、硬、硬是、索性"属于表示意愿的判断语气副词（参见史金生，2002：59，60）。

史金生（2002：56）指出，语气副词主要用于命题之外，表示说话人对于命题的主观态度。我们上面的统计也表明，大部分的语气副词只能在"别VP"前面出现，而不能移到"别"的后面直接修饰谓词。"反倒""反而"之所以能够出现在"别"后直接修饰谓词，是因为其表示的是说话人对听话人所进行的VP的评价语气。"偏、偏偏、就、就是、硬、硬是、索性"之所以能够出现在"别"后直接修饰谓词，是因为这些副词表示的并非说话人的语气，而是说话人所认定的听话人进行VP所表示的行为或心理时所持有的意愿。

五 "别AD$_{原因、目的}$VP"祈使句

"别"后状语表示原因或目的的例子如：

（109）"别为我影响你，你明天还要上学。"（王朔《我是你

[①] 史金生（2002：60）认为"真的"是评价语气副词，但史金生（2002：76）也指出，"真的"与形容词用法比较接近。据此，我们认为进入"别"字祈使句的"真的"并非真正的语气副词。

爸爸》)

(110)"别为抗战把身体累坏，国和家都仗着你呢！"（老舍《残雾》)

(111)"别为蝇头小利而斤斤计较！"

(112)"别为获取暴利而不择手段！"

前两例中，"别 AD$_{原因/目的}$VP［+可控］"表示提醒听话人不要因为某原因或为了某目的而造成某种结果。后两例中，"别 AD$_{原因/目的}$VP［+自主］"表示提醒听话人不要因为某原因或为了某目的而做某事。副词"别"后面表示原因或目的的状语常见的是由介词"因""为"或"因为"与宾语构成的介宾词组。

六 "别 AD$_{时间、处所}$VP"祈使句

"别"后状语表示时间或处所的例子如：

(113)"别在这个时候离开我。"（百度搜索）
(114)"别这个时候离开我。"
(115)"咱别在街上拉拉扯扯，让人笑话。"（王朔《给我顶住》)
(116)"咱别大街上拉拉扯扯，让人笑话。"

"别 AD$_{时间/处所}$VP"表示要听话人不在某时或某地做某事。副词"别"后面表示时间或处所的状语可以是介宾词组，如（113）（115），也可以是时间词或处所词，如（114）（116）。由于时间成分和处所成分一般是句子的外围成分，因而这些成分可以移至"别"的前面，而不影响句子的基本意义。如：

(113')"在这个时候别离开我。"
(114')"这个时候别离开我。"
(115')"在街上咱别拉拉扯扯，让人笑话。"
(116')"大街上咱别拉拉扯扯，让人笑话。"

移位前后的差别主要在话题上，移位前话题为听话人，如（116）中

的"咱",移位后话题为时间或处所,如(116')中的"大街上"。这种言谈起点上的细微差异,或许会对篇章组织带来一定影响。

黄伯荣、廖序东(2002:92)指出,状语的意义类别可粗分为限制性和描写性两类,限制性状语主要用来表示时间、处所、程度、否定、方式、手段、目的、范围、对象、数量、语气等,描写性状语主要用来表示状态。通过前文的讨论可发现,这些不同类型的状语基本上都可以出现在"别"字祈使句中。

第三节 "别 V/A(得)C"祈使句

根据组合形式的差别,述补词组可分为粘合式述补词组和组合式述补词组,粘合式述补词组指补语直接粘附在述语后头的格式,组合式述补词组指带"得"的述补词组(朱德熙,1982:125;郭继懋、王红旗,2001:14)。粘合式述补词组可以码化为"V/A+C",组合式述补词组可以码化为"V/A 得 C",这两种述补词组都可以参与构成"别"字祈使句。

黄伯荣、廖序东(2002:94)指出,补语可以用来说明动作行为的结果、状态、趋向、数量、时间、处所、可能性,或者说明性状的程度、说明事物的状态等。该书从意义上将补语分为结果补语、程度补语、状态补语、趋向补语、数量补语、时间/处所补语、可能补语七个小类。其中,结果补语、趋向补语、数量补语、时间/处所补语及一部分程度补语出现在粘合式述补词组之中,状态补语、可能补语及一部分程度补语出现在组合式述补词组之中。

一 "别 V/A+C"祈使句

(一)"别 V/A+C"祈使句的意义

粘合式述补词组可以构成劝阻或禁止义"别 VC"祈使句,如:

(117)"哎,杨重,你别坐下。"(王朔《顽主》)
(118)"她不是……""听我说别打断!"(王朔《无人喝采》)
(119)"别住三天,住五天。"

(120)"放这儿就行了,别抬到楼上。"

劝阻或禁止义"别 VC"可以表达以下意义：要听话人不进行带有某种趋向的行为,如(117),其中的补语为趋向补语；要听话人不进行产生某结果的行为,如(118),其中的补语为结果补语；要听话人进行某种行为不持续特定的一段时间,如(119),其中的补语为时量补语；要听话人不进行达到某一时间或处所的行为,如(120),其中的补语为时间或处所补语。① 据我们考察,只有趋向补语、结果补语、数量补语、时间/处所补语四种补语可以进入劝阻或禁止义"别 VC"句式,例见(117)至(120)。

粘合式述补词组也可以构成提醒避免义"别 V/A+C"祈使句,如：

(121)"千万别掉进去。"(王朔《浮出海面》)
(122)"大妈,鱼我做,您别做坏了。"(王朔《刘慧芳》)
(123)"好好地睡一觉,别兴奋过度。"(亦舒《香雪海》)
(124)"别摔到沟里!"(雅虎搜索)

提醒避免义"别 V/A+C"可以表达以下意义：提醒听话人避免造成某种趋向性结果,如(121)；提醒听话人避免造成某种消极结果,如(122)；提醒听话人避免保持某心理或状态过了度,如(123)；提醒听话人避免无意中进行达到某一处所的非自主行为,如(124)。据我们考察,只有趋向补语、结果补语、程度补语和处所补语可以进入提醒避免义"别 V/A+C"句式。

应指出,有的程度补语则似乎并不能进入"别 V/A+C"祈使句。如：

| 高兴极了 | 黑透了 | 乐坏了 |
| *别高兴极了 | *别黑透了 | *别乐坏了 |

这三例中的"极""透""坏"都是表示程度达到极致的补语。要另

---

① 马庆株(1981：86)指出"看三天"是述宾结构,同时也指出其中的时量结构一般称为补语。

一个人的某种心理或行为性状程度达到或不达到极致，这不是人所能控制的，因此，上述例子均不合格。然而，要另一个人的某种心理或行为性状不超过某种限度，这是人所能控制的，因此，(123)中的"别兴奋过度"合格。

（二）影响"别VC"祈使句表义的因素

比较（117）至（124）各例可发现，趋向补语、处所补语、结果补语既可以构成劝阻或禁止义"别VC"，又可以构成提醒避免义"别VC"。

影响"别VC$_{趋向}$"表示劝阻或禁止还是提醒避免的因素是V的自主性，如果V是自主动词，那么"别VC$_{趋向}$"表示劝阻或禁止，如果V是非自主动词，那么"别VC$_{趋向}$"表示提醒避免。如：

"别V [+自主] C$_{趋向}$"：别放进去　别站起来　别走过去
"别V [−自主] C$_{趋向}$"：别掉进去　别陷进去　别掉下来

同样，影响"别VC$_{处所}$"表示劝阻或禁止还是提醒避免的因素是V的自主性，如果V是自主动词，那么"别VC$_{处所}$"表示劝阻或禁止，如果V是非自主动词，那么"别VC$_{处所}$"表示提醒避免。如：

"别V [+自主] C$_{处所}$"：别放地上　别站在屋顶上　别躲在自习室
"别V [−自主] C$_{处所}$"：别掉地上　别陷进沼泽里　别落在自习室

影响"别VC$_{结果}$"表示劝阻或禁止还是提醒避免的因素则比较复杂，总的说来，与VC的自主性有关。马庆株（1988：170）指出，述语动词是非自主的，由它组成的动结式也是非自主的。据此可知，由非自主动词构成的"别VC$_{结果}$"表示提醒避免。如：

别摔倒　　别忘掉　　别摔了（lou）[①]　　别忘了（lou）

马庆株（1988：170）还指出，动结式述补词组的自主性须要既看述语动词，又看补语。冯军伟（2010：50）指出，动结式的自主性与述语

[①] 马希文（1981：1）指出，"了$_2$"（lou）的功能是在动词后头做补语。

和补语之间的语义关系密切相关,述语所表示的事件和补语所表示的事件两者之间必须有主观致使的语义关系,述语须为自主动词,补语须为他控动词或可控形容词。如:

别掏空　别倒满　别捅破　别砸碎　别拉近　别抬高　别放低
别剪短　别拉直　别染红　别剪断　别删掉　别切完　别卖光

上述"别V〔+自主〕C"均表示劝阻,即要听话人进行某行为时不要有意造成某结果,其中的VC都含有有意致使义。这一类"V〔+自主〕C"表示动作和结果之间的实现关系是可由人自由地控制的。(袁毓林1993:77)换言之,这类"V〔+自主〕C"都可以解读为"某人(有意识地)致使某物达成某种结果。如:

掏空:掏致使空　倒满:倒致使满　捅破:捅致使破
剪断:剪致使断　删掉:删致使掉　切完:切致使完

项开喜(2006:48)指出"有意""无意"是制约"别VP"句式语义的两个语义范畴。如果"V〔+自主〕C"内部并非有意致使关系,而是无意致使关系,那么"别V〔+自主〕C"表示提醒避免,提醒听话人进行某行为过程中避免无意中造成某结果。"别V着(zhao)"便属于此类。如:

别切着　别射着　别勒着　别挤着　别削着
别砍着　别轧着　别铡着　别剁着　别劈着

这一类"别V着(zhao)"均表示说话人提醒听话人避免无意中造成某种受伤害的行为结果,其中的V是自主动词,"着(zhao)"作为补语C是非自主动词。这一类VC内部是无意致使关系,可以解读为"某人无意中致使某行为达成某种结果"。

(三)禁阻义"别VC$_{结果}$"祈使句中的V和C

据我们考察,能够进入劝阻或禁止义"别VC$_{结果}$"充当结果补语C的形容词和动词都不多。形容词有"空""满""破""碎""远""近"

"高""低""长""短""弯""直""平""扁""松""紧""红""黑"等。动词有"断""掉""完""光""亮""着（zháo）""走""倒（dǎo）""住"等。

由自主动词 V 和上面这些形容词或动词 C 构成的 VC_结果 都含有有意致使义。由这一类 VC_结果 构成"别 VC_结果"均表示劝阻或禁止，即要听话人针对某受事实施某行为时不要造成某结果。如：

  钱包别掏空 酒杯别倒满 窗纸别捅破 骨头别砸碎
  胳膊别抬高 重心别放低 头发别剪短 铁丝别拉直
  电线别剪断 文字别删掉 黄瓜别切完 土豆别卖光

上面这一类"N 别 VC_结果"中的 N 均为受事主语，由于受事与宾语一般构成语义角色和句法位置的常规组配，所以这类"N 别 VC_结果"都可以变换为"别 VC_结果 N"。如：

  别掏空钱包 别倒满酒杯 窗纸别捅破 别砸碎骨头
  别抬高胳膊 别放低重心 别剪短头发 别拉直铁丝
  别剪断电线 别删掉文字 别切完黄瓜 别卖光土豆

观察上述用例会发现，劝阻或禁止义"别 VC_结果"中的动词和结果补语都有特定的要求。动词要求是自主的动作动词，上述动词除了"卖"动作性稍差一些外，其他动词动作性都很强，多表示手、脚或其他身体部位的动作，即使是"卖"这种行为本身也需要一系列动作的支持。形容词性结果补语表示的是事物的物理属性，如长短、高低、远近、颜色等，动词性结果补语则表示的是事物物理属性的变化。从认知上看，VC_结果 所表示的动作行为及其结果是人能够自主控制的。由此，VC_结果 也就具有自主性。

一般认为，汉语中典型的"把"字句表示对受事加以处置，其中的谓语动词要求具有处置性，一般不能是光杆形式，"把"后宾语具有有定性（黄伯荣、廖序东，2002：123）。上述这些"N 别 VC_结果"恰恰具有类似的特点，受事主语 N 也具有有定性，VC 也具有处置性。因此，这些"N 别 VC_结果"都可以变换成典型的"把"字句，而不需要加"了"等成分。如：

别把钱包掏空　别把酒杯倒满　别把窗纸捅破　别把骨头砸碎
别把胳膊抬高　别把重心放低　别把头发剪短　别把铁丝拉直
别把电线剪断　别把文字删掉　别把黄瓜切完　别把土豆卖光

沈家煊（2002：388）区分了"客观处置"和"主观处置"，客观处置指施事有意识地对受事做某种实在的处置，主观处置指说话人认定甲（未必是施事）对乙（未必是受事）作某种处置（未必是有意识的和实在的）。典型的"把"字句客观处置意义凸显，进入典型"把"字句的VC均要求具有［+自主］特征。正因为这一类VC$_{结果}$具有自主性，所以其构成的"别VC"只表示劝阻或禁止。

（四）"别VC$_{结果}$了"祈使句

袁毓林（1993：79）指出，由动结式构成的"别"字祈使句有两种形式，"别VC"和"别VC了"，前者句式义是劝阻，即说话人阻止听话人做某个动作以防止某种他所不希望的结果出现，后者句式义是提醒，即说话人告诫听话人不要无意中做出某个动作并导致某种他所不希望的结果出现。由前文可知，"别VC$_{结果}$"可以表示劝阻，如"别切断"，也可以表示提醒避免，如"别切着"。

至于"别VC$_{结果}$了"，无论V是自主动词，还是非自主动词，整个结构都表示提醒避免。如：

别掏空了　别倒满了　别捅破了　别剪短了　别删掉了　别卖光了
别跌倒了　别摔倒了　别碰倒了　别磕着了　别吓着了　别累着了

上述两组"别VC了"如果去掉"了"，"别VC"依然成立：

别掏空　别倒满　　别捅破　别剪短　　别删掉　别卖光
别跌倒　别摔倒　　别碰倒　别磕着　　别吓着　别累着

马庆株（1988：166）指出，自主动词后面加上时体助词"了"就很难说它是自主抑或是非自主了。与此类似，自主动结式，如"掏空""剪断"等，若后加"了"，自主性也丧失。这便是即使 V 是自主动词，"别 VC_{结果} 了"也仍然表示提醒避免的原因。

上述"别 VC_{结果} 了"无论 V 自主与否，结构重音都自然落到补语 C 上，结构层次均为"别｜VC 了"。其中的"了"为时体助词，"VC_{结果} 了"具有［+结果］特征，"别 VC_{结果} 了"表示提醒听话人避免造成某种行为结果。

应指出，不能将"别 VC_{结果} 了"理解为是"别 VC_{结果}"和"了"加合而成。这是因为，很多"别 VC_{结果}"虽然不合格，但"别 VC_{结果} 了"却是合格的。如：

*别宠坏　*别晒黄　*别烤煳　*别喊哑　*别哭肿　*别累病
别宠坏了　别晒黄了　别烤煳了　别喊哑了　别哭肿了　别累病了

造成上述"别 VC_{结果}"不合格的原因主要是其中的 VC_{结果} 表示的不是一种有界的行为结果，只有 VC_{结果} 后加"了"构成"VC_{结果} 了"后才表示一种有界的行为结果。沈家煊（1995：374）指出，"了"能使无自然终结点的动作变为有自然终结点或使动作的自然终止点变为实际终止点，动作有了实际的终止点，相应的句子才变为"事件句"。"宠坏""晒黄"等本身并没有自然终结点，但加上"了"后便获得了自然终结点。

二　"别 V/A 得 C"祈使句

根据朱德熙（1982：125），组合性述补词组有两类：一类表示状态，一类表示可能性。表示状态的补语可称为状态补语，表示可能性的补语可称为可能补语。这两类补语都可以参与构成提醒避免义"别 V/A 得 C"祈使句。

（一）"别 V/A 得 C_{状态}"祈使句

状态补语构成提醒避免义"别 V/A 得 C_{状态}"的例子如：

(125)"你也别高兴得太早。"（王朔《枉然不供》）

(126)"雪雪，别说得过分严重，你认识他的日子太短了。"（梁凤仪《豪门惊梦》）

(127)"别说得那么难听，咱们男家没密探。"（王朔《橡

皮人》）

（128）"你算了吧，别弄得自己多愁善感的。"（王朔《过把瘾就死》）

出现在"别 V/A 得 C$_{状态}$"祈使句中的补语 C$_{状态}$具有［-自主］［+可控］特征，主要有三种形式：太/过分 A，那么/这么 A 和其他复杂形式。"别 V/A 得太 A"表示提醒听话人进行某行为或持有某心理避免致使某种性状超过限度。"别 V 得这么/那么 A"表示提醒听话人进行某行为或持有某心理避免在某种较高的程度上保持某一特定情境中的某种性状。"别 V 得 VP$_{状态}$"表示提醒听话人进行某行为或持有某心理时避免造成某一状态。

根据述语的类型，袁毓林（1993：136）将带有状态补语的"别"字祈使句中分为两类："别 A 得 C"和"别 V 得 C"。前者如（125），后者如（126）（127）（128）。袁著指出，由具有［+自主］特征的形容词 A 和具有［-褒义］特征的补语 C 构成的"A 得 C"能进入"别 A 得 C"句式，具有［+自主］特征的动词和具有［-褒义］特征的状态形容词 A$_z$构成的"V 得 A$_z$"能进入"别 V 得 A$_z$"句式，由"太 A"充任补语的"V 得太 A"只能进入"别 V 得太 A"句式。①

袁毓林（1993）对于"别 A 得 C"和"别 V 得 C"中述语和补语的语义特征概括非常精到。实际语料中，"别 V 得 A$_z$"的用例极其罕见，我们在北大语料库现代汉语语料中未发现用例。袁著的用例如下：

别说得可怜巴巴的　别说得啰里啰唆的　别抹得漆黑漆黑的

（二）"别 V 得 C$_{可能}$"祈使句

根据朱德熙（1982：132），带可能补语的述补词组是组合式述补词组，包括肯定式可能述补词组"V 得 C$_{可能}$"和否定式可能述补词组"V 不 C$_{可能}$"两种形式。据我们考察，"V 不 C$_{可能}$"能够参与构成提醒避免义

---

① 袁著中的自主形容词我们称为可控形容词，此处的［+自主］特征从袁著，未改为［+可控］。袁著中的"状态形容词"主要包括单音节形容词重叠式、双音节形容词重叠式和带后缀的形容词，这与朱德熙（1982：73）中的"状态形容词"大抵相当，但与张国宪（2006：73）的"状态形容词"不同。

"别"字祈使句，而"V得C$_{可能}$"则不能。试比较：

*别写得好	别写不好	*别听得懂	别听不懂
*别拿得了	别拿不了	*别吃得下	别吃不下

"别V不C$_{可能}$"表示提醒听话人避免某行为不能达成某种预期结果。根据马庆株（2010：198），可能述补词组"V得C$_{可能}$"和"V不C$_{可能}$"可看作是结果补语（含趋向补语）的可能式。"V得C$_{可能}$"表示某行为能有某结果，"V不C$_{可能}$"表示某行为不能有某结果。据我们考察，肯定式可能述补词组"V得C$_{可能}$"表达的一般是符合人的心理预期的可能性，否定式可能述补词组"V不C$_{可能}$"表达的一般是不符合人的心理预期的可能性。试比较：

写得好	写不好	听得懂	听不懂	吃得完	吃不完		
拿得了	拿不了	吃得下	吃不下	喝得上	喝不上		

根据一般的语用习惯，说话人提醒听话人避免的行为结果不会是说话人希望发生的行为结果，因此，"V得C$_{可能}$"不能进入"别"字祈使句。

（三）"别V/A得C$_{程度}$"祈使句

应指出，组合性述补词组中不仅可以出现状态补语、可能补语，还可以出现程度补语。与"V/A+C$_{程度}$"相似，"V/A得C$_{程度}$"也是有的能进入"别"字祈使句，有的却不能。试比较：

着急得很	*别着急得很	兴奋得过了度	别兴奋得过了度
胀得慌	*别胀得慌	烦得慌	别烦得慌

所有的"V/A得很"都不能进入"别"字祈使句，这与"V/A极了"不能进入"别"字祈使句相似，要另一个人的某种心理或行为性状达到或不达到极高程度，这不是人所能控制的，因此，"别V/A得很"不合格。然而，要另一个人的某种心理或行为性状不超过某种限度，这是人所能控制的，因此，"兴奋得过度了"与"兴奋过度"相似，均能进入"别"字祈使句。

吕叔湘（1980：241）指出，"V/A 得慌"中"慌"轻读，表示情况、状态达到很高的程度。我们认为，作为补语的"慌"即使看作是程度补语，也没有补语"很"程度高。由此，"V/A 得很"的高程度意义是凸显的，而"V/A 得慌"的高程度意义则不凸显，其中的"慌"也许更应看作是虚化程度很高的状态补语。① 因此，虽然"V/A 得很"不能进入"别"字祈使句，但一部分"V/A 得慌"能进入"别"字祈使句。如果 V/A 具有 [+可控][+心理] 特征，那么"V/A 得慌"能进入"别"字祈使句，如"烦得慌"，否则不能，如"胀得慌"。

第四节 "别 VP_{其他词组形式}" 祈使句

语料中，充当"别 VP"祈使句的 VP 的词组形式以述宾词组、状心词组和述补词组为主，主谓词组比较少，联合词组和定心词组则更少。

一 "别 VP_{主谓}" 祈使句

"别 VP_{主谓}"的例子如：

(129)"您别自个折磨自个。"（王朔《我是你爸爸》）
(130)"别自个儿生气。"（百度搜索）
(131)"你别那只手放在桌子上。"（引自邵敬敏、罗晓英 2004：21）
(132)"你别说话带脏字儿。"（同上）

如果"别 VP_{主谓}"中主谓词组的谓语具有 [+自主] 特征，那么"别 VP_{主谓}"表示劝阻或禁止，如（129）。如果"别 VP_{主谓}"中主谓词组的谓语不具有 [+自主] 特征，那么"别 VP_{主谓}"表示提醒避免，如（130）。邵敬敏、罗晓英（2004：21）注意到这一类现象，并指出这种句子里大主语与小主语之间有领属关系。我们认为，这种领属关系是广义上的领属关系，具体包括同指关系，如（129）（130），整体和部分的关系，如（131），以及施事和行为间的施动关系，如（132）。

---

① 根据关键（2010：96），元代时期的"A 得慌"确实是一个表示状态的述补结构。

这一类"别"字祈使句中主谓词组的小主语均可移位到"别"字前面。如：

(133)"您自个别折磨自个。"
(134)"你自个儿别生气。"
(135)"你那只手别放在桌子上。"
(136)"你说话别带脏字儿。"

根据徐烈炯、刘丹青（2007：103），前两例属于论元共指性话题句，后两例属于语域式话题句，其中（135）属于领格语域式话题句，（136）可看作是时地语域式话题句。

比较（129）至（136）各例，两组句子的意义基本相同，但其实还是有差异的。这种差异主要表现在话题不同，因此，后续分句也会有相应的不同。如：

(129')"您别自个折磨自个，您得爱惜自个！"
(130')"你别自个儿生气，跟我们一起去玩吧！"
(131')"你别那只手放在桌子上，这只手放在桌子上。"
(132')"你别说话带脏字儿，要做一个讲文明的孩子。"
(133')"您自个别折磨自个，自个得学会爱惜自己。"
(134')"你自个儿别生气，一个人更得好好照顾自己。"
(136')"你那只手别放在桌子上，放到椅子上。"
(136')"你说话别带脏字儿，说话就好好说。"

通过比较可发现，当小主语在"别"后时，大主语充当话题，后续分句是围绕大主语展开的，如上面前四例；当小主语在"别"前时，大主语和小主语共同充当话题，后续分句是围绕大主语和小主语展开的，如上面后四例。

二 "别 VP$_{联合}$"祈使句

联合词组作为 VP 参与构成"别 VP"祈使句的例子在语料中极少见。参照储泽祥等（2002：73）对于动动并列结构的研究成果，我们发现其实有很多动动联合词组都可以进入"别VP"祈使句。如：

别瞒骗　别讥讽嘲弄　别通风报信　别出头露面　别不吃不喝
别挑送　别烧香磕头　别离家出走　别细嚼慢咽　别结婚生子
别接送　别买卖　　别迎来送往

储泽祥等（2002：78）指出，动动联合词组内部有三种语义关系：近义关系、反义关系和表示动作先后的类义关系。从上面的例子可看出，这三种关系的动动联合词组都可以进入劝阻或禁止义"别VP"。其中，近义关系和表示动作先后的类义关系的动动联合词组更容易进入"别VP"，反义关系的动动联合词组则较难进入"别VP"。这不难理解，近义关系和表示动作先后的类义关系的动动联合词组表示的是一种行为或接续发生的两种行为，这较为容易劝阻或禁止，而反义关系的动动联合词组表示的是意义相反的两种行为，阻止一种就意味着允许另一种，所以这类词组较难进入"别VP"。如：

　　*别爱恨　*别赞扬批评　*别珍惜浪费　*别肯定否定　*别答应拒绝

然而，"别接送""别买卖"能成立。这是因为，"接"和"送"是构成"接送某人"这一完整活动的必不可少的两个环节，"买"和"卖"是构成"买卖商品"这一完整活动的必不可少的两个环节。换个角度看，在特定的认知框架中，"接"和"送"可以表示动作先后的类义关系，如"接、送孩子"。"买"和"卖"同样如此，如"买、卖股票"。由此，"别接送""别买卖"能成立。

除了动动联合词组外，形形联合词组也可以进入"别VP"。如：

　　别惶恐不安　别伤心难过　别粗心大意　别悲观失望
　　别又懒又馋　别又脏又乱　别又多又厚　别又辣又咸

观察上面两组例子可发现，由双音节心理形容词构成的"别A_1A_2"表示提醒听话人避免处于某种心理状态，由单音节性质形容词构成的"别又A_1又A_2"表示提醒听话人避免使某物显现某些性状。后者中的

"又 A_1 又 A_2"所表现出的性状往往与人的某种可以控制的行为相联系，这些行为可以显性化。如：

  别表现得又懒又馋 别弄得又脏又乱
  别穿得又多又厚 别炒得又辣又咸

此外，形动联合词组也可以进入"别 VP"。如：

  别惊慌害怕 别着急上火 别胆小怕事 别调皮捣蛋

就语法属性而言，"惊慌""着急""胆小""调皮"属于形容词，"害怕""上火""怕事""捣蛋"属于动词，但上述"别 VP"中的形容词和动词表义相近，因而能同时出现在"别 VP"中。由于上述形容词、动词都具有［+持续］特征，因而上述"别 VP"可以表示提醒避免出现，也可以表示提醒避免持续，后者有劝阻或禁止的意味。

三 "别 VP$_{定心}$"祈使句

定心词组作为 VP 参与构成"别 VP"祈使句的例子在语料中极少见。① 网络中我们发现如下用例：

（137）"要知道感恩，别一副大爷的样子！"（百度搜索）
（138）"别一副看不起人的样子。"（同上）
（139）"别一副委屈的表情！"（同上）
（140）"别一脸无辜的表情！"（同上）

上述四例都表示提醒听话人避免表现出某种神情状态。这一类"别 VP"的 VP 由"一+量+X+的+名"构成，其中的名词一般是表示神情样貌的名词，如"样子""表情""神情"等，其中的量词则是可以前加"一"共同修饰神情样貌的"副""脸"等，其中的 X 则可以是名词，如

---

① 口语中有"别一根筋！"的说法，其中的"一根筋"是个惯用语，因此，这里不予讨论。

"大爷"，可以是动词词组，如"看不起人"，还可以是形容词，如"委屈"。

定心词组为体词性结构，一般不出现在"别 VP"中。上述例子中"别"后的成分虽然是体词性的，但具有描写性。朱德熙（1987 [1957]：22）指出，根据定语和中心词之间意义上的关系，可以把定语分为限制性定语和描写性定语，描写性定语是用来描写中心语所指的事物的状况或情况的。考察上述用例中的"一+量+X+的+名"形式会发现，其中心语前的修饰成分均为描写性定语。

储泽祥（2001：413）指出，数词限于"一"的"名+数量"，如"俗人一个"，总是对某一事物做出判定或评价。与此类似，上述四例中的"一+量+X+的+名"也是对听话人神情样貌做出的判定和评价，带有述谓性，其中 X 便承载着评价的内容，表现的是说话人对听话人神情样貌的评价，如"大爷""看不起人""委屈""无辜"等。陆丙甫（2003：15）指出，"的"的基本功能是作描写性标记。可见，从各个方面来看，上述"一+量+X+的+名"都具有描述性，也便具有述谓性，因而可进入"别 VP"祈使句。

从形式上看，这种具有描写性、述谓性的"一+量+X+的+名"形式前面可以出现表示惯常意义的状语成分。如：

（137'）"要知道感恩，别总一副大爷的样子！"
（138'）"别老一副看不起人的样子。"
（139'）"别始终一副委屈的表情！"
（140'）"别天天一脸无辜的表情！"

四　"别 VP$_{特殊词组}$"祈使句

另外，现代汉语中还有一些特殊词组，如连谓词组、递系词组、双宾词组，也都可以参与构成"别"字祈使句。"别 VP$_{连谓}$"的例子如：

（141）"别来找我们了。"（王朔《玩的就是心跳》）
（142）"我不找你，你也别来找我。"（王朔《永失我爱》）
（143）"那你就好自为之吧南希，别弄一身病回来。"（王朔

《谁比谁傻多少》）

(144)"别听了不高兴，真的是实话。"（百度搜索）

如果构成连谓词组的两个 VP 都是具有［+自主］特征，那么"别 VP_{连谓}"表示劝阻或禁止，即要听话人不接续做某事，如（141）（142）。如果构成连谓词组的两个 VP 中有一个具有［+可控］特征，那么"别 VP_{连谓}"表示提醒避免，即提醒听话人进行某行为避免产生某后果，如（143）（144）。

"别 VP_{递系}"的例子如：

(145)"别让她哭，我最见不得女人掉泪。"（王朔《顽主》）
(146)"别让人师傅拉着咱们转来转去。"（王朔《顽主》）
(147)"别让她盯上你。"（王朔《看上去很美》）
(148)"小点声，别让我家人听见。"（王朔《空中小姐》）

如果递系词组中致使词语后面的 VP 具有［+自主］特征，那么"别 VP_{递系}"表示劝阻或禁止，即要听话人不致使某人做某事，如（145）（146）。如果递系词组中致使词语后面的 VP 具有［+可控］特征，那么"别 VP_{递系}"表示提醒避免，即提醒听话人避免致使某人产生某行为结果，如（147）（148）。

马庆株（1981）研究了现代汉语中的双宾语构造，将双宾语词组分为给予类、取得类、准予取类、表称类、结果类、原因类、时机类、交换类、使动类、处所类、度量类、动量类、时量类等十三小类（参见马庆株，1983：169）。不同类型的双宾词组都能参与构成"别 VP_{双宾}"祈使句。如：

别给我钥匙（给予）别考他历史（准予取）别吓他一身冷汗（结果）
别叫我赫本（表称）别看中他长相（原因）别打他个冷不防（时机）
别占他便宜（取得）别沾我一手面（使动）别爬身上蚂蚁了（处所）
别打他一下（动量）别卖它两块钱（交换）别越过边界一里（度量）
别等他三天（时量）①

---

① 动量类、时量类、交换类"别 VP_{双宾}"本身是粘着的，往往在对举中使用。

一般而言，如果双宾词组中支配双宾语的 VP 具有［+自主］特征，那么"别VP$_{双宾}$"表示劝阻或禁止，上述给予类、取得类、准予取类、表称类、交换类、度量类、动量类、时量类 VP$_{双宾}$ 参与构成的"别VP$_{双宾}$"例子均属此类，时机类属于例外。如果双宾词组中支配双宾语的 VP 具有［+可控］特征，那么"别VP$_{双宾}$"表示提醒避免，上述结果类、原因类、使动类、处所类 VP$_{双宾}$ 参与构成的"别VP$_{双宾}$"例子均属此类。

第五节 "别VP$_{复句形式}$"祈使句

邵敬敏、罗晓英（2004：21）指出，"别"的后项还可以是复句形式。据我们考察，表示条件、因果等语义关系的复句形式都可以进入"别"字祈使句。如：

（149）"别一见领导就叫苦。"（王朔《一点正经没有》）
（150）"别因为下雨就不想出窝了。"（王朔《给我顶住》）

前一例中，"别"的后项为条件复句的紧缩形式，该类"别"字祈使句表示要听话人不要一满足某条件就做某事。后一例中，"别"的后项为因果复句的紧缩形式，该类"别"字祈使句表示提醒听话人避免因为某原因不打算做某事。

上述两例中，"别"后面的复句形式都有显性的形式标志，前者为"一……就……"，后者为"因为……就……"。有时，"别"后复句形式并没有显性的形式标志。如：

（151）"别我来了都不敢吭声了。"（王朔《我是你爸爸》）
（152）"别我冲上去你再跟我急了。"（王朔《玩的就是心跳》）

这两例中，"别VP"都表示提醒听话人避免在某一情况下无意中处于某种状态。由于没有显性的形式标志，上述两例中"别"后紧缩形式的语义关系无从判断。其实，这两个例子都可以通过添加形式标志的方法来凸显不同的语义关系。如：

（151'）"别我一来了就都不敢吭声了。"
（152'）"别我一冲上去你再跟我急了。"
（151''）"别因为我来了就都不敢吭声了。"
（152''）"别因为我冲上去你再跟我急了。"

前两例，由于"别"后成分添加了条件关系紧缩复句的形式标志，因而表示提醒听话人避免在某一条件下无意中处于某种心理。后两例，由于"别"后成分添加了因果关系紧缩复句的形式标志，因而表示提醒听话人避免由于某一原因而无意中处于某种心理。

邢福义（1991：1）指出，复句语义关系具有二重性：既反映客观实际，又反映主观视点，客观实际和主观视点有时重合，有时则不完全等同，不管二者是否完全等同，在对复句格式的选用中，起主导作用的是主观视点。上述四例清楚地表明，选用不同的反映不同语义关系的形式标志，对于"别"字祈使句的意义表达同样有影响。

考察语料会发现，出现在"别"后面的复句形式多为紧缩复句形式，对应于形式上的紧凑，这些紧缩形式的意义也相对紧凑，这样便于听话人对这一类相对复杂的"别"字句整体感知。在我们统计的151万字的王朔小说语料中，"别"后成分为复句形式的有15例，其中仅有1例非紧缩形式。如下：

（153）"你别灌了猫尿来了兴致，想借着酒劲儿调戏妇女。"（王朔《刘慧芳》）

与紧缩形式参与构成的"别"字祈使句一样，非紧缩形式参与构成的"别"字祈使句也可以通过添加标记，凸显复句形式内部不同的语义关系。如：

（153'）"你别一灌了猫尿来了兴致，就想借着酒劲儿调戏妇女。"
（153''）"你别因为灌了猫尿来了兴致，就想借着酒劲儿调戏妇女。"

其实,"别"后复句形式的语义关系并不仅局限于条件和因果,还可以是假设、转折、递进、顺承和并列。如:

(154)"别我来了你也不吭声。"
(155)"别我来了却都不敢吭声了。"
(156)"别偷鸡不成蚀把米!"(百度搜索)
(157)"别我冲上去后你跟我急了。"
(158)"别吃着碗里看着锅里的!"(百度搜索)

然而,具有解说、选择、目的关系的紧缩形式不能充当"别"后成分。解说复句形式不能充当"别"后成分是因为,该形式只能用于陈述句,不能用于祈使句。选择复句形式不能充当"别"后成分是因为,"别"字祈使句禁阻或提醒的行为、心理是明确的,而不能是或然的。目的复句形式不能充当"别"后成分是因为,说话人一般不会针对听话人的目的发出否定祈使,而且据我们观察,目的复句没有紧缩形式。

第五章

"别+引语"元语否定句

本书第三章、第四章立足于"别"后谓词性成分的结构类型，对不同"别"字祈使句的句式语义以及句式与成分的相互制约情况进行了综合考察。如果立足于动态的互动交际，我们会发现现代汉语中还存在着一类特殊的"别"字祈使句——"别+引语"元语否定句，这类"别+引语"元语否定句也是汉语元语否定研究中值得重视的一种语言现象。

不同语言中元语否定（metalinguistic negation）的表现既有共性也存在差异。国内关于元语否定现象的研究，以沈家煊（1993）最具代表性，孔庆成（1995）、梁锦祥（2000）、景晓平（2002）、高航（2003）、刘龙根等（2006）、王志英（2011）等做过各有侧重的讨论。有的论文也开始尝试就汉英、汉韩两种语言的情况进行一些对比。不过，自沈家煊（1993）具体论析汉语语用否定的五个小类以来[1]，大家多将"不是……"类语用否定作为汉语元语否定的代表性形式，尚未全面排查汉语中更多复杂的元语否定现象，所以，可以说目前还未具备进行汉外对比研究、进行共性个性分析的充分条件。

我们在对相关问题的持续观察中注意到，当代汉语中，"别"参与构成的元语否定用法丰富多样，对其进行专门的考察、研究，应有助于拓展汉语元语否定分析及"别"字祈使句分析的研究视野，对于观察汉语中句法与语用的互动也具有一定理论及应用价值。就本质而言，"别+引语"元语否定句应看作是一种元语性否定祈使构式，下面将就"别+引语"元语否定句所否定的对象、多种变体形式的分工互补、言域的元语否定本质以及同形歧域依次展开讨论。

---

[1] 沈家煊（1993）概括的五种情况是：1. 否定由"适量准则"得出的隐含义；2. 否定由"有序准则"得出的隐含义；3. 否定风格、色彩等隐含义；4. 否定"预设"意义；5. 否定语音或语法上的适宜条件。

第一节 "别+引语"元语否定句所否定的对象

一般的"别"字否定祈使句是由"别+VP/AP"构成的。其中,现实性否定祈使句,一般针对的是听话人的即时行为,或是听话人的某种心理状态(如"别紧张");预防性否定祈使句,针对的是听话人未来可能出现的状况(如"你下次来别走错门")。"别+引语(quotation)"元语否定句则是针对现实对话情境下对方话语中的某种不适宜的词语表示否定[①]。这种"不适宜"词语是使用元语否定句的说话人认为不适宜,而未必是社会公认的不适宜。

我们通过对自然口语对话实录、口语性作品(相声、电视剧等)、口语性网络对话中相关材料的考察,收集到200个实际例证。总体观察这些实例,涉及情态范畴表达、传信范畴表达,涉及言语所体现的态度的明确与否、积极与否等不同层面。如何处理不同范畴表达形式的交叠并兼顾到不同视角,是个棘手的问题。参照张伯江(1997:17)的分析,人们习惯上把情态看成表达说话人的主观态度的,而传信问题却很大程度上取决于客观信息来源的确实程度,二者之间虽然关系密切,但由于关注角度不同,语法表现上也必然有一定的差异。

综合考虑,我们拟根据被否定引语的共性与个性,进行多层次的分析。下面将分为否定非现实情态表达的适宜性、否定低传信度表达的适宜性、否定消极性表态的适宜性、否定关系词语或互动性词语的适宜性、否定异域词语的适宜性等几个部分,具体讨论这些元语性"别"字祈使句的不同情形。

一 否定非现实情态表达的适宜性

切夫(Chafe,1995:350)指出,现实是通过感知观察到的已经成为事实的客观现实,非现实则是通过推想构建出来的主观认识。近年来,国内关于现实情态(realis)和非现实情态(irrealis)的研究也在不断深入。

[①] 沈家煊(1993)分析语用否定现象,列有一例"别"字句。邵敬敏、罗晓英(2004)及赵贤德(2004)对"别"字句的考察分别涉及两个元语否定用例,但当时尚未从元语否定角度分析。

现实情态表达因其具有客观性，对话中一般不会被施以"别+引语"否定；而非现实情态表达，因其具有主观推想的性质，对话中如果不被认可，就有可能被施以"别+引语"否定。具体观察又有多种情况。

（一）否定"我想"类断言的适宜性

主观断言是一种非现实表达。汉语中"我想""我认为""我觉得""我看"等不论用法实虚（作句法成分或话语标记），均表明信息来源于说话人的主观断言。这类断言词语具有两面性：从标明自我、不盲从他人的角度看，具有较强的主观性；从没有把个人认识直接当作公认事理来讲的角度看，则带有自限性。在不同的情境下，这种"主观"和"自限"都有可能被认为不能满足适宜性要求，而被"别+引语"元语否定句否定。如：

(1)"我觉得没压黄线。""别我觉得。还是看看监控视频吧。"（口语实录）

(2)"我想，她不会感兴趣的。""别你想啊，没准她乐意去呢?"（搜搜问问网/恋爱）

上述两例中，"别我觉得"是直引式元语否定，"别你想啊"是视角转换式元语否定，均是要对方不要凭自己的主观印象主观推测做出断言。在这类"别+引语"元语否定句中，所引述的断言性词语的第一人称可以转换为第二人称，这时引述性降低，代词指示功能复原。句子否定的是对方断言性语句的"个人主观认识"的适宜性，要求对方注重事实。

（二）否定"肯定"类断言的适宜性

汉语中"肯定、绝对、准是"等高量级肯定性词语虽未明示信息来源于"我"，但也代表主观性断言，当这样的断言不被认同时，也常会被报之以元语否定，多采用"别X了"形式，也有"别X啦（了+啊）"等形式，一般要带有说明否定证据或理由的伴随句。例如：

(3) 老母亲：这次摔了以后，我这肋骨下边总是疼得厉害，肯定是肝脾摔坏了！

儿子：别肯定了！要是伤了内脏，早就得发高烧了。（口语实录）

该例中,"别肯定了"是要对方不要做出高量级肯定性断言。这类"别 X 了"中"了"应该是表"新言态的出现"的"了$_2$"(肖治野、沈家煊,2009:519),意为"我说'(你)别 X'了"。语料中也有"别 X 啦"形式,在"了"之外又附上"啊"的感叹语气。为简明起见,下文在与"别 X 啊"进行比较时,我们以"别 X 了"为代表。

(三)否定假设性语态的适宜性

假设性词语是非现实情态的重要标志。(参见张雪平 2014)如果某些假设性语句所代表的虚拟语态不被认可,或者假设的情况不被认可,也就是被认为具有不适宜性,就可以成为"别+引语"元语否定句否定的对象。如:

(4)"假如给你一百万,你该怎样让它生钱?"
"别假如,你先给我,我用实际行动告诉你!"(搜搜问问网/创业投资)

该例中,"别假如"是要对方不要只是单纯做出口头假设。由于说话人认为以假设作为前提得出的结论没有现实意义,因此用"别+引语"元语否定句否定这种假设的适宜性,意在要求对方采用现实情态表达,甚至是采取相应的实际行动。

二 否定低传信度表达的适宜性

有些"别+引语"元语否定句不是简单针对非现实情态的否定,而是对信息来源可靠性不足进行否定,这就应该从传信范畴的视角来分析了。

传信范畴关心的是信息来源的可靠性(张伯江,1997:17)。不同类型传信语的传信度存在等级差异。在允许非现实表达,不排斥主观断言的对话情境下,确定性较高的断言语句可以被接受,而传信度较低即信息来源可靠性较低的传信表达则常常会被认为不具有适宜性,因而招致"别+引语"式元语否定。

(一)否定不确定性表达的适宜性

这里所说的不确定性表达体现信息来源于发话人的不确定性认识。汉语中,不确定性词语包括不确定义副词、某些助动词、概数助词等,均可成为"别+引语"元语否定句否定的对象。如:

(5)"……大概是四月份。""别大概,准确一点。"(搜狐读书/扫黄一线)

(6)"我下午没准儿会去的。""别没准儿啊,一定要去啊!"(回龙观社区/单身男女)

上述两例中,"别大概""别没准儿啊"是要对方不要用模糊不确定的表达和表态。"大概""没准儿"以及"好像、也许、兴许、大约、似乎、未必、不一定、可能、应该、说不定、保不齐"等都可以在此类元语否定句中被"别"否定。其中某些词可用于表示可能性较大,但毕竟属于不确定性词语,在要求确定性信息的对话中仍会被认为不适宜。

当某种信息提供者向信息需求者说明的规格、价格、时限、年龄等因带有概数形式而存在模糊性、伸缩性的时候,需求者如果认为信息不充分可能使自己处于被动地位时,也可采用"别+引语"元语否定句直接否定该概数词语。如:

(7)咨询者:商品的层高是多少?
京东商城回复:您好!30cm 左右。
咨询者:别左右啊,准确间距是多少?(京东商城/家具购买咨询)

该例中,"别左右啊"是要对方不要给出关于层高的模糊数据,后续小句则表明咨询者的主要意图是希望得到关于层高的准确间距。

此外,一些选择义词语也可成为"别+引语"元语否定句否定的对象。如:

(8)"有时是盒子的问题,有时是电脑系统的问题。"
"别有时啊!来点靠谱的!"(英雄联盟网/你问我答)

(9)"想出去玩,到新乡或者洛阳。"
"别或者啊,这两个地方位置不一样的。"(百度贴吧/郑州华信学院吧)

上述两例中,"别有时啊"是要对方不要给出或然性分析,"别或者啊"是要对方不要给出或然性建议。

无论是不确定义词语,还是选择义词语,都是传递不确定性信息的词语。因此,针对这些词语的"别+引语"元语否定句否定的是对方不确定性表达方式的适宜性。

(二) 否定传闻类表达的适宜性

汉语中,传闻性信息主要由传闻类插入语来标引,这类词语用于显示信息来源于他人,当被认为可靠性不高时,就可成为"别+引语"元语否定句否定的对象。如:

(10) "据说这行的职业素质也参差不齐,有不少一点服务意识都没有的。"

"别据说呀,你去体验一下,看看服务意识咋样!"(回龙观社区/野猪乐园)

该例中,"别据说呀"字面上是要对方不要使用无信息来源标记的传闻类词语,实际上是要对方不要只是相信所谓的传言。不标示传闻来源的"听说""据说""据讲""据传"和标示传闻来源的"据他说""人家说"之类传闻性插入语均有类似用法。这类插入语的共性是表明信息的来源并非说话人亲历或目击的,也不是主观推测的,而是一种传闻。由这类词语参与构成的"别+引语"元语否定句否定的是对方传闻性表达的适宜性。

根据埃克森沃德(Aikhenvald, 2004: 65)类型学角度的分析,传信范畴在不同语言中的表现差异可根据 VISUAL(亲见)、SENSORY(感觉)、INFERENCE(推理)、ASSUMPTION(假定)、HEARSAY(听说)、QUOTATIVE(引用)六个语义基元做出不同层次的划分。[①] 上文所讨论的传信类词语涉及了除亲见类之外的各种类型。比如"我想"类主观断言性词语相当于其 SENSORY 类,"肯定"类主观断言性词语相当于其 IN-FERENCE 类,"假如"类假设性词语相当于其 ASSUMPTION 类,"据说"类传闻性词语相当于其 HEARSAY 类,"据 XX 说"则可认为相当于其

[①] 其 HEARSAY(听说)类侧重指没有确定出处的报道信息,QUOTATIVE(引用)类侧重指具有明显的引用来源的报道信息。可参见余光武(2010: 366)的介绍。

QUOTATIVE 类。实际考察所得语料支持我们形成这样的认识：就"别+引语"元语否定对各类传信语的适用性来看，汉语传信语分析应该首先注重"亲见类"和"非亲见类"的区分，前者一般不接受元语否定，后者的多种小类不同程度地可接受元语否定。这一情况似乎显示元语否定与传信度呈负相关：传信度越高，接受元语否定的可能性越小；传信度越低，接受元语否定的机会越大。当然，"亲见类"传信语也并非绝对不能被"别"否定，当"亲眼所见"被认定为假话时，就可以用"别（说）亲眼所见了"来加以否定。由于假话不是真正的"亲见"，所以才会被否定（也可算作"别+引语"元语否定的一个小类），因此并未动摇元语否定与传信度呈负相关的认识。

"亲见类"传信语与"非亲见类"传信语的对立从根本上说反映的是现实情态（realis）和非现实情态（irrealis）的对立；"非亲见类"传信语内部的差异，既有主观性的不同，又有可靠性（传信度）的不同。可以说，对非现实情态断言性表达的否定是基于客观性要求做出的对主观性的否定；而对低传信度传信语的否定，不是对主观性的否定，是基于明确性要求的对信息可靠性做出的否定。

三　否定消极性表态的适宜性

所谓消极性表态是指面对某种邀约、动议等做出的不积极响应的表态。对话情境下，一方话语中体现推拒、推延、弱承诺、无意向、不经意等意味的词语常常会被视为消极性表态词语，招致"别+引语"元语否定。

（一）否定推拒性表达与推延性表达的适宜性

这里的推拒性表达指显示说话人推却、婉拒态度的语句。这种推拒性语句，有时伴随有畏难话语或貌似客观的推托理由，它们代表的推拒强度不高，具有可商议性，往往可以成为"别+引语"元语否定句否定的对象。如：

（11）"您给学学。"
　　　"不行不行不行。"
　　　"别不行啊……"（相声《杂学须生》）
（12）甲：我今天去不了，单位这边有事儿。

乙：别有事儿啊！你一定得来呀。(口语实录)

（11）直接否定推却话语"不行"本身，"别不行啊"是要对方不要拒绝表演；（12）则是否定常见性推托理由"有事儿"，"别有事儿啊"是要对方不要以"有事儿"作为托词拒绝前来。此类"别+引语"否定的是对方推拒性语句的适宜性。这时，说话人所要达到的目的实际是通过表示不能认可对方的话语从而争取改变其推拒态度。如果面对严词拒绝，双方关系被置于对立状态，就不太适合使用"别+引语"元语否定句进行回应了。

推延性表达常由指向未来时间的时间名词和时间副词等来体现，它们与行为、事件有直接的联系，当说话人用这类词语表示某一被要求的行为欲延后实施时，这些词语便同时体现了说话人的主观态度，从而可能成为交际另一方所使用的"别+引语"元语否定句否定的对象。如：

(13) 网友甲：……以后有机会一定也去拍些片子。
网友乙：别以后啊，现在就行动吧。（白山在线/白山论坛）

该例中，"别以后啊"是要对方不要用"以后（再做某事）"来推脱（做某事），后续小句"现在就行动吧"表明了言者的期望。此类"别+引语"元语否定句否定的是对方推延性语句的适宜性。这时，说话人否定的实际是对方想要推迟做某事的态度。"以后""一会儿""回头""明天""下午""下周""下个月"等未来性时间词语均可进入"别+引语"元语否定句，而指向过去的时间词不能进入该构式。

表面看，推拒性话语与推延性话语，一个是拒绝，一个是延后，实际上，二者有一个共同点，就是体现出对人家的期望、要求不做即时响应的态度。

（二）否定弱承诺性表达与尝试性表达的适宜性

弱承诺性表达通常使用对某种要求、邀约做有保留性回应的词语，体现一定程度的含糊态度，这种承诺往往不一定实现，当它被认为是一种不适宜话语时，就可成为"别+引语"元语否定句否定的对象。例如：

(14)"我尽量争取吧。""别尽量啊,你离得又不远,又是周末,怎么还尽量啊?"(都市小说网/因为想你才寂寞)

该例中,"别尽量啊"是要对方不要做出承诺力度不够高的表达和表态。"尽量""争取"类词语虽然一般是用来表示"力求在一定范围内达到最大限度",但由于它隐含需要克服阻力的意义,常常伴有"不一定"的意味,因此,语用上往往被用来行使假意应允。当邀约者认为这样的"弱承诺性词语"不适宜时,就可以用"别+引语"元语否定句直接否定它们。这时,说话人否定的实际是对方不积极响应邀约的态度。

在谈到完成某事所需要的能力时,如果用尝试态来表达,有时会让人感到不适宜,便用"别+引语"元语否定句来指出其不妥。如:

(15)"我试试吧。""别试试啊,咱给句准话行吗?"(新浪娱乐/张子萱从模特到演员)

该例中,"别试试啊"是要对方不要做出只是尝试一下的表达和表态。另外,来源于动词重叠式的"看看吧"有时不表示尝试,而是用来表示现在不能确定地应承对方的邀约,体现一种观望态度,也有被"别"否定的用例。对话中,尝试性、观望性话语的适宜性被否定,实际上是针对含糊态度的否定。

(三)否定无意向语句与不经意语句的适宜性

这里的无意向语句指的是在特定情境下被要求表明个人意愿的人所说出的不具明确倾向的语句,诸如"随便""无所谓"之类。这样的话语常会被征求意见者认为不适宜,于是就用"别+引语"元语否定句对其关键部分加以否定。例如:

(16)"随便。都行……""别随便啊,你说,你说啊!"(梁晓声《浮城》)

该例中,"别随便啊"是要对方不要做出意向不明确的表达和表态。不经意语句是指在一定情境、事理之下显得有随意性、不够郑重认真的语句,也可成为"别+引语"元语否定句否定的对象。如:

(17)"我只是随口说说……""别随口说说啊！这个归你啦。"（朗奚《你是坏蛋》）

该例中，"别随口说说啊"字面上是要对方不要做出随意性表达，实则希望对方守有原来的话语和意愿。此类元语否定句否定对方不经意话语的适宜性，意在希望对方应有郑重、认真的态度。

（四）否定逆转性表达的适宜性

一般的对话，常常是在双方认识、态度一致的条件下转换话轮，才顺利向前推进。有时一方的话语中途出现以转折性词语为标志的逆转，这种逆转如果不是表现客观情况，而是标明说话人的非顺应性的认识或态度，就有可能不被谈话对方所认同；这种不被认同的逆转语句常常是只说出了转折连词，就被对方以"别+引语"元语否定句给否定了。如：

(18)"……找到了，但是……""怎么啦？别但是啊！你快点儿带我去见他吧！"（幸子妙颜《进化成神》）

该例中，"别但是啊"是要对方不要将关注点转向其他方面。交际一方使用转折连词，往往意味着将要说出不符合对方预期或愿望的话，或交际双方原有的预期目标将难以实现。这时交际的另一方就可以用"别+引语"元语否定句否定对方的转折性词语，从而努力维护自己原有的预期或目的。

四 否定关系性词语、互动性词语的适宜性

这里关系性词语主要指称谓语，互动性词语主要指呼应语。对话中不同称谓语、呼应语的使用，通常反映对话双方关系的定位，体现说话人的身份认知、关系认知。不同的形式具有不同的对象适宜性、关系适宜性。如果某种称谓语、呼应语等被听话人认为不适合双方关系，常会用"别××的"形式直接进行否定。

（一）否定称谓语的适宜性

这里的称谓语包括亲属称谓、社会称谓、姓名称谓，也包括人称代词。不仅用于对称、自称的称谓语可体现双方关系定位，用于与对话双方或一方密切关联的第三方的称谓语形式的选择，也反映关系认知状态。如：

（19）我兴奋道："正如你所预言的，你爸终于被我们忠贞不渝的爱打败了。"
琰焱笑道："以后你别你爸你爸的，那是咱爸！"（新浪博客/诗人老希）
（20）"她和我老公……""都这样了，就别老公老公的了……"（百度贴吧）
（21）秘书介绍："这是设计总监潘总。"胖子对我笑笑说："叫我大潘就行了，别总啊总的。我已经够肿的了。"（磨铁中文网/总监）

（19）是亲密关系的确认影响到称谓语适宜性的重新评判，于是"你爸"被"别你爸你爸的"所否定，是要对方不要以"你爸"称呼自己的父亲，相应修正为"咱爸"。（20）则是亲密关系的改变让人认为亲密称谓已不适宜，"就别老公老公的了"是要对方不要再称呼背叛自己的男人为老公了。（21）"别总啊总的"否定的是该语境中对话双方共同听到的他人话语（句中介绍者采用的称谓）的适宜性，是要对方不要以"×总"这样的称谓称呼自己，对于听话方来说，这一元语否定是预防性的。

姓名称谓、人称代词的使用也常常反映远近亲疏、是否尊重，人称复数形式还有将听话人划归哪一方的作用。实际言语交际中，姓名称谓、人称代词被认为使用不当而对其施以元语否定的情形也时有所见，如："别老王老王的""别小丽小丽的""别你你你的""别您您您的""别咱们咱们的""别你们你们的"等等。限于篇幅，这里暂不罗列具体例证了。

（二）否定呼应语的适宜性

呼应语，包括呼唤语和应答语，一般由表示呼应的叹词充当。不同的呼应语与不同的人际关系、情感状态相适应。当呼唤语被认为不得体，或应答语表义含糊、应答迟延时，对方均可用"别+引语"元语否定句来否定。如"别喂喂喂的""你别总嗯嗯嗯的啊"。具体说，"别喂喂喂的"是要对方不要只是说"喂喂喂"，而不切入言谈正题；"你别总嗯嗯嗯的啊"是要对方不要只是用"嗯嗯嗯"应答，而不发表具体的意见。

五 否定异域词语的适宜性

拥有共同的母语或共同的方言或共同的行业语言、阶层语言的人们构成一个个大小不同的语言社群。一个社群内部成员之间的交谈通常使用属于本社群的语汇和表达方式。明显超出本社群认知范围的"异质性"语言成分，有时会"不受欢迎"。所谓"语域"，不同背景的学者有不尽相同的理解，我们无意展开讨论。这里专门用来指"由谈话对象、内容、方式等决定的个人谈话空间/场合"。在一些特定人际关系的对话中，对话双方往往拥有基于对象、内容、方式认知的共同的语域意识。如果一方使用的某一词语或表达方式超出了对方的认同范围（可以是普通用语范围、专用语范围、家乡话范围等），对方有时就会用"别+引语"元语否定来表示不认同。考虑到篇幅控制，我们仅就涉及方言词语、外文词语的情况各举一个例子。

（22）"哈尔滨贼冷！""别贼贼的，去旅游一趟，还说上东北话了！"（口语实录）

（23）一天，我家的电话铃响了，身在国外的我赶紧拿起电话："Hello……"对方说："别 Hello 了，我是中国，是我，王晓华……"（荒友网论坛/北大荒知青记事）

前例中，"别贼贼的"是要对方不要使用东北方言程度词"贼"说话，对话双方都是北京人，当一方的话语中使用了东北方言时，另一方不认同该"异域"词语，就做出了元语性否定。后例中，"别 Hello 了"是要对方不要用外文词语 Hello 来对话，否定的是汉语语境中出现外文词语的适宜性。这里所谓汉语语境，指的是母语为汉语的人之间在常规情况下默认用汉语进行交际的语言环境。在这种语境中，如果不是出于特殊需要，谈话的一方使用了对方不习惯或不喜欢的外文词语，往往被另一方认为不适宜，简单的回应方式就是用"别+外文词语"元语否定句。可以说，朋友、亲人之间的以日常生活为内容的母语交际，构成一个广义"语域"。外文词语的使用需要考虑到对方的关系认同、语境认同以及功能认同。不适合双方关系、不符合对方语境认知、不实现独特功能的外文词语，常常会被认为不适宜。

第二节 "别+引语"元语否定句的功能分析

从上文的实例分析可以看到,"别+引语"元语否定句是口语里一种用于会话相邻对中的应对语;它提取说话人认为对方话语中不适宜的部分加以否定,通过语用推理实际上间接否定的乃是该不适宜话语所体现的某种主观态度,包括武断态度、不明确的态度、不积极的态度以及脱离特定关系的态度等。这是一种既体现经济原则又具有聚焦功能的省缩性焦点否定句。整体来看,它具有非自足性,通常要有伴随句(大多数为后续句)出现。对于这种元语否定句的话语功能、人际功能,我们可以通过多重对比来具体了解。

一 多种变体形式的分工互补

大量实际语料显示,"别+引语"元语否定并非都是单纯"别"直接否定"引语"就自足成句的,很多用例是附有不同语气词配合的,有的被否定对象是强制性以重叠形式出现的。我们着眼于完形性将这些不同结构形式均视为"别+引语"元语否定句的不同变体,它们在否定对象、否定强度、伴随语句、使用频度等方面有同有异。我们概略归纳在表5-1中。

表 5-1 "别+引语"变体形式的否定对象、伴随句功能及数量、比例

否定对象	元语否定形式	伴随句 (绝大多数为后续句)	数量	比例
"我想"类断言词语	别×啊	发表感叹、评价	30	15%
	别×了/啦	温和要求做出验证	2	1%
	别×	直率要求做出验证	2	1%
"肯定"类断言词语	别×了/啦	明确要求做出验证	2	1%
虚拟语态	别×,别×啊	要求现实情态表达或行动	2	1%
低传信度传信语 ("大概类")	别×啊	多为要求给出明确信息的	66	33%
	别×	强硬要求给出明确信息	2	1%
	别(总)××的	要求给出明确信息	1	0.5%

续表

否定对象	元语否定形式	伴随句（绝大多数为后续句）	数量	比例
低传信度传信语（传闻类）	别×了/啦	感叹+要求给出明确信息	4	2%
	别×	要求给出明确信息	1	0.5%
消极性表态词语	别×啊	要求及时、认真响应动议	62	31%
	别×了/啦	要求及时、认真响应动议	3	1.5%
	别×	强硬要求及时认真响应动议	2	1%
称谓语、呼应语	别（总）××的	给出适宜的词语或说明理由	18	9%
社群外或语域外异质词语	别×了/啦	明确语域认知	2	1%
	别（总）××的	给出否定理由	1	0.5%

整体观察，我们得到以下一些基本认识。

一是从否定对象着眼来观察各种变体形式使用频度的大小，我们看到，否定"大概类"低传信度传信语、否定消极性表态词语（多指向未来）、否定"我想"类断言词语的用例数依次排在前面，合计占比接近90%。笼统地说，这三种情况都可算作对非现实情态表达的否定；具体分析则需要指出，"大概类"具有非现实情态和低传信度传信语两种属性，就其伴随句多要求明确性而非现实性、客观性而言，可以认为其否定指向是低传信度而不是非现实情态。

二是语气较强硬的不带语气词的"别×"形式，因其未给对方留有面子，所以使用频度很低；语气相对和缓的带语气词的多种形式中，以"别×啊"最具代表性，占比接近80%，使用频度处于绝对优势地位，这似乎表明它所体现的商求性的引述否定与劝导是"别+引语"元语否定句的基本功能。

三是"别×啊"与"别×了"在否定对象选择上存在一定的互补倾向。针对不确定性词语、传闻性词语、自限性断言词语的否定，更多使用"别×啊"；针对高度断言性词语的否定，则倾向于使用"别×了"。这种倾向性差异应有其深层的认知、语用根源。观察一般的否定祈使句"别VP啊"与"别VP了"，我们可以看到，"别+负面义VP+啊"能说（如"别偷懒啊"），"别+正面义VP+啊"一般不能说（如"*别勤奋工作啊"）；而"别+负面义VP+了"和"别+正面义VP+了"都能说（如"别偷懒了""别勤奋工作了"）。这种情况显示，"别VP啊"以社会公认性标准为认知语用前提（阻止负面行为而不阻止正面行为）；而"别VP了"决定于说话人在说话当时特定条件下的个人立场，不受社会公认性标准约束。这种普通否定祈使句的内部差异投射到言域的元语否定句，就体现为："别×啊"一般应遵循社会惯常语用原则，用来否定不符合一般会话要求的信息不足量、不够明确的词语，意在告诉对方话语信息量应该"多于、高于"被否定词语；如果把"别×啊"用于对信息充分的表达式的否定，就不符合一般语用原则了。"别×了"是说话人着眼于"当前"来表态，认为对方所言在"此时此刻"看来是不适宜的，这种不适宜，可以是按社会公认标准判断的，也可以只是按说话人个人标准判断的，于是，"别×了"便可适用于对"足量的"、确定性的高度断言词语的否定，它是一种体现说话人视点的有标记元语否定形式。

如果同样是针对不足量表达（不确定词语等）的否定，"别×啊"的商求性劝阻只是就事论事的，可以说是一种单纯的即时性否定；而"别×了"则往往是关涉到过去的，意味着对以往出现过的持续性、反复性状况的否定（常说成"别总×了"/"别又×了"），可以说是一种带有追溯性的否定（一部分"别×了"可以说成是"成见性否定"），它也含有"到此截止"的意思。作为即时性否定的"别×啊"通常是顾及到了对方的面子；而作为追溯性否定的"别×了"则显得不那么客气，带有更强的不满意味。

四是针对称谓语和呼应语的元语否定采用"别××的"形式，应该是源于象似性动因：如果被否定的称谓语或呼应语已经多次出现，此类元语否定形式就是包含了实际情况的临摹；如果被否定的称谓语或呼应语刚出现一次，则此类元语否定形式就可看成对其将要反复出现的预防性否定（如例21），仍体现象似性。前面谈到的其他类型的"别+引语"元语否定，如果被否定词语已多次出现，也可以采用"别××的"形式来否定。

二 知域的元语否定与言域的元语否定

荷恩（Horn，1985：144）认为，元语否定被用于否定先前话语的某个方面。沈家煊（1993：328）指出，元语否定否定某种"说法"的适宜性。卡斯顿（Carston，1996：332）指出：元语否定的本质属性是它的回声用法。回声用法指一个陈述性话语述及他人的话语或想法，并表达对其话语或想法的态度。语料考察显示，至少在汉语中，回声用法并不仅仅存在于陈述性话语之中，祈使性话语中也存在回声用法。下面的（24）是陈述性的，（25）是祈使性的：

(24) 不是多半如此而是肯定如此。（引自沈家煊1993：330）
(25) 网友甲：肯定可以的，我以前用的时候一直这样充电。
网友乙：别肯定了，说话负点责吧……（forum.51nb.com/ThinkPad专区）

对比"别+引语"句与"不是"类元语否定句可以看到，虽然二者都否定先前某一话语的适宜性，但构式义又表现出重要差别。由于"不是"组建的是一个否定判断构式，代表说话人针对引述对象的一种否定性认识，这种元语否定是典型的知域否定；而"别+引语"句不仅指出对方话语的不适宜性，同时对其施以劝阻，代表了说话人的"劝导"行为：通过话语修正进而引导听话人采取适宜的行动，因此，这种元语否定可视作一种以言行事的言域否定。当然，对于知域否定与言域否定的区分，我们似乎最好按照"包容模式"来理解，而不是按"分立模式"来理解。因为认识与言说并不是纯然对立的：想到的未必都说出来，说出来的则一定是想到的（参见沈家煊、王伟，2002）。我们在做出知域否定与言域否定之区分的同时，承认言域否定可以视为广义知域否定的一种特别类型，二者呈包含关系。这样也就可以有效解释某些元语否定句中"不是"和"别"可以替换的情况，可以理解二者应有的对立在一定程度上被中和的缘由。

总体来看，在语料中占有显著数量优势的针对各类不确定性词语、传闻性词语和多种表态词语的引述性否定，有一个共性，即基本上都是对"不足量"表达的劝导性否定。叶斯柏森（Jespersen，1924：325）论述否定时曾指出，语言的"一般规则"是，"不"（not）表示"少于、低于"（less than），不表示"多于、高于"（more than）。我们把否定"不足量"表达的"别+引语"元语否定句与"不"的否定加以对比，应该指出，如果说"不"（not）所表示的"少于、低于"是直陈性的（或称描述性的），而"别+引语"元语否定句对"不足量"表达的劝导性否定则另外预设有"应该"之义，不是"应该少于、低于"，而是"应该多于、高于"。换句话说，"别+引语"元语否定一般表示的是被否定话语传递的信息量或可靠程度"少于、低于"应有的程度，应该修正为"多于、高于"现有信息量的话语形式。

三 行域与言域的同形歧域现象

荷恩（1985：135）认为，否定具有歧义（ambiguity），但不是语言歧义，而是语用歧义。同一个否定词既可以用作一般否定，也可以用作元语否定。对荷恩的歧义说，国内外均有质疑者。卡斯顿（1996：309）认为元语言否定句中的否定算子没有歧义，也是标准真值函数性质的，在命题层面上操作；否定算子辖域内容对算子本身的理解不构成任何影响。赵旻燕（2010：98）则用"不是"并非汉语元语言否定特有的形式标记来证明元语言否定不存在专门的形式标记，进而论证"荷恩的元语言否定歧义论有问题"。

我们认为，为避免对歧义概念理解不一致造成的非实质性纷争，有必要澄清两个相关的问题：否定句的歧义性与否定算子的歧义性不应该被当作同一个命题；一种语言中有没有专门用于元语否定的否定算子，与一种语言中元语否定有没有独立的形式特征，也不应该看作同一个问题。

梁锦祥（2000：64）认为："元语言否定并不是语言表达式固有的内在性质；即使是看来十分典型的元语言否定现象，在特定的语境里也可能转变为普通的、非元语言的否定。"这样的表述可理解为元语否定句并没有独立的形式。由上文的考察我们看到，汉语事实并不支持这样的认识。那些只能作元语否定理解的"别+引语"表达式（即"别+非谓词"构式）就可以看成元语否定句特有的结构形式，我们似乎还不能设想出它们可以直接"转变为普通的、非元语言的否定"。比如：

别好像　别大概　别似乎　别或许　别听说　别据说
别你想　别你觉得　别你认为　别以后　别马上　别左右
别假如　别如果　别但是　别可是　别就算　别或者
别你你你的　别咱们咱们的　别嗯嗯的　别OKOK的

尽管用于元语否定的"别"和"不是"一样，不是汉语元语否定特有的形式标记，但上述非谓词引语成分独立出现在"别"后，却只能构成元语否定句。另外，像"别+动词重叠式"（如"别试试、别看看"）一类表达式似乎也只能作元语否定理解，这里暂不展开讨论。

卡斯顿（1996：310）谈到，元语言否定和描述性否定的区别不在于否定算子本身，而在于否定辖域内容的性质：描述性否定辖域内是对世界上的事态的表征，而元语言否定辖域中的内容则是回声性成分（echo）。那么，我们实际上就可以根据回声性成分的形类（form-class）来分析元语否定句是否会存在歧义。可以推想，一种语言中可能说出的元语否定表达形式的范围会部分超过普通的、非元语否定，这几乎是必然的，因为元语否定不受句法的限制，很多句法上不能被特定否定词所否定的语言成分都可以成为元语否定的对象。那些显著超出句法限制的元语否定句是单义句，而形式上未超出句法限制的元语否定句则会存在歧义。例如：

（26）肖科平站起来："你们聊吧，我走了。"
韩丽婷一边给她让路一边叫："别走哇，一起聊。"（王朔《无人喝彩》）

（27）"我对不起你，我心里有愧——我再不敢了。"
"你不必对不起我，也别有愧……"（王朔《一点正经没有》）

以此类情况来说，"别"字否定句，有可能是劝阻对方先行话语代表的某一行动或心理活动，也有可能是对该先行话语的说出提出修正，也就是说，"别走""别有愧"既可以是对行为或心理活动的劝阻，也可以是针对对方说"走"、说"有愧"的适宜性的否定。按照前一种理解，句子是普通否定祈使句，不具有元语性；按照后一种理解，则应看成是"别+引语"的元语否定句。沈家煊（2003）和肖治野、沈家煊（2009）均谈到同一个语句用在不同的语境或上下文里可按不同的域来理解，称为"同形歧域"。因此，这类"别"字否定句既存在"不要V"和"不要说V"的歧义，同时又是一种兼跨对象语言、元语言的同形歧域现象。我们在实际调查中了解到，对话中存在先行词的"别随便说、别争取、别紧张、别害怕、别顾虑、别担心、别退出、别撤出、别辞职"等也都存在类似的同形歧域情况。

第六章

"不用"祈使句及相关问题

第一节 "不用"祈使句

一 "不用"祈使句的性质

所谓"不用"祈使句指,由"不用"作为否定祈使词语参与构成的否定祈使句。以往对于"不用"祈使句的研究多散见于一些语法研究著作,至今还未见讨论这类句子的专篇文章。

黎锦熙(2007 [1924]:268)在讨论语气词"了"时指出,"费话也不用多提了"中的"了"是助"劝阻"的完结语气。可见,黎著认为"不用"可以构成否定祈使句。吕叔湘(2002 [1944]:307)在讨论"禁止"句时指出,在表示必要的词语前加"不"比直接禁止委婉些。吕著所举例子如:你不用跑,我不打你。可见,吕著也认为"不用"可以构成否定祈使句。

丁声树等(1961 [1953]:212)指出,祈使的反面是禁止,句中常用否定词"不准""不要""不用""别""甭""勿""休""莫"等。朱德熙(1982:65)指出,在表示"不必""无须"意义时,"甭"和"不用"可换用,在表示禁止时,"甭"不能换用"不用"。蒋平(1984:4)指出,"别"有时说成"不要""不必""不用""甭"等,作用相同或相近。刘月华(1985:117)指出,"不用"表示制止、劝阻。袁毓林(1993:15)指出,劝阻句语气比较温和,常用"不用""甭""不要""别"等词语。

通过比较可发现,黎锦熙(1924)、吕叔湘(1944)、丁声树等

(1961)、蒋平（1984）、刘月华（1985）、袁毓林（1993）等著作都明确认为"不用"可以构成否定祈使句，朱德熙（1982：65）则指出，"甭"有时用在祈使句里表示禁止，这个时候就不能换成"不用"。可见，朱德熙（1982）对于"不用"是否可以构成否定祈使句持保留态度。

我们认为，朱德熙（1982）之所以对"不用"是否可以构成否定祈使句持保留态度，是因为"不用"祈使句并非典型否定祈使句。"不用"祈使句具有否定祈使句的一些特征，但并不具有典型否定祈使句的全部特征。与"别""不要""甭"不同，"不用"本身并不表示禁止或劝阻。从这个角度看，"不用"起码不是典型的否定祈使词语。

根据朱德熙（1982：65），"不用""不必"都有"无须"义，刘月华（1985：117）也指出"不必""不用"都有"不需要"义。我们认为，"不用"祈使句的否定祈使功能是说话人通过陈述自己的认识"（听话人）不需要做某事"来间接实现的。正因为"不用"的劝止功能是间接的、派生的，所以吕叔湘（1944）认为"不用"可用于委婉禁止。

主语指向听话人、谓语表示行为或心理自主或可控、具有否定祈使功能、出现典型否定祈使词语、否定祈使功能直接实现，是典型否定祈使句的五个特征。"不用"祈使句显然不具有后两个特征，只能看成非典型祈使句。

二 "不用"祈使句的意义和预设

否定祈使句句法槽为：主语（指向听话人或说听双方，可省）+否定祈使词语+谓词性成分。否定副词"不用"进入这个句法槽构成的句子即为"不用"祈使句。据此，"不用"祈使句可以简单码化为"（你/你们/咱们）不用VP"。《现代汉语八百词》（1980：60）指出，"不用"意为"不需要"。据此，"不用"祈使句的句式义可概括为"（你/你们/咱们）不需要做某事"。《现代汉语词典》（2016：113）指出，"不用"表示事实上没有必要。因此，"不用"祈使句的句式义也可概括为"（你/你们/咱们）没有必要做某事"。

其实，"不需要"和"事实上没有必要"并不矛盾，"事实上没有必要"可看作是在一种"客观上不需要"。否定祈使句的意义可概括为阻止听话人做某事，从这个意义上看，"不用"祈使句阻止听话人做某事的功能是说话人通过陈述自己的认识"（听话人）不需要做某事"来间接实现的。换言之，当说话人否定了听话人做某事的必要性时，听话人根据合作原则可以推知说话人可能希望听话人不做某事。这一推理过程简示如下：

　　事理：若说话人"希望听话人不做某事"，可能会说"听话人不需要做某事"。
　　事实：说话人（根据礼貌原则）说的是"听话人不需要做某事"。
　　推论：（听话人根据合作原则推知）说话人很可能是"希望听话人不做某事"。

　　"别"字祈使句表达的意义主要有两种：劝阻或禁止和提醒避免。根据袁毓林（1991：18）可知，"别V［+自主］"通常表示劝阻或禁止，"别V［-自主］［+可控］"通常表示提醒避免。与此类似，"不用VP"祈使句也可以用于劝阻或禁止和提醒避免，而这也与VP的语义特征有关。"不用V［+自主］"祈使句通常表示劝阻或禁止，"不用V［+可控］"祈使句通常表示提醒避免。

　　袁毓林（1991：126）指出，"别"表示说话人主观上不愿意对方做某事，其预设是听话人准备或正在有意识地做某事，或将要无意中发出某个动作行为。参照袁文，我们认为，"别VP［+自主］"祈使句的预设为，听话人准备或正在进行某行为或持有某种心理，"别VP［+可控］"祈使句的预设为，听话人无意中已经或将要出现某种行为或心理。

　　虽然"不用"祈使句也可用于否定祈使，但"不用"祈使句与"别"字祈使句的预设不完全相同。若着眼于表达功能，二者预设相同："不用VP［+自主］"祈使句的预设为，听话人准备或正在进行某行为或持有某种心理，"不用VP［+可控］"祈使句的预设为，听话人无意中已经或将要出现某种心理。①

　　若着眼于句子意义，二者预设有异：
　　"不用VP［+自主］"祈使句的预设为，（在说话人看来）听话人认为有必要进行某种自主行为或需要持有某种自主心理，"不用VP［+强可

---

① 可控行为动词能进入"不用"祈使句的极少，我们只发现"哆嗦"一词。我们认为"不用哆嗦"表义仍与人的心理密切相关，其表义与"不用害怕"接近。

控]"祈使句的预设为,(在说话人看来)听话人认为自己需要持有某种可控心理。①

通过比较可发现,"别 VP [+自主]"祈使句和"不用 VP [+自主]"祈使句不仅在表达功能上有相似之处,而且在预设上联系紧密。二者预设的关系可以概括为前者的预设在语义上蕴含后者的预设。具体说,听话人准备或正在有意进行某行为或持有某种心理在语义上蕴含着听话人认为有必要进行某种行为或需要持有某种心理。这不难理解,一个人准备或正在进行某行为或持有某种心理,一定是他认为有必要进行这种行为或需要持有这种心理。

从这个角度看,"不用 VP [+自主]"祈使句的字面意义也可以理解为:(说话人认为听话人)不需要进行听话人自己可能认为有必要进行的某种行为或心理活动。"不用 VP [+强可控]"的字面意义也可以理解为:(说话人认为听话人)不需要持有听话人自己可能认为有必要或理所当然持有的心理。如:

| 你不用管 | 你不用看 | 你不用说 | 你不用走 |
| 你不用愁 | 你不用怕 | 你不用急 | 你不用慌 |

由此,我们认为,"不用 VP"祈使句成立的条件可总体概括为:听话人认为 VP 表示的行为或心理是必要的或理所当然的(预设义),而说话人认为不必如此(句式义)。简言之,如果对谓语 VP 表示的行为或心理的必要性的评价会因人而异,那么"不用 VP"祈使句就可以成立。以"你不用管"为例,"管"在听话人看来可能是必要的,而在说话人看来又可以是不必要的,因此"不用管"既符合"不用"祈使句的预设要求,又与"不用"祈使句的句义相谐,所以是成立的。

三 "不用 V"及"不用 A"祈使句

(一)"不用 V"祈使句

"不用 V"可用于劝阻或禁止,如:

---

① 弱可控动词"摔跟头""崴脚""迷路"等不能进入"不用"祈使句,下文将讨论。

(1)"不用去不用去。甭麻烦,咱们就随便吃点。"(王朔《顽主》)

(2)"你不用说,我心里都知道。"(王朔《空中小姐》)

(3)"客源你不用操心,只希望你们帮我把中国银行担保办下来。"(王朔《顽主》)

(4)"钱你不用考虑!"(百度搜索)

前两例中,"去""说"均为自主行为动词,"不用V[+自主][+行为]"字面上表示"不需要进行某种自主行为",实际上用于劝阻某种自主行为。后两例中,"操心""考虑"均为自主心理动词,"不用V[+自主][+心理]"字面上表示"不需要持有某种自主心理",实际上用于劝阻某种自主心理。

一般来说,如果V具有[+持续]特征,那么"别V"既可以表示要听话人不开始某行为或心理,也可以表示要听话人不继续某行为或心理。"不用V"同样如此,"不用V[+自主][-持续][+行为]"只用于劝阻开始某种自主行为,如第一例中的"不用去","不用V[+自主][+持续][+行为/心理]"则既可以用于劝阻开始某自主行为或心理,也可以用于劝阻继续某自主行为或心理,如后三例中的"不用说""不用操心""不用考虑"脱离语境会有两解。

"不用V"也可用于提醒避免,如:

(5)"你不用害怕,我是诗人,不会动武!"(老舍《四世同堂》)

(6)"张先生你进屋里去,不用生气,小孩子们不知事务。"(老舍《老张的哲学》)

这两例中,"害怕""生气"均为非自主强可控心理动词,这一类动词均具有[+持续]特征,"不用V[+强可控][+持续][+心理]"字面上表示"不需要持有某种强可控心理",实际上用于提醒听话人避免产生或持续某种非自主强可控心理。当用于提醒听话人避免持续某种非自主强可控心理时,"不用V"同样具有较强的劝阻意味。

与"别V"中V可为弱可控行为动词不同,"不用V"中V不能是弱可控行为动词。试比较：

| 别摔跟头 | *不用摔跟头 | 别崴脚 | *不用崴脚 |
| 别落枕 | *不用落枕 | 别迷路 | *不用迷路 |

弱可控动词是表示某人通常在无意中发出的但在其他人的提醒下可以避免发生的不如意的行为或心理的动词，如"摔""丢""跌""掉""崴""忘""迷路""落枕"等，该类词多具有瞬时性和弱可控性，同时这类动词表示的行为均为消极的甚至有害的、一般为人所竭力避免的行为。显然，对于听话人而言，这些弱可控行为是不必要的，这与"不用"祈使句的预设不相符。因此，这类动词只能进入侧重于表示说话人主观意愿的"别V"，不能进入侧重于表示客观上不需要的"不用V"。

相对而言，强可控心理动词既可以进入"别V"，也可以进入"不用V"。如：

| 别后悔 | 不用后悔 | 别发愁 | 不用发愁 |
| 别心疼 | 不用心疼 | 别怀疑 | 不用怀疑 |

强可控动词是表示某人通常在无意中发出的但在其他人行为的影响下可以发生改变的行为或心理的动词，如"生气""发愁""后悔""担心""吃惊""害怕""心疼""怀疑"等，该类词均具有持续性和强可控性。对于听话人而言，这类动词表示的心理在某种情境下可以被认为是必要的或必然的，这符合"不用"祈使句的预设要求。在说话人看来，听话人持有上述心理又可以是不必要的，这又与"不用"祈使句的句式义相谐。因此，这类动词不仅可以进入侧重于表示说话人主观意愿的"别V"，也可以进入侧重于表示客观上不需要的"不用V"。

有些自主动词表示的行为是人必要的，这符合"不用"祈使句的预设要求，但虽能进入"别V"祈使句，却似乎不能单独进入"不用V"祈使句。如：

| 你别睡 | ?你不用睡 | 你别放松 | ?你不用放松 |
| 你别歇 | ?你不用歇 | 你别休息 | ?你不用休息 |

"不用V"表示"不需要做某事""没有必要做某事",而"睡""歇""放松""休息"所表示的行为是人的必需的生理行为,显然这些词语参与构成的"不用V"祈使句所表达的要求对听话人而言一般是不能接受的,即这时"不用"祈使句的句义与一般的社会规约不相符,因此,上述"不用V"一般不说。① 同理,"吃""喝"表示的行为也是人的必需的生理行为,一般也不能进入"不用V"祈使句式,但在特殊条件下可以。试比较:

| 你别吃 | ？你不用吃 | 剩饭你别吃 | 剩饭你不用吃 |
| 你别喝 | ？你不用喝 | 菜汤你别喝 | 菜汤你不用喝 |

"吃""喝"表示的行为是人的必需的生理行为,但"吃剩饭""喝菜汤"表示的行为并非人的必需的生理行为。因此,"你不用吃""你不用喝"一般不单说,而"剩饭你不用吃""菜汤你不用喝"却是成立的。

(二)"不用A"祈使句

与"不用V［+强可控］［+持续］［+心理］"相似,"不用A"也可用于提醒避免。如:

(7)"不用着急,她去搞票了,明天一早你就能走。"(王朔《橡皮人》)

(8)"不用紧张,随便谈,发表不发表我还没想好呢。"(王朔《你不是一个俗人》)

这两例中,形容词"着急""紧张"与动词"生气""害怕"有很多相似之处,都具有［+可控］［+持续］［+心理］等特征。因此,上述"不用A"字面上表示"不需要持有某种强可控心理",实际上用于提醒听话人避免产生或持续某种非自主强可控心理。当用于提醒听话人避免持续某种非自主强可控心理时,"不用V"同样具有较强的劝阻意味。

彭可君(1990:8)指出,能构成"别A"的形容词都是表示人的心

---

① 特定条件下上述"不用V"也能说。如"你才跳了一百下,你不用休息,你还能跳一百下"。这说明语境在一定程度上能改变上述词语表示行为的必要性的程度。

态品性的，而且都是消极意义的。但是，表示心态品性的消极意义的形容词却并非都能进入"不用A"。试比较：

别着急	不用着急	别紧张	不用紧张	别害羞	不用害羞
别悲观	不用悲观	别惊讶	不用惊讶	别得意	不用得意
别自私	*不用自私	别自大	*不用自大	别小气	*不用小气
别呆板	*不用呆板	别任性	*不用任性	别调皮	*不用调皮

通过比较会发现，表示消极心理情绪的形容词，如"着急""紧张"等，既能进入"别A"，又能进入"不用A"，表示消极心理品性的形容词，如"自大""自私"，以及表示消极行为性状的形容词，如"任性""调皮"，只能进入"别A"，不能进入"不用A"。

"着急""紧张"等消极情绪类形容词表示的往往是由于外部事件引发的人的消极情绪，该类词均具有持续性和强可控性。对于听话人而言，这类形容词表示的心理情绪在某种情境下可以被认为是必要的或必然的，这符合"不用"祈使句的预设要求。在说话人看来，听话人持有上述心理情绪又是不必要的，这与"不用"祈使句的句式义相谐。因此，这类消极情绪类形容词不仅可以进入侧重于表示说话人主观意愿的"别A"，也可以进入侧重于表示客观上不需要的"不用A"。

"自大""自私"等消极品性类形容词表示的往往是人自身的内在的消极品质，这些消极情绪一般具有恒久性特征，不会随着外部事件的变化而转变。一般来说，听话人不会认为持有这种恒久的消极的心理品性是必要的，这不符合"不用"祈使句的预设要求。同理，"任性""调皮"等行为性状类形容词表示的人的消极的行为品性一般也不会是必要的，这也不符合"不用"祈使句的预设要求。因此，消极品性类形容词不能单独进入"不用"祈使句。

如果通过一定的句法手段使得上述这些表示恒久性状的消极品性类形容词获得临时性现场性，这些词语也是可以进入"不用"祈使句的。如：

| 不用这么自私 | 不用这么自大 | 不用这么小气 |
| 不用这么呆板 | 不用这么任性 | 不用这么调皮 |

与"A［+消极］［+品性］"相比，"这么A［+消极］［+品性］"表现的是现场中出现的某种临时性的消极品性。在听话人看来，特定情境下表现出某种消极的品性可以是理所当然的，如"这么自私"，这符合"不用"祈使句的预设要求，而说话人则可能认为其是不必要的，这符合"不用"祈使句的句义要求，因而"不用这么自私"便是合格的。

从传信的角度看，"着急""紧张"等消极情绪类形容词表示的人的消极情绪具有"可见"性，因此，说话人在看（感受）到听话人的这一情绪时，可以使用"不用A［+情绪］"祈使句来提醒听话人。如果不联系特定的行为表现，"自大""任性"等消极品性类形容词表示的人的消极品性具有"不可见"性，而"这么自大""那么任性"等形容词词组表示的人的消极品性在特定情境中的表现，具有"可见"性，因此，说话人在特定情境中看（感受）到听话人的这一品性时，可以使用"不用这么A［+品性］"祈使句来提醒听话人。

（三）余论

与"别V/A"可以后加语气词"了"构成"别V/A了"类似，"不用V/A"可以后加语气词"了"构成"不用V/A了"。如：

不用去+了 → 不用去了　　不用考虑+了 → 不用考虑了
不用愁+了 → 不用愁了　　不用着急+了 → 不用着急了

彭利贞（2009：506）认为这个"了"指向情态，表示情态的出现或变化。肖治野、沈家煊（2009：522）认为这个"了$_言$"表示新言态的出现，其把一种言语行为作为一种新事态（新言态）提供给听话人，"了$_言$"出现在"我说［P］了"格式的末尾，"说"代表所有的表示言语行为的概念（宣布、请求、许诺、劝告、提问、声称等）。

由此，可以认为，上述"不用V/A了"中的"了"都可以看作"我说了"的缩略形式。如：

不用去，我说了。→不用去了！
不用考虑，我说了。→不用考虑了！
不用愁，我说了。→不用愁了！
不用着急，我说了。→不用着急了！

从时体角度看，"不用 V/A"中的 V/A 后面都不能带完成体助词"了"，但有的"不用 V/A"中 V/A 后面可带持续体助词"着"，① 这也与"别 V/A"有区别。试比较：

别推着	不用推着	别｜走了	*不用｜走了
别站着	不用站着	别｜摔了	*不用｜摔了
别亮着	不用亮着	别｜咸了	*不用｜咸了

能够带持续体助词"着"的 V/A 均为持续动词或形容词，"V 着"表示动作或状态的持续，"A 着"表示性状的持续。"不用 V/A 着"表示"不需要保持某种动态持续或静态持续的状态"。能够带完成体助词"了"的 V 或 A 均为有起点或有终点的动词或形容词，"V 了"表示行为完成，"A 了"表示性状实现。"不用 V"表示"不需要进行某行为"。根据常理，不需要进行的行为应该是自主或可控的行为，"V 了"表示的是非自主非可控的行为结果，显然二者语义不谐。因此，"不用｜V 了"不成立，同理"不用｜A 了"也不成立。

四 "不用 VO"祈使句

"不用 VO"可用于劝阻或禁止，如：

(9)"不用免他的职，让他戴罪立功。"

(10)"不用问他们，他们也是摆设。"（王朔《一点正经没有》）

(11)"你不用考虑我们，哥几个少吃点儿没关系。"（都梁《血色浪漫》）

(12)"不用想那个，长大成人好好的养活我，那才算孝子。"（老舍《小铃儿》）

前两例中，"免""问"均为自主行为动词，"不用 V〔+自主〕〔+行

---

① 关于汉语有无时体以及"了"是完成体助词还是完整体助词，学界目前仍有争论，这方面的讨论可参见竟成主编（2004）。本书"时体助词"等相关概念取自邢公畹（1994：262）。

为] O"字面上表示"不需要进行某种自主行为",实际上用于劝阻某种自主行为。后两例中,"想""考虑"均为自主感知心理动词,"不用 V [+自主] [+心理] O"字面上表示"不需要持有某种自主心理",实际上用于劝阻某种自主心理。

动词 V 是否具有 [+持续] 特征,对于"不用 V [+自主] O"的表达功能也有影响。"不用 V [+自主] [-持续] O"只用于劝阻开始某种自主行为,如前一例中的"不用免他的职";"不用 V [+自主] [+持续] O"则既可以用于劝阻开始某自主行为或心理,也可以用于劝阻继续某自主行为或心理,如"不用问他们""不用考虑我们"脱离语境会有两解。

"不用 VO"也可用于提醒避免,如:

(13)"卢大夫,您不用担心我,我能经受得住。"(霍达《穆斯林的葬礼》)

(14)"你不用觉得难为情有负于我,完事你走你的。"(王朔《玩的就是心跳》)

这两例中,"担心""觉得"均为非自主可控心理动词。根据郭锐(1993:413),"担心"属于双限结构情感动词,"觉得"属于无限结构感知动词,共同特点是有续段。这一类动词参与构成的"不用 V [+可控] [+心理]"字面上表示"不需要持有某种心理",实际上用于提醒听话人避免产生或持续某种非自主强可控心理。当用于提醒听话人避免持续某种非自主可控心理时,"不用 V"同样具有较强的劝阻意味。

"打算""想"等意志类心理动词似乎可以进入"不用 VO"祈使句。在老舍的小说和剧本语料中,我们发现了"打算""想"等进入"不用 VO"祈使句的例子。如:

(15)"哼,不教我相看相看他,你不用想上轿子!"(老舍《龙须沟》)

(16)"当是我看不出来呢,不用打算诈我!"(老舍《邻居们》)

不过,这种用法似乎并不普遍。我们统计了北大语料库中现代汉语语料,主要是老舍的作品中有这种用法,共有 3 例,其他作家如王朔、王蒙、余华、毕淑敏等的作品中则均未发现这种用法。

我们认为,上述两例中的"不用"换为"甭"或"别"更自然。如:

(15') "哼,不教我相看相看他,你甭想上轿子!"
(16') "当是我看不出来呢,别打算诈我!"

与"不用"相比,"甭""别"并非表示客观上不需要,而是直接表示主观上不希望。"打算/想 O"表现的是人的行为意愿方面的心理活动,这种意愿心理很难评价其必要与否,因此"不用打算 O"一类的说法极其少见。然而,一个人的某种意愿心理可以为另一个人所不希望,因此"甭/别打算 O"一类的说法比较常见。我们统计了北大语料库中现代汉语语料,"甭/别打算 O"祈使句有 14 例,老舍、王朔、汪曾祺、孙犁的作品中都有用例。

孟琮等(1999:8)将名词性宾语分出 14 类。据我们考察,这 14 类宾语中,除施事宾语和等同宾语不能进入"不用 VO"祈使句外,其他 12 类宾语都可进入。如:

不用叠被子(受事宾语)　　不用按手印(结果宾语)
不用考研究生(目的宾语)　不用盛大碗(工具宾语)
不用存活期(方式宾语)　　不用过圣诞节(时间宾语)
不用走小道(处所宾语)　　不用热凉菜(致使宾语)
不用考虑资金(对象宾语)　不用躲债(原因宾语)
不用唱歌(同源宾语)　　　不用打官司(杂　　类)

以上"不用 VO"中的 V 都具有[+自主][+行为]特征,这些"不用 VO"字面上表示听话人不需要做某事,实际上用于让听话人不要做某事。

上述 12 类宾语中,除对象宾语、原因宾语、杂类宾语外,其余 9 类宾语参与构成的"不用 VO"祈使句只能用于劝阻或禁止。一般而言,支配受事宾语、结果宾语、工具宾语、方式宾语、目的宾语、致使宾语、时间宾或处所宾语等 8 类宾语的动词,表示的都是施事所施行的自主的动作行为。因此,由这些动词及其宾语参与构成的"不用 VO"只能用于劝阻或禁止。支配同源宾语的动词虽然也可以是可控行为动词,如"摔",但由其构成的 VO 并不能进入"不用"祈使句。因此,"不用 VO [+同源]"祈使句也只能用于劝阻或禁止。

由对象宾语、原因宾语、杂类宾语 3 类宾语参与构成"不用 VO"可以表示劝阻或禁止,例子如前,也可以表示提醒避免意义,如:

不用心疼他(对象宾语)　　不用愁经费(原因宾语)
不用有负担(杂　　类)

这是因为支配对象宾语的既可以是自主行为动词,如"违反",也可以是非自主心理动词,如"忘",支配原因宾语的既可以是自主行为动词,如"躲",也可以是非自主心理动词,如"愁",支配杂类宾语的既可以是自主行为动词,如"打",也可以是非自主动词,如"有"。正因为上面三例中的动词 V 具有 [-自主] 特征,因此,这三例不表示劝阻或禁止。

五　"不用 AD+VP"祈使句

状语表示的意义主要有程度、范围、方式、状态、否定、频率(含重复)、对象、语气、原因、目的、时间、处所等。这些不同意义的状语也都可以参与构成"不用 AD+VP"[①] 祈使句。

(一)"不用 AD$_{程度、范围}$VP"祈使句

"不用"后面状语表示程度的例子如:

(17)"不用过于为难,你们办不了我再找别人。"(王朔《顽主》)

(18)"不用那么麻烦。"(王朔《无人喝采》)

"不用太/过于 VP"字面上表示"保持某种性状不需要超过某种限

---

① 此一节中 VP 只指状语 AD 后面的谓语,不包括状语 AD。

度",实际用于提醒听话人避免致使某种性状超过限度。"不用这么/那么VP"字面上表示"不需要在某种较高的程度上保持某一特定情境中的某种性状",实际用于提醒听话人避免在某种较高的程度上保持某一特定情境中的某种性状。

张国宪(2006：22,77)区分了性质形容词和状态形容词。表示消极心理情绪的形容词属于张著所讨论的状态形容词,既能进入"不用A"祈使句,也能进入"不用太A"和"不用这么A"祈使句。如：

不用着急　不用太着急　不用这么着急
不用紧张　不用太紧张　不用这么紧张
不用悲观　不用太悲观　不用这么悲观
不用惊讶　不用太惊讶　不用这么惊讶

性质形容词不能单独进入"不用A"祈使句,但能进入"不用太A"和"不用这么A"祈使句。如：

＊不用高　不用太高　不用这么高
＊不用深　不用太深　不用这么深
＊不用咸　不用太咸　不用这么咸
＊不用早　不用太早　不用这么早

性质形容词表示事物本身的属性。根据石毓智(2001：136),性质形容词属于非定量形容词,具有连续量属性。换言之,性质形容词表示的性状的量不明确。因此,这类形容词本身表示的性状无法与人的特定心理或行为联系起来,人们也就无法评价其必要与否。显然,这既不符合"不用"祈使句的预设要求,也不符合"不用"祈使句的句义要求。因此,"不用A［+性质］"不能成立。

相对而言,"太A［+性质］"和"这么A［+性质］"表示的并非事物本身的恒久属性,而是基于人的评价的临时性状。这种临时性状的量比较明确,且往往与人的行为活动相联系。这表现在,"太A［+性质］"和"这么A［+性质］"可以作为补语说明人的行为的性状。如：

挂得太高	挂得这么高	挖得太深	挖得这么深
炒得太咸	炒得这么咸	来得太早	来得这么早

当这种临时的明确的性状与人的行为相联系并且能够为人所控制时，听话人可以认为某一行为活动表现出这一性状是必要的，这便与"不用"祈使句的预设相符，而在说话人看来这一性状又可以是不必要的，这便与"不用"祈使句的句式义相谐。因此，表示这种性状的"太 A［+性质］"及"V 得太 A［+性质］"就可以进入"不用"祈使句。[①] 如：

不用太高	不用挂得太高	不用太深	不用挖得太深
不用太咸	不用炒得太咸	不用太早	不用来得太早

上述"不用 V 得太 A［+性质］"中的 V 均具有［+自主］［+行为］特征，"不用 V［+自主］［+行为］得太 A［+性质］"表示"进行某种自主行为不需要致使某种性状超过限度"，实际用于提醒听话人进行某种自主行为时避免致使某种性状超过限度。

"不用"后面状语表示范围的例子如：

(19) "你们不用都去，去两个人就行。"
(20) "不用都看了！看看这个！"（杨沫《芳菲之歌》）

"不用都 VP"可以表达两种不同的意义，出现在"不用"前的名词性成分的性质对该句式意义有影响。如果该名词为主体论元，包括施事、感事、致事或主事等，"不用都 VP"祈使句字面上表示多个听话人不需要都做某事，实际上用于提醒多个听话人不必都做某事，如前一例中的

[①] "太 A"表示超过限度的性状，听话人一般也不会认为其必要，这似乎表明"太 A"与"不用 VP"的预设要求不相符，但"不用太 A"又是合格的。怎么看待这种特殊现象呢？我们认为这与说听双方对 A 的评价视角有关。具体说，听话人可以认为"A 一点儿（些）"或"越 A 越好"是必要的，而说话人可以认为"A 一点儿（些）"或"越 A 越好"是不必要的、性状超出限度的"太 A"。从这个角度看，"太"可看作是评价程度过量的主观性成分，带有说话人的主观色彩。由此，"不用太 A"的预设不应看成听话人认为"太 A"是必要的，而应看成听话人认为"A 一点儿（些）"或"越 A 越好"是必要的。

"不用都去"。如果该名词为客体论元,包括受事、与事、结果、对象或系事等,"不用都 VP"祈使句字面上表示听话人不需要对某些事物都做某种处置,实际上用于提醒听话人不必对某些事物都做某种处置,如后一例中的"不用都看了"。

与"别"字祈使句相比,出现限制类范围副词的"不用"祈使句可接受度差一些。试比较:

别光说话　？不用光说话　别光补钙　？不用光补钙
别光自己说　？不用光自己说　别光贪便宜　？不用光贪便宜

"光 VP"表示只进行某种行为或只持有某种心理。"不用"祈使句的预设为,听话人认为有必要进行某种自主行为或需要持有某种自主心理。显然,只进行某种行为或只持有某种心理很可能是有局限的,是不能满足需要的,因此,"光 VP"所表示的意义一般不符合"不用"祈使句的预设要求,这或许就是"不用光 VP"可接受度差一些的原因。

(二)"不用 AD$_{方式、状态}$VP"祈使句

"不用"后状语表示方式的例子如:

(21)"你不用按他的方法做实验。"
(22)"不用一个字一个字地念!"

"不用按 NP+VP"和"别 AD$_{数量(名)重叠}$VP"字面上都表示不需要听话人以某种特定的方式做某事,实际上都用于让听话人不要以某种特定的方式做某事。

"不用"后状语表示状态的例子如:

(23)"你不用这样看着我,你知道我是一个女人。"(百度搜索)
(24)"你不用那样看着我啦,我告诉你我很喜欢你。"(百度搜索)

"不用这样/那样 VP"字面上表示听话人不需要以当时特定情境中的

某种状态做某事，实际上用于让听话人不要以当时特定情境中的某种状态做某事。

（三）"不用 AD$_{否定、频率}$VP"祈使句

"不用"后状语表示否定的例子如：

（25）"你不用不放心我！"（老舍《二马》）
（26）"你不用不承认了，我闻到你那体味了。"（电影剧本《九品芝麻官》）

"你不用不 VP"字面上表示听话人不需要不进行某行为或不持有某心理，实际上用于提醒听话人应该进行某行为或持有某心理。彭利贞（2007：159）在讨论现代汉语情态动词表达的情态语义系统时指出，道义情态包括三个等级的情态，[必要]、[义务] 和 [许可]。参照这一情态分类可发现，"不用 V"祈使句表达的是 [必要] 情态，"不用不 V"祈使句则倾向于表达 [义务] 情态。

"不用"后状语表示频率（含重复）的例子如：

（27）"咱们每天见面就不用老请安了。"（王朔《玩的就是心跳》）
（28）"你不用老惦着陪我，工作要紧。"（岑凯伦《蜜糖儿》）
（29）"不用再提这回事，小孩子们打完，完事！"（老舍《二马》）
（30）"不用再求人，不用再想办法，不用再说好话。"（老舍《哀启》）

"不用老 VP"字面上表示不需要总是进行某行为或持有某心理。当 VP 具有 [+自主] [+可重复] [+行为] 特征时，该句式用于让听话人不要总重复做某行为，如"不用老请安"。当 VP 具有 [+可控] [+持续] [+心理] 特征时，该句式用于提醒听话人避免总保持某心理，"不用老惦着陪我"。当 VP 具有 [+自主] [+持续] [+行为] 特征时，该句式用于让听话人不要总持续某行为状态，如"不用老站着"。

"不用再 VP"字面上表示不需要听话人再保持某心理或持续某行为。

当 VP 具有［+自主］［+可重复］［+行为］特征时，该句式表示让听话人不要再重复某行为，如"不用再提这回事"。当 VP 具有［+自主］［+持续］［+心理］特征时，该句式用于让听话人不要再保持某心理，如"不用再想办法"。当 VP 具有［+自主］［+持续］［+行为］特征时，该句式表示要求听话人不再持续某行为，如"不用再站着了"。

"不用"后状语表示频率也可以通过重叠单音节时间名词来实现。如：

(31)"泡腾片你不用天天喝！"
(32)"不用月月汇报思想！"

"不用 NN$_{单音节、时间}$VP"字面上表示不需要听话人以某时间为单位重复做某事，实际上让听话人不要以某种频率做某事。

(四)"不用 AD$_{对象、语气}$VP"祈使句

"不用"后状语表示介引对象的例子如：

(33)"你不用跟我一起走。"（王朔《橡皮人》）
(34)"不用对别人说骆驼的事！"（老舍《骆驼祥子》）
(35)"不用把我说得那么伟大！"（百度搜索）

"不用+跟 NP+VP"字面上表示听话人不需要和某人/物做某事，实际上用于让听话人不要和某人/物做某事。"不用对 NP+VP"字面上表示听话人不需要对某人/物做某事，实际上用于让听话人不对某人做某事。"不用把 NP+VP"字面上表示听话人不需要对某人/物做出某种处置，实际上用于让听话人不对某人/物做出某种处置。

有些介词介引相关对象能进入"别"字祈使句，似乎不能进入"不用"祈使句。试比较：

(36)"小心，小心别被椅子绊倒。"（王朔《我是你爸爸》）
(36')﹡"小心，小心不用被椅子绊倒。"

与"摔跟头"一样，上例中的"被椅子绊倒"所表示的行为均为不

必要的甚至有害的、一般为人所竭力避免的行为。这与"不用"祈使句的预设不符。因此，这类介宾结构只能用于表示侧重于说话人主观意愿的"别"字祈使句，不能用于表示侧重于客观上不需要的"不用"祈使句。

"不用"后状语表示语气的例子如：

(37) "这里这么多人，你不用偏偏为难他！"
(38) "就算你不感恩，也不用反倒恩将仇报哇！"

"不用偏偏VP［+自主］"字面上表示听话人不需要做偏离某一常规的事，实际上用于让听话人不要做偏离某一常规的事。"不用反倒VP［+自主］"字面上表示听话人不需要做与说话人预期相反的事，实际上用于让听话人不要做与说话人预期相反的的事。

我们考察了史金生（2002：92）列出的204个语气副词，能够进入"不用AD+VP"充当语气状语AD的只有"偏""偏偏""就""就是""硬""硬是""反倒""反而"8个。① 其中，"反倒""反而"属于表示关系的评价语气副词，"偏""偏偏""就""就是""硬""硬是"属于表示意愿的判断语气副词（参见史金生，2002：59，60）。

"反倒""反而"之所以能够出现在"不用"后直接修饰谓词，是因为其表示的是说话人对听话人所进行的VP的评价语气。"偏""偏偏""就""就是""硬""硬是"等语气副词之所以能够出现在"不用"后直接修饰谓词，是因为这些副词表示的并非说话人的语气，而是说话人所认定的听话人进行VP所表示的行为或心理时所持有的语气。

与"别索性VP"可以成立不同，"不用索性VP"似乎不能成立。试比较：

(39) "如果失眠，千万别索性开夜车。"（百度搜索）
(40) ＊"如果失眠，千万不用索性开夜车。"

根据史金生（2002：93），"索性"表示在几种行为中取其最彻底的，

---

① 史金生（2002：60）认为"真的"是评价语气副词，但同时指出，"真的"有时与形容词用法比较接近。据此，我们认为进入"不用"祈使句的"真的"并非真正的语气副词，如"你不用真的辞职"。

这一彻底的行为往往具有超常规性。由此,"别索性 VP[+自主]"要听话人不要在几种可供选择的行为中选择最彻底的行为。"在几种可控选择的行为中选择超常规的、最彻底的行为",这并不是一种必要的选择,而是一种极端的选择。这种选择涉及人的意愿,不涉及必要与否的评价,因此,"索性"能参与构成"别"字祈使句,却无法构成"不用"祈使句。

(五)"不用 AD_{原因、目的}+VP"祈使句

"不用"后状语表示介引原因或目的的例子如:

(41)"你不用为这篇东西伤脑筋,我还不至于笨得要出版它!"(琼瑶《雁儿在林梢》)

(42)"你不用为他说好话,我怎也不放过他,这小子,胡闹。"(岑凯伦《蜜糖儿》)

前一例中,"不用为 NP+VP[-自主]"表示提醒听话人不要因为某原因或为了某目的而造成某种结果。后一例中,"不用为 NP+VP[+自主]"表示让听话人不要因为某原因或为了某目的而做某事。

有的"为 NP+VP"可以参与构成"别"字祈使句,但构成相应的"不用"祈使句在可接受性上有差别。试比较:

(43)"别为蝇头小利斤斤计较!"
(43')"不用为蝇头小利斤斤计较!"
(44)"别为获取暴利不择手段!"
(44')?"不用为获取暴利不择手段!"

对于一般社会规约而言,"为蝇头小利斤斤计较"虽然必要性不高,但并非完全不能理解和接受,而"为获取暴利不择手段"的必要性则大大降低,让一般人完全不能理解和接受。因此,虽然二者都可以进入直接表示说话人否定性意愿的"别"字祈使句,但构成"不用"祈使句时,(44')比(43')的可接受性要差得多。

(六)"不用 AD_{时间、处所}VP"祈使句

"不用"后状语表示时间或处所的例子如:

(45)"作业不用现在交，放学时再交。"
(46)"老马，你也不用在这儿装得挺委屈似的。"（王朔《我是你爸爸》）

"不用（在）NP$_{时间/处所}$VP"字面上表示听话人不需要在某时或某地做某事，实际上用于让听话人不要在某时或某地做某事。副词"别"后面表示时间处所的状语可以是介宾词组，也可以是时间词或处所词。由于时间成分和处所成分一般是句子的外围成分，因而这些成分可以移至"不用"的前面，而不影响句子的基本意义。如：

(45')"现在作业不用交，放学时再交。"
(46')"老马，你在这儿也不用装得挺委屈似的。"

六 "不用 V/A（得）C"祈使句

(一)"不用 V/A+C"祈使句

根据黄伯荣、廖序东（2002：94），从意义上可以将补语分为结果补语、程度补语、状态补语、趋向补语、数量补语、时间/处所补语、可能补语七个小类。其中，趋向补语、结果补语、数量补语、时间/处所补语四种补语可以进入"不用 VC"祈使句。如：

(47)"你身体不好，不用站起来。"
(48)"这根黄瓜不大，不用切断。"
(49)"你不用住三天，两天就行。
(50)"放这儿就行了，不用抬到楼上。"

"不用 VC$_{趋向}$"字面上表示听话人进行某行为不需要达成某趋向性结果，实际上表示让听话人进行某行为不要达成某趋向性结果。"不用 VC$_{结果}$"字面上表示听话人进行某行为不需要达成某处置性结果，实际上表示让听话人进行某行为不要达成某处置性结果。"不用 VC$_{数量}$"字面上表示听话人进行某行为不需要达到某一数量，实际上表示让听话人进行某行为不要达到某一数量。"不用 VC$_{处所}$"字面上表示听话人进行某行为不需要达及某一处所，实际上表示让听话人进行某行为不要达及某一处所。

上述"不用 VC"的共同特点是，V 和 VC 都具有［＋自主］特征，VC 内部 V 和 C 在语义上存在一种有意致使关系，C 作为 V 的结果是可以由人自主控制的。根据参与者、动作、意志和施动力四项特征，郭继懋、王红旗（2001：20）排列出一个谓词使动性高低的等级序列：自主动词>非自主动词>形容词。该文还指出，粘合补语的述语对使动性的要求高或比较高。考察上面四个例子可看出，进入"不用 VC"祈使句的动词确实要求是使动性较高的自主动词，V 和 C 之间确实存在使动关系，但非一般的使动，而是有意致使。

与趋向补语、结果补语、处所补语可以进入提醒避免义"别 VC"祈使句不同，这三类补语不能进入提醒避免义"不用 VC"祈使句。试比较：

(51)"千万别掉进去。"（王朔《浮出海面》）
(51') ＊"不用掉进去。"
(52)"大妈，鱼我做，您别做坏了。"（王朔《刘慧芳》）
(52') ＊"大妈，鱼我做，您不用做坏了。"
(53)"别摔到沟里！"（雅虎搜索）
(53') ＊"不用摔到沟里！"

上述"别 VC"祈使句均表示提醒听话人避免产生某种消极的行为结果或性状结果。其中的粘合式述补词组 VC 均表示某种消极的行为结果或性状结果，这种消极结果对于听话人而言并非是必要的，这与"不用"祈使句的预设相冲突，因此，上述粘合式述补词组 VC 不能构成"不用 VC"祈使句。

有的程度补语既可以进入提醒避免义"别 AC"祈使句，也可以进入提醒避免义"不用 AC"祈使句。如：

(54)"好好地睡一觉，别兴奋过度。"（亦舒《香雪海》）
(54')"好好地睡一觉，不用兴奋过度。"

述补词组"A 过度"中的 A 均为双音节形容词。我们认为，与"不用太 A"的预设是听话人认为"A 一点儿"必然相似,"不用 A 过度"的预设也是听话人认为"A 一点儿"必然,而不是听话人认为"A 过度"必然。与"太"一样,这里的"过度"也可看作是标志程度过量的主观性成分,带有说话人的主观色彩。

(二)"不用 V/A 得 C"祈使句

状态补语可以构成提醒避免义"不用 V/A 得 C$_{状态}$"祈使句,如:

(55)"你可以先替那男的算命,不用说得太好。"(叶兆言《算命》)

(56)"你也不用说得那么吓人,薛非他也不是清白的。"(电视剧《冬至》)

"不用 V/A 得太 A"字面上表示听话人进行某行为或持有某心理不需要致使某种性状超过限度,实际上用于提醒听话人进行某行为或持有某心理避免致使某种性状超过限度。"不用 V 得这么/那么 A"字面上表示听话人进行某行为或持有某心理不需要在某种较高的程度上保持某一特定情境中的某种性状,实际上用于提醒听话人进行某行为或持有某心理避免在某种较高的程度上保持某一特定情境中的某种性状。

可能补语无论是肯定式还是否定式都不能构成"不用 V 得 C"祈使句。如:

*不用写得好　　*不用写不好　　*不用听得懂　　*不用听不懂
*不用拿得了　　*不用拿不了　　*不用吃得下　　*不用吃不下

"V 得 C$_{可能}$"表示某行为能有某结果,"V 不 C$_{可能}$"表示某行为不能有某结果。根据彭利贞(2007:160),可能补语表达的是一种推测认识情态,具体说表达的是说话人对某种行为结果达成可能性的认识。一般来说,人们不会就行为或事件的可能性本身讨论是否必要,这同样与"不用"祈使句的预设相冲突,因此,上述"不用 V 得 C"不合格。

组合式程度补语除了一部分"V/A 得慌"和"V/A 得过了度"外,多数不能构成"不用 V/A 得 C"祈使句。如:

着急得很	*不用着急得很	胀得慌	*不用胀得慌
兴奋得过了度	不用兴奋得过了度	烦得慌	不用烦得慌

"V/A 得很"不能进入"不用"祈使句,这与"VP 极了"不能进入"别"字祈使句相似,要另一个人的某种心理或行为性状达到或不达到极高程度,这不是人所能控制的,因此,"不用 VP 得很"不合格。与"不用 A 过度"相似,"不用 A 得过了度"的预设也是听话人认为"A 一点儿"必然。这样,"不用 A 得过了度"无论是预设义还是句式义都符合"不用"祈使句的要求,所以成立。

"A 得慌"的高程度意义并不凸显,其中的"慌"更应看作虚化程度很高的状态补语。当然,这个充当补语的"慌"的状态意义也非常弱,"A 得慌"与 A 的意义基本相当。因此,与 A 类似,"A 得慌"也可以构成"不用"祈使句,而且 A 也需要具有[+可控][+消极][+情绪]等特征。

七 "不用 VP_{其他词组形式}"祈使句

与"别 VP"祈使句类似,"不用 VP"中的 VP 由主谓词组、联合词组和定心词组充当的实际用例也很少。如:

(57)"你不用自己去。"(老舍《蜕》)
(58)"你不用心里过意不去!"(老舍《四世同堂》)

"不用自己 VP"字面上表示听话人不需要自己做某事,实际上用于让听话人不要自己做某事,其中的 VP 要求有[+自主]特征。"不用心里 VP"字面上表示听话人不需要心里有某种性状,实际上用于提醒听话人避免心里有某种性状,其中的 VP 要求有[+可控]特征。同样,与"别 VP_{主谓}"类似,"不用 VP_{主谓}"句中的大主语与小主语之间也有广义上的领属关系,具体包括同一关系,如(57),整体和部分的关系,如(58)。

这一类"不用"祈使句中的主谓词组的小主语均可以移位到"不用"前面或省略。如:

(57')"你自己不用去。"

(57'')"你不用去。"

(58')"你心里不用过意不去!"

(58'')"你不用过意不去!"

由于都表示广义的领属关系,所以这两个句子可以做上述相同的变换。(57)中,由于小主语"自己"与大主语同指,同时作为"去"的施事成分,因此,"自己"省略后句子意义基本不变。(58)中,其中的小主语"心里"可看作是部件名词,根据袁毓林(1994:242),"心里"属于一价名词。显然一价名词"心里"的语义包含在谓语形容词"过意不去"的选择特征中,做大主语的主体名词"你"也能扩散激活[+心里]这一语义,因此,"心里"在句中实际是冗余的,也可以省略。

联合词组作为VP参与构成劝阻或禁止义"不用VP"的例子语料中极少见。参照储泽祥等(2002:73)的研究成果,我们发现其实有很多联合词组都可以进入劝阻或禁止义"不用VP"。如:

不用讥讽嘲弄　不用出头露面　不用烧香磕头　不用迎来送往
不用惶恐不安　不用伤心难过　不用多愁善感　不用悲观失望
不用惊慌害怕　不用着急上火　不用忧虑发愁　不用遗憾后悔

通过上述例子可以看出,动动联合、形形联合和形动联合都可以进入"不用"祈使句。上述"不用VV"字面上表示听话人不需要进行两种类似的或有先后顺序的行为,实际上用于让听话人不进行这些行为,其中的VV要求具有[+自主][+行为]特征。上述"不用AA""不用AV"字面上表示听话人不需要持有两种类似的消极心理情绪,实际上用于提醒听话人避免持有这些消极心理情绪,其中的AA或AV要求具有[+可控][+消极][+情绪]特征,否则不能构成"不用"祈使句。如:

*不用又懒又馋　*不用粗心大意　*不用胆小怕事　*不用调皮捣蛋

定心词组作为VP参与提醒避免义"不用VP"的例子语料中也极少见。如:

（59）"不用一副忧心忡忡的样子！"
（60）"不用一副委屈无助的样子！"

上述两例"一+量+×+的+名"祈使句字面上表示听话人不需要表现出某种神情状态，实际上用于提醒听话人避免表现出某种神情状态。其中的×多为具有［+可控］［+消极］［+情绪］特征的形容词。

另外，现代汉语中还有一些特殊词组，如连谓词组、递系词组、双宾词组，也可以构成"不用"祈使句。如：

（61）"你不用去找凯，我去看她，听一听她的意见！"（老舍《二马》）

（62）"冠家不喜欢小崔，你不用去碰钉子。"（老舍《四世同堂》）

（63）"不用让战士们来这家看，家家都跟他们一样！"（杜鹏程《保卫延安》）

（64）"不用给我东西。"（老舍《小坡的生日》）

"不用VP_{连谓}"字面上表示听话人不需要接续做某事，实际上用于让听话人不要做某事，其中的"VP_{连谓}"要求具有［+自主］特征，如（61）（62）。"不用VP_{递系}"字面上表示听话人不需要致使某人做某事，实际上用于让听话人不致使某人做某事，其中的"VP_{递系}"要求具有［+自主］特征，如（63）。给予类动词构成的"不用VP_{双宾}"字面上表示听话人不需要给某人某物，实际上用于让听话人不要给某人某物，其中的"VP_{双宾}"要求具有［+自主］特征，如（64）。

八 "不用VP_{复句形式}"祈使句

据我们考察，表示条件、因果等语义关系的复句形式都可以进入"不用"祈使句。如：

（65）"你不用一见到我就诉苦。"

（66）"你也不用因为自己还是个孩子就客气。"（翻译作品《亚尔斯兰战记》）

前一例中,"不用"的后项为条件复句的紧缩形式,该类"不用"祈使句字面上表示听话人不需要一满足某条件就做某事,实际上用于让听话人不要一满足某条件就做某事。后一例中,"不用"的后项为因果复句的紧缩形式,该类"不用"祈使句字面上表示听话人不需要因为某原因就表现出某种性状,实际上用于提醒听话人避免因为某原因表现出某种性状。

"不用"后面复句形式的语义关系并不仅局限于条件和因果,还可以是并列、顺承、递进和转折。如:

(67)"你不用既带水又带饮料,多沉啊!"
(68)"你不用吃完饭就吃药,挨得太近了!"
(69)"你不用带茶还带咖啡,有一样就够了!"
(70)"你不用受了他的气还极力维护他,不值得!"

当"不用"的后项为并列复句的紧缩形式时,"不用"祈使句字面上表示听话人不需要既做某事又做另一件事,实际上用于让听话人不要既做某事又做另一件事。当"不用"的后项为顺承复句的紧缩形式时,"不用"祈使句字面上表示听话人不需要做某事后做另一件事,实际上用于让听话人不要做某事后做另一件事。

当"不用"的后项为递进复句的紧缩形式时,"不用"祈使句字面上表示听话人不需要做一件事后又进而做另一件事,实际上用于让听话人不要做一件事后又进而做另一件事。当"不用"的后项为转折复句的紧缩形式时,"不用"祈使句字面上表示听话人不需要做(或遭遇)某事后又做与此相对的另一件事,实际上用于让听话人不要做(或遭遇)某事后又做与此相对的另一件事。

有的复句形式能够进入"别"字祈使句,却不能进入"不用"祈使句。试比较:

(71)"别因为下雨就不想出窝了。"(王朔《给我顶住》)
(72)"别我来了都不敢吭声了。"(王朔《我是你爸爸》)
(73)"别我冲上去你再跟我急了。"(王朔《玩的就是心跳》)
(74)"别我来了你也不吭声。"

(71')　＊"不用因为下雨就不想出窝了。"
(72')　＊"不用我来了都不敢吭声了。"
(73')　＊"不用我冲上去你再跟我急了。"
(74')　＊"不用我来了你也不吭声。"

"因为下雨就不想出窝了"是符合一般社会心理预期的心理活动，因此，该形式不能出现在表示"没有必要"的"不用"祈使句中，却能出现在表示说话人否定性意愿的"别"字祈使句中。不敢做某事很难说其必要或不必要，因此，"我来了都不敢吭声了"不能出现在表示"没有必要"的"不用"祈使句中，却能出现在表示说话人否定性意愿的"别"字祈使句中。

"我冲上去你再跟我急了""我来了你也不吭声"内部都包含假设关系，都可以表示在某一前提下推断出某一结果，因此，这两种形式可以出现在有揣测意味的"别"字祈使句中，但在某一假设前提下的行为结果很难说必要或不必要，因此，这两种形式不能出现在"不用"祈使句中。

第二节　"甭"字祈使句及相关问题

一　"甭"字祈使句的句式语义

由否定副词"甭"参与构成的的句子，可称为"甭"字句。据我们考察，"甭提""甭说""甭管""甭看"词汇化程度较高，由这些成分构成的句子不能算作严格意义上的"甭"字句。据我们考察，"甭"主要用于祈使，很少用于叙述。由"甭"作为否定祈使词语参与构成的否定祈使句，我们称为"甭"字祈使句。

赫琳（2009：107）指出，"甭 VP"中的 VP 可以是光杆动词、状心结构、述补结构、述宾结构、重叠形式、兼语式和连谓式，也可以是形容词、名词、小句。赫文还指出，能够接受"甭"否定的，一般只能是自主动词，不能是非自主动词。据我们考察，能够接受"甭"否定的动词，不仅有自主动词，而且有非自主动词。下面将联系不同的句式分别考察。

（一）"甭 V（了）"及"甭 A（了）"

就"甭 V"而言，其中的 V 可以是自主动词，也可以是可控动词。如：

(75)"你们都甭去!"(老舍《四世同堂》)
(76)"甭担心,大哥。"(老舍《鼓书艺人》)

前一例中,"甭 V [+自主] [+行为] [-持续]"表示要听话人不开始某种行为,属于劝阻或禁止；后一例中,"甭 V [-自主] [+心理] [+持续]"表示提醒听话人避免持续某种心理情绪,有较强的劝阻意味。

就"甭 A"而言,其中的 A 只能是表示心理情绪的非自主可控形容词。如：

(77)"祁先生,甭伤心!"(老舍《四世同堂》)
(78)"你甭着急,离了火车还不能吃饭是怎着?"(老舍《"火"车》)

这两例中,"甭 A [+可控] [+心理] [+持续]"表示提醒听话人避免持续某种心理情绪。

赫琳(2009：109)指出,"甭"后可以接名词和代词。赫文所举的例子是：

(79) 甭废话。
(80) 赶时髦也是一种时尚,甭别的,单就影楼这两个字也会让人觉得新鲜。

根据《现代汉语词典》(2016：379),前一例中的"废话"应为动词而非名词。第二例中的"别的"应看作词组,亦非名词。可见,"甭 N"是否真的存在还需存疑。

与"别 V/A 了"可以有两种层次切分、是一个歧义句式不同,"甭 V/A 了"只有一种层次切分,是一个单义句式。如：

(81)"晚饭甭吃了。"(电视剧《编辑部的故事》)
(82)"现在甭着急了。"(翻译作品《镜子里的陌生人》)

前一例中,"甭V[+自主][+行为]了"表示要听话人不开始某种行为,属于劝阻或禁止;后一例中,"甭A[-自主][+心理]了"表示提醒听话人避免持续某种心理情绪,有较强的劝阻意味。

（二）"甭VP_{词组形式}"

与"甭V"类似,"甭VO"中的V可以是自主动词,也可以是可控动词。如:

(83) "甭理我。"（王朔《一点正经没有》）
(84) "甭想那些了。"（老舍《鼓书艺人》）
(85) "甭觉着把我们都琢磨透了。"（电视剧《编辑部的故事》）
(86) "您甭怕我害臊。"（电视剧《编辑部的故事》）
(87) "不好就是不好,甭想让我说好！"（王朔《谁比谁傻多少》）

第一例中,"甭V[+自主][+行为]O"表示要听话人不进行某种行为;第二例中,"甭V[+自主][+心理]O"表示要听话人不进行某种感知心理。第三例中,"甭V[+可控][+感知心理]O"表示提醒听话人避免持有某种非自主感知心理;第四例中,"甭V[+可控][+情感心理]O"表示提醒听话人避免持续某种心理情绪;第五例中,"甭V[+可控][+意志心理]O"表示提醒听话人避免做某种打算。

与"不用AD+VP"相似,表示程度、范围、方式、状态、否定、频率（含重复）、对象、原因、目的、时间、处所、语气等意义的状语也都可以参与构成劝阻或提醒避免义"甭AD+VP"。下面仅举数例:

(88) "你说这纯粹的日本货都靠不住,我这个百分之一的就甭那么严格了,咱不能因为一颗耗子屎坏了我这百分之九十九的中国汤吧,是不是?"（电视剧《编辑部的故事》）
(89) "你也甭光听我的,回去问问金一趟吧,听听这个假善人怎么说?"（陈建功、赵大年《皇城根》）
(90) "牛大姐,您甭不爱听。"（电视剧《编辑部的故事》）
(91) "什么也甭再说了！"（老舍《骆驼祥子》）

(92)"您甭这么看我,不是我这人各色。"(王朔《人莫予毒》)

(93)"我也甭多问了,既然你都不在乎我更不在乎了。"(王朔《我是你爸爸》)

(94)"甭跟她生气!"(老舍《四世同堂》)

(95)"快过去吧,甭在这儿瞎掺和。"(电视剧《编辑部的故事》)

一般来说,如果VP具有[+自主]特征,那么"甭AD+VP"表示要听话人不要做某事,如(91)(92)(93)(95)。如果VP不具有[+自主]特征,那么"甭AD+VP"表示提醒听话人避免做某事,如(88)(90)(94)。"甭光VP"似乎不受上述规律制约,其中的VP即使具有[+自主]特征,"甭光VP"也表示提醒避免,如(89)。

语料中,相对于述宾词组、状心词组,述补词组、主谓词组、定心词组、联合词组构成"甭"字祈使句的用例则较少。如:

(96)"老爷子在座,咱们就甭站起来啦。"(陈建功、赵大年《皇城根》)

(97)"有点主见,甭自己吓唬自己。"(百度搜索)

(98)"甭一副阴阳怪气的样子,你看不顺眼当时就指出来呀!"(同上)

(99)"我跟你说,你甭暗示意会。"(王朔《空中小姐》)

此外,连谓词组、递系词组、双宾词组也可构成"甭"字祈使句。如:

(100)"先甭去上学,再去找找。"(梁斌《红旗谱》)

(101)"下回再下雨呀,甭教我出来!"(老舍《龙须沟》)

(102)"叫他们杀了我,也甭给他们银子,咱们家本来就没银子!"(朱秀海《乔家大院》)

上述七例中,定心词组描述的是一种非自主的状态,其构成的"甭"

字祈使句表示提醒听话人避免处于某种状态,其他词组表示的都是一种自主行为,因此,由这些词组构成的"甭"字祈使句均表示要听话人不做某事。

二 "甭"与"不用"的关系

(一)"甭"是"不用"的合音

朱德熙(1982:65)指出,"甭"是"不用"的合音,不过这是从来源上说的,实际上"甭"和"不用"是有区别的。"甭"有时是"不必""无须"的意思,这个时候也可以换成"不用",例如:

  这种小事甭请示。
  他已经知道了,你就甭给他写信了。

"甭"有时用在祈使句里表示禁止,这个时候就不能换成"不用",例如:

  好好听着,甭说话!
  你甭听他瞎说!

朱德熙(1982)的上述认识是深刻的,既看到了"甭"与"不用"的联系,又看到了二者的区别。

需要补充的是,虽然"甭"是"不用"合音而来,但"甭"表示客观"不必"的意义已经极为弱化。换言之,我们认为,"甭"主要是表示说话人针对听话人的主观的否定性意愿,即劝阻或禁止听话人进行某种行为或提醒听话人避免处于某种心理。[①]

至于"甭"有时可以理解为"不必""无须",我们认为这是语境赋予"甭"的意义,而非"甭"本身的意义。试比较:

  (103)这种小事甭请示。

[①] "甭"有时并非表示说话人针对听话人的主观否定性意愿,而是表示说话人针对听话人之外的第三方的否定性意愿。如:"要不然,我就不认这个女儿,她甭回来见我!"(陈建功、赵大年《皇城根》)

（104）他已经知道了，你就甭给他写信了。
（103'）这种小事不用请示。
（104'）他已经知道了，你就不用给他写信了。

表面上看，前两例中的"甭"都可以换为"不用"，似乎"甭"本身就表示"不必"。实际上，"甭"的"不必"义是上下文赋予的。第一例中，"甭"的"不必"意义是人们根据一般常识"小事不必请示"获得的，第二例中，"甭"的"不必"意义是人们根据一般常识"要通知的人已经知道就不必再写信告知"获得的。我们认为，不能因为语境中提供了"不必做某事的理由"就认为"甭"是"不必"的意思。一个明显的例证是，即使"别"字祈使句上下文中出现了表示"不必做某事的理由"的分句，但我们并不把"别"分析为"不必"。如：

（105）"那也别去，她该吃你了。"（王朔《看上去很美》）
（106）"你别生气，我不是挖苦你。"（王朔《刘慧芳》）
（105'）"那也不用去，她该吃你了。"
（106'）"你不用生气，我不是挖苦你。"

虽然前两例中的"别"都可以换为"不用"，但我们并不认为"别"是"不必""无须"的意思。同样，我们认为没有理由将（103）（104）中的"甭"看作是"不必""无须"。

需要指出的另一个问题是，"不用"虽然本身表示"不必、没有必要"，但如果带上了特定的语气，也可以直接用于劝阻或禁止。这时，在上下文中可能并不需要出现表示"不必做某事的理由"的分句。如：

（107）"刚才为难冯先生的时候你怎么那么起劲？到底是真哑假哑？你不用装。"（王朔《你不是一个俗人》）
（108）"我的铺子，你不用管，用不着你操心！"（老舍《二马》）

这两例中，上下文中没有出现相关的表示不必做某事理由的分句，"不用装"和"不用管"仅仅表示说话人强烈的主观意愿：禁止、不允许。这两个句子虽然是以书面语的形式出现在小说中，但阅读时我们仍然可以体会到说话人的比较急促的语气。

可以说，说话人的语气越急促，"不用"所表现的说话人的否定性意愿越强烈，"不用"禁止的语力也越强。据此我们推断，从双音节的"不用"衍生出合音形式"甭"也是在这种语气急促的语境中实现的。具体说，当说话人为表现自己针对听话人行为或心理的强烈的否定性意愿时，由于语气急促，"不用"两个音节"búyòng"中前一音节中的后元音［u］与后一节中的前元音组合［jy］相互影响从而合并为［ə］，声调则保留了前一个音节的阳平调。从这个角度看，"甭"不仅仅是"不用"的合音，还凝合了说话人的急切语气或者说强烈意愿。当然，上述推断还需要联系汉语史语料以及音韵学知识详加论证。

赫琳（2009：109）认为，在强调说话人的主观愿望——不希望听话人继续做某事，"别V了"中的"别"不能用"甭"来替换。赫文认为下面例中的"别"不能换成"甭"：

（109）再等弟弟一会儿。别等了！爸爸都不耐烦了。→？甭等了！爸爸都不耐烦了。

（110）让我再睡一会儿。别睡了！你该迟到了。→？甭睡了！你该迟到了。

如上文所述，"甭"与"不用"的最大区别就在于，"甭"表示的是说话人针对听话人提出的主观劝阻或禁止，"不用"则表示的是客观上没有必要。在表示主观劝阻或禁止上，"甭"和"别"的意义差别不大。因此，我们认为上述两例中的"别"都能替换为"甭"。

吕叔湘（1980：491）在比较"无须"和"甭"时指出，"无须"可用于主语前，"甭"不能。朱德熙（1982：65）也指出，"不用"可以带体词宾语，所以可以说"不用你操心"，"甭"是助动词，不能带体词宾语，所以只能说"你甭操心"，不能说"甭你操心"。然而，我们在语料中发现如下用例：

（111）"甭你小眼睛眨巴眨巴地看着我！"（老舍《龙须沟》）

（112）"有写这个的，甭你们的党棍动手，我们就先把他掐死。"

(王朔《一点正经没有》)

在北大语料库中，我们只发现 5 例"甭"用于名词性成分之前的例子，且这些例子只见于老舍和王朔的作品。我们认为，这或许应该看作是北京作家中特有的一种带有方言色彩的用法，显然这一用法并没有在北方方言区得到广泛认可，更没有进入普通话。

(二)"甭"和"不用"的差别

在很多语境中，"甭"与"不用"可以互换，但是替换前后的两个句子在表义上还是有细微差别的。简言之，"甭"直接表示说话人的否定性意愿，"不用"则是通过陈述客观没有必要做某事来间接表示说话人的否定性意愿。其实，并非所有的"甭"字祈使句中的"甭"都能换为"不用"。如：

(113) "说清楚，不说清楚甭想走。"（王朔《你不是一个俗人》）

(114) "跟您说明，有这条臭沟，谁也甭打算好好的活着！"（老舍《龙须沟》）

(113') *"说清楚，不说清楚不用想走。"

(114') *"跟您说明，有这条臭沟，谁也不用打算好好的活着！"

"不用想（打算）O"这种形式只发现 3 例，且均见于老舍的作品，王朔作品中则没有发现。相比之下，"甭想（打算）O"的使用明显占优势，老舍的作品中我们发现 8 例，王朔的作品中我们发现 11 例。

正如上文所指出的，与"不用"相比，"甭""别"并非表示客观上不需要，而是直接表示主观上不希望。"打算/想 O"表现的是人的行为意愿方面的心理活动，这种意愿心理很难评价其必要与否，因此"不用打算 O"一类的说法极其少见。然而，一个人的某种意愿心理可以为另一个人所不希望，因此，"甭/别打算 O"一类的说法比较常见。

"甭"直接表示说话人的否定性意愿，"不用"则是通过陈述客观没有必要做某事来间接表示说话人的否定性意愿。"甭"与"不用"的语义差别影响着二者与其他词语的共现组配。如，"甭"字祈使句中往往可以

出现或补出表示加强祈使语气的语气副词"千万""可","不用"祈使句中却不可以。试比较:

(115)"你千万甭问孩子的事,甭问!"(陈建功、赵大年《皇城根》)

(116)"孙先生你可甭吓唬我!"(朱秀海《乔家大院》)

(115')＊"你千万不用问孩子的事,不用问!"

(116')＊"孙先生你可不用吓唬我!"

相对于"不用","甭"融入了说话人的急切意愿,主观性更强,这与"千万""可"加强祈使语气的作用相谐。"不用"表示客观上没有必要,客观性更强,这与"千万""可"加强祈使语气的作用相悖。因此,造成了"甭""不用"对于"千万""可"上述选择的差异。

同样,在与施为动词共现构成否定祈使施为句时,"甭"和"不用"也表现出差异。"甭"作为典型否定祈使词强烈倾向于与意愿类施为动词选择共现,"不用"作为非典型否定祈使词强烈倾向于与认识类施为动词选择共现。试比较:

(117)"我劝你甭减了。"(百度搜索)

(118)"我认为你不用去找他,省得自己惹麻烦。"(岑凯伦《合家欢》)

(117')?"我认为你甭减了。"

(118')?"我劝你不用去找他,省得自己惹麻烦。"

作为意愿类动词,"劝"表示的言说行为蕴含着说话人的意愿,因此,"劝"作为施为动词时与体现说话人意愿的"甭"字祈使形式相谐,而与体现说话人认识的"不用"祈使形式不相合。作为认识类动词,"认为"表示的认识心理并不蕴含说话人的意愿,因此,"认为"作为施为动词时与体现说话人认识评价的"不用"祈使形式相谐,而与体现说话人意愿的"甭"字祈使形式不相合。

三 "不用""甭"和"别"的比较

解惠全(1987:220)指出,一个实词虚化为虚词以后,在具体使用时，还往往保持着原来实词在造句方面的某些特点。沈家煊（1994：18）指出，实词虚化为语法成分以后，多少还保持原来实词的一些特点。沈文将这种现象概括为语法化的"保持性原则"。储泽祥（2004：182）指出，实词虚化为虚词以后，源词的某些细节往往会影响新词的分布或匹配。储文将这种现象称为"语义俯瞰"。

上述解文、沈文、储文都注意到了这种现象，即具有衍生关系的两个词语 A 和 B，后一个词语 B 往往在句法搭配上还保留着前一个词语 A 的某些特点。吕叔湘（1944）和朱德熙（1982）指出，"甭"来自"不用"的合音，这也就是说，"甭"和"不用"之间具有衍生关系。否定祈使词语"不用"对于谓词具有某种选择倾向，即出现在"不用"祈使句中的谓词要求是自主动词和强可控动词，而不能是弱可控动词。由于"甭"衍生自"不用"，因此，"甭"对于谓词选择也表现出这种倾向。

通过上一小节中对"甭"字祈使句句式语义的分析可以发现，出现在"甭 VP"中的 VP 基本上与"不用 VP"祈使句中的 VP 有相同的特征：自主或强可控。相对而言，弱可控 VP 虽然能进入"别"字祈使句中表示提醒避免，却不能进入"不用"祈使句和"甭"字祈使句。试比较：

（119）"别摔跟头！"（老舍《女店员》）
（119'）＊"不用摔跟头！"
（119''）＊"甭摔跟头！"
（120）"别丢了。"（张洁《无字》）
（120'）＊"不用丢了！"
（120''）＊"甭丢了！"
（121）"别烫着，再凉一会儿。"（周而复《上海的早晨》）
（121'）＊"不用烫着。"
（121''）＊"甭烫着。"
（122）"别忘了我！"（王朔《玩的就是心跳》）
（122'）＊"不用忘了我！"
（122''）＊"甭忘了我！"
（123）"别把他吓着。"（刘心武《秦可卿生存之谜》）
（123'）＊"不用把他吓着。"
（123''）＊"甭把他吓着。"

(124)"千万别掉进去。"(王朔《浮出海面》)
(124')＊"千万不用掉进去。"
(124'')＊"千万甭掉进去。"

上述例子中,"别V""别V了""别V着(zhao)""别V了O""别把NV着(zhao)"和"别VC"都成立,而对应的"不用"祈使句和"甭"字祈使句则都不成立。这表明弱可控VP不能进入"不用"祈使句和"甭"字祈使句。弱可控动词表示的行为或心理均为不必要的甚至有害的、一般为人所竭力避免的行为或心理,这与"不用"祈使句的预设"听话人认为有必要做某事"相冲突。因此,这类动词一般不能用于"不用"祈使句。受"保持性原则"或者说"语义俯瞰"的影响,弱可控动词也不能用于"甭"字祈使句。

上述这些例子表明,"不用"祈使句和"甭"字祈使句对谓词的选择排斥非自主的弱可控动词和非可控动词,而强烈倾向于自主动词和强可控动词。

第三、四章指出,"别V[+自主]了""别V[+自主]O了"是可以作两种层次划分的歧义句式,但是相应的"不用V[+自主]了"和"甭V[+自主]O了"却只能作一种层次划分。试比较:

(125)"别吃了。"
(125')"不用吃了。"
(125'')"甭吃了。"
(126)"别存活期了。"
(126')"不用存活期了。"
(126'')"甭存活期了。"

书面语中,由自主动词构成的"别V(O)了"可以有"别V(O)｜了"和"别｜V(O)了"两种形式,"别V(O)｜了"表示要听话人不做某事,"别｜V(O)了"表示提醒听话人避免做某事或表示揣测听话人做某事。然而,相对应的"不用V(O)了"和"甭V(O)了"只有"不用V(O)｜了"和"甭V(O)｜了"一种形式,只表示要听话人不做某事。

由此可见,"甭"和"别"虽然都直接表达说话人的否定性意愿,但"甭"只针对某种自主的或强可控的行为或心理表达说话人的否定性意愿,"别"则不限于此,其还可以针对某种弱可控的甚至非可控的行为或事件表达说话人的否定性意愿。由于"甭"后接的谓词成分可控性较强,因此,"甭"字祈使句强烈倾向于表示劝阻或禁止,而不能表示提醒避免不如意的事或揣测某事的发生。由于"别"后接的谓词成分可控性有强有弱,因此,"别"字祈使句则既可以表示劝阻或禁止,也可以表示提醒避免。另外,"别"还可以构成测度句表示否定性揣测。

"甭"和"别"表义的差别不仅体现在对后接成分选择的差别上,还体现在对前接成分的选择差别上。项开喜(2006:54)指出,避免某一意外结果的出现,防止意外事件的发生,一般要求主体必须有谨慎的态度、审慎的行为。汉语里的"小心"就表示"注意、留神、谨慎"的意思。因此,当"别"字句表示提醒避免某种不如意的事时,"别"前可加"小心",而"甭"字祈使句中"甭"前无论如何不能出现"小心"。试比较:

(127)"别吃了!"
(127')"小心别吃了!"
(128)"甭吃了!"
(128') * "小心甭吃了!"

作为典型的否定祈使词语,"别"和"甭"强烈倾向于与意愿类施为动词选择共现。常见的意愿类施为动词有:

恳求　请求❶　求❶　请❶　希望❶　建议❶
主张❶　劝❶　提醒　警告❶　要求❶　命令

上述意愿类施为动词几乎都能够出现在"别"字祈使形式前面,但出现在"甭"字形式前面时可接受度似乎存在差别。试比较:

(129)"我建议你甭管他。"
(130)"我劝你甭管他。"

(131)"我警告你甭惹他。"
(132)?"我希望你甭管他。"
(133)?"我提醒你甭管他。"
(134)?"我求你甭管他。"
(135)?"我主张你甭管他。"
(136)?"我要求你甭管他。"

虽然都可以表示针对听话人的否定性意愿，但"甭"禁阻的语气似乎要强于"别"，"甭"字祈使句的说话人在权势地位上应不低于听话人，"别"字祈使句却无此限制。① "恳求""请求""求""请"这一类词语一般用于权势地位较低的人对权势地位较高的人发出请求，因此，这些词不能出现在"甭"字祈使形式前面。"希望""提醒"构成否定祈使施为句时口气较为缓和，因此，一般也不出现在"甭"字祈使形式前面。"主张""要求"相对来说书面色彩更多些，"甭"作为方言词口语色彩更多些，因此，二者共现也不好接受。

---

① 这里所说的"权势地位"是一个广义的概念，包括由职位、身份、年龄以及性格等因素确立的地位。

第七章

"不得"祈使句及相关问题

现代汉语中,"不得"其实有两个:一个是出现在谓词前的助动词"不得";另一个是出现在谓词后的助词"不得"(李广瑜 2012:32)。据我们考察,两种"不得"在表达功能上各有侧重。表面上看,二者都可以用于禁阻。实际上,助动词"不得"主要出现在规定语体中表示禁止,语义功能与"不可"相当,其构成的句子可称为否定规定句,助词"不得"主要出现在对话语体中,语义功能与"不能"相当,用于劝阻时,其构成的句子可称为否定祈使句。

第一节 "不得"祈使句

所谓"不得"祈使句指,由谓后助词"不得"参与构成的否定祈使句。与其他否定祈使词语可以进入否定祈使句法槽不同,助词"不得"由于分布在谓词后而无法进入"主语(指向听话人或说听双方,可省)+否定祈使词语+谓词性成分"的句法槽,只能进入"主语(指向听话人或说听双方,可省)+谓词性成分+不得"的句法槽。

一 "不得"祈使句研究现状

以往直接针对"不得"祈使句的研究成果,目前我们还没有发现。与之相关的研究主要集中在词语"不得"和词组"V不得"上。以往对谓后"不得"的研究,除了齐春红(2004)是立足于共时角度外,其他多是立足于历时角度,如于康(2004)、齐春红(2005)、傅书灵(2005)、付义琴(2006)。这些文章中,只有齐春红(2004)、于康(2004)、傅书灵(2005)涉及了助词"不得"的祈使用法。

齐春红（2004）根据言语行为理论对"V不得"进行分类，并对其在句法、语义、语用三个方面的特征进行描写和解释。该文把"V不得"句分为"述事"行为句和"行事"行为句。前者直接表述一种客观上没有能力或客观条件的不允许，语义特征为［+客观，+已然，+不能］，其谓语多是行为动词。后者表示温和、委婉的请求、建议或劝阻，语义特征为［+主观，+情态，+不许］，其谓语多是行为动词和表示态度的形容词。

于康（2004）根据"焦点位移说"做出以下假设："V不得"在语义分化以前，跟"V不得N"一样，都是用来对某种客观事实的否定，随着否定焦点的变化，"得"的功能发生变化，由词汇意义发展为偏向承担语法意义，和"不"一起表示禁止或劝阻意义。

傅书灵（2005）考察了历史上清代中期小说《歧路灯》中能性结构"V不得（N）"的各种形式，及其与"V不了（N）""V不成（N）""不能V""不得V"及"不可V"的关系，并从中寻求"V不得（N）"在近代汉语后期萎缩的原因：该格式外部有其他近义格式的排挤，内部自身还存在着弱点。

二　"不得"祈使句的性质

根据《现代汉语词典》（2016：106），助词"不得"表示不可以或不能够。据此，"VP不得"的意义可以概括为"不能做某事"，"VP不得"祈使句的意义可以概括为"（听话人或说听双方）不能做某事"。刘月华（1985：118）指出，"不能"有"情理上不许可""不应该"的意思，是用讲道理的方式表示制止或劝阻。如：

（1）"不能进医院，姨夫眼看就不成了。"（曹禺《北京人》）
（2）"我在这儿的事，不能让妈妈知道的。"（曹禺《雷雨》）

这两个例句中，"不能"所在分句所体现出的否定祈使功能是说话人通过陈述自己的认识"（听话人）做某事在情理上不许可"来间接实现的。可见，"不能"的劝阻功能是间接的、派生的。同样，助词"不得"的劝阻功能也是间接的、派生的。如：

（3）"那可摔不得！"（老舍《四世同堂》）

(4)"这年月,老二,女人可揍不得!"(老舍《方珍珠》)

这两个例句中,"V不得"所体现出的否定祈使功能也是说话人通过陈述自己的认识"(听话人)做某事在情理上不许可"来间接实现的。由于"V不得"的劝阻功能也是间接的、派生的,所以其否定祈使的语气相对比较委婉。

主语指向听话人、谓语表示行为或心理自主或可控、具有否定祈使功能、出现典型否定祈使词语、否定祈使功能直接实现,是典型否定祈使句的五个特征。"不得"祈使句不具有上述后两个特征,因此,"不得"祈使句只能看成非典型祈使句。

三 "不得"祈使句的谓语

助词"不得"与其他否定祈使词语的一个重要区别是,其出现在谓语的后面而非前面。这种分布特点使得助词"不得"对于谓语的选择要求比较严格,能够出现在助词"不得"前面的谓语的范围相对比较小。

(一) 动词谓语

齐春红(2004:128)指出,"V不得"祈使句中的动词多是行为动词。如:

(5)"大娘,可哭不得!"(萧乾《流民图》)
(6)"去不得,嫂子。"(池莉《你是一条河》)

这两例中,"V不得"字面上表示"(听话人)进行某种行为在情理上不许可",实际上用于要听话人不要进行某种行为。

刘月华(1980:256)指出,表示动作者所不能控制的动作的动词不能用于"V不得"句。综合齐文和刘文的观点,"VP不得"祈使句中的谓语动词要求具有[+自主/可控][+行为]特征。从实际语料来看,"VP不得"祈使句中的谓语动词的确倾向于自主或可控的行为动词。我们统计了老舍276万字的小说和戏剧语料,发现"VP不得"祈使句2例,即(3)和(4),其中的"摔""揍"均为自主行为动词。

其实,除了自主或可控行为动词外,自主或可控心理动词也能进入"VP不得"祈使句。如:

(7)"叮当你怪不得我!"(亦舒《香雪海》)
(8)"米袋子"、"菜篮子"问题,始终是头等大事,任何时候、任何情况下也忘不得,丢不得。(北大语料库《1994年报刊精选》)

这两例中,"V 不得"字面上"(听话人)持有某种心理在情理上不许可",实际上用于提醒听话人避免持有某种心理。

有时,甚至非可控动词也可能进入"VP 不得"祈使句。如:

(9)"我还没有死,你也死不得!"(古龙《天涯·明月·刀》)
(10)"在加拿大可病不得!"(百度搜索)

这两例中,"V 不得"字面上表示"(听话人)造成某种行为结果在情理上不许可",实际上用于提醒听话人避免造成某种行为结果。

根据袁毓林(1993:26),V［-可控］不能进入祈使句。根据袁毓林(1993:32),"死""病"均为非可控动词。"死""病"本身所表示的行为现象的确是不能由人自主控制的,但在特殊情况下却可能通过人的有意识的行为活动在一定程度上避免或延迟。这或许就是"死""病"等非可控动词能进入"VP 不得"祈使句的原因。这表明可控动词与非可控动词之间的界限也并不是泾渭分明的,存在一定程度的交叉。从另一个角度看,这也表明动词的可控与否以及可控性的高低并不完全是词义本身的问题,还一定程度上受制于具体的语境。

(二) 形容词谓语

除了动词外,形容词也可以进入"VP 不得"祈使句。齐春红(2004:128)指出,"A 不得"祈使句中的形容词多是表示心理活动、态度的形容词。如:

(11)"这事关系到学校的前途,一点也放松不得。"(刘醒龙《凤凰琴》)
(12)"得赶紧用消毒剂冲洗。这一点你千万马虎不得。"(翻译作品《人性的枷锁》)

这两例中,"A 不得"字面上表示"(听话人)持有某种心理在情理上不许可",实际上用于提醒听话人避免持有某种心理。

(三) 述宾形式谓语

与其他否定祈使句允许各种词组形式进入不同,"VP 不得"祈使句中充当 VP 的主要是动词及形容词,充当 VP 的词组形式只能见到述宾形式,而且用例极少。如:

(13)"那金轮法王呢?咱们可饶他不得。"(金庸《神雕侠侣》)
(14)"他这样坏,那可饶他不得。"(金庸《鹿鼎记》)

我们考察了北大语料库中的现代汉语语料,只发现 1 例 "VN 不得"祈使句的用例,即(13)。类似的用例我们还在金庸的其他小说中发现,如(14)。这些用例的共同特点是 V 为单音节动词、N 为单音节代词。

根据李永(2003:311)、傅书灵(2005:76),汉语史上存在着与"V 得 N"相对应的两种否定形式,"VN 不得"和"V 不得 N",但"VN 不得"在后代的发展呈现逐渐衰落的趋势。根据目前的研究,无论从语音、词汇还是语法上来看,汉语从南到北的方言差异,大致反映了汉语从古至今的发展变化(陆俭明,2003:5)。在现代文学作品中,"VP 不得"祈使句的用例我们只在金庸的小说中见到。这或许可以看作是"VN 不得"祈使用法在南方方言中的残留。①

(四) 小说、剧本中的相关统计

我们统计了老舍的 276 万字的小说和剧本语料和王朔的 151 万字的小说语料,其中出现在"VP 不得(O)"(不限于祈使句)中的谓词有如下一些:

摔 揍 哭 笑 忙 干 去 打 动 说 提 吃
碰 触 摸 写 开 缺 减 少 贪 见 赏 恼
比 死 算 等 受 来 使 耐 容 揑 急 近
骂 要 耽搁 动弹 得罪 马虎 灰心 自满 赌气
招惹 娇惯

---

① 董秀芳教授曾提醒笔者,在南方方言中,"V 宾补"式的结构在历史上似乎一直都在沿用。谨致谢忱!

这些谓词中，单音节谓词 38 个，双音节轻声词 4 个，双音节非轻声词 5 个，各占比例参见表 7-1。观此表可发现，"VP 不得"中的谓词在语音上强烈的倾向于单音节或轻声双音节。

表 7-1　　　老舍、王朔作品中"VP 不得"中 VP 统计

	单音节	轻声双音节	足量双音节
数量（个）	38	4	5
比例（%）	81	8	11

四 "不得"祈使句与"不能"祈使句

（一）二者使用数量和谓语构成上的差别

现代汉语中，"VN 不得"祈使句的用例极其少见，这也许是因为，该句式面临其他否定祈使句式尤其是"不能 VN"句式的竞争。相对"VN 不得"祈使句，"不能 VN"祈使句则常见的多。如：

（15）"你不能杀他。"（刘流《烈火金刚》）

（16）"只不过这一点你可千万不能学他。"（古龙《陆小凤传奇》）

这两例中的"不能 VN"字面上表示"（听话人）进行某种行为在情理上不许可"，实际上用于要听话人不要进行某种行为。

据我们考察，北大语料库现代汉语语料中，仅"不能 V 他"祈使句就有 38 例。可以预见，"不能 VN"祈使句的数量要远远多于这个数量，而且其中的 V 和 N 也不局限于单音节。从语料来看，"不能 VN"祈使句在南北方言中都广泛使用。可能正是由于这个原因，"VN 不得"祈使句的用例在语料中极为少见。

现代汉语中，不仅是"VN 不得"祈使句处于萎缩状态，其实所有的"VP 不得"祈使句都处于萎缩状态，这在北方方言中表现尤为明显。[①] 在我们统计的 20 世纪上半叶老舍 276 万字的小说和剧本语料中，"VP 不得"祈使句尚存 2 例，但在我们统计的 20 世纪下半叶王朔 151 万字的小

---

① 刘月华（1980：255）也指出，"V 不得"在普通话里用得很少。

说语料中,"VP 不得"祈使句用例为 0。在老舍 276 万字的小说和剧本语料中,"不能 VP"祈使句有 161 例,在王朔的 151 万字的小说语料中,"不能 VP"祈使句有 158 例。如下:

表 7-2　　　　　老舍、王朔作品中两种祈使句的统计

	"不得"祈使句	"不能"祈使句
老舍作品	2	161
王朔作品	0	158

实际语料中,可以进入"不能 VP"祈使句的 VP 形式除了述宾词组外,不仅有动词、形容词,还有代词、状心词组、述补词组、联合词组、主谓词组、连谓词组、递系词组、双宾词组以及复句形式。如:

(17)"你不能这样,为钱把自己卖了。"(王朔《橡皮人》)

(18)"你可千万不能这么说,我觉得很好了。"(王朔《给我顶住》)

(19)"你不能一个人这么呆下去了。"(王朔《一半是火焰,一半是海水》)

(20)"您可千万不能因为我说实话就惩罚我。"(王朔《一点正经没有》)

可见,从对谓语的选择上来看,与"不能 VP"祈使句相比,"VP 不得"祈使句是一种受限制的句式。能够进入"VP 不得"祈使句的 VP 以动词为主,还有少量的形容词,以及极少的述宾形式,其他词组形式则不能进入。从语义上看,"VP 不得"祈使句与"不能 VP"祈使句在对谓词的选择上表现出一些共性,谓词均要求具有[+自主]或[+可控]特征;从语音上看,"VP 不得"祈使句中的谓词倾向于选择单音节动词或双音节轻声词,"不能 VP"祈使句中的谓词则无此倾向。(参见刘月华,1980:256)

(二) 二者谓语选择差别的解释

1."辅重原则"的解释

端木三(Duanmu,1990)提出了所谓的"辅重原则"(NHS),即辅助成分(即非核心成分,包括论元成分和附加成分)在韵律上应该比核

心成分更重、更突出；普林斯（Prince，1990）提出了"分量适合重音原则"（WSP），即重音落在韵律分量重的成分上比落在韵律分量轻的成分上更和谐（参见袁毓林，2003：63）。据此，"VP不得"句式中，作为辅助成分"不得"的韵律分量倾向于比核心成分VP的韵律分量更重。

根据《现代汉语词典》（2016：106），助词"不得"为"轻·轻"模式的轻声词。根据苏联 T. II. 扎多延柯的实验，北京话不但轻音本身的音很短，连它前面的有声调的音节也比一般要短；有轻音音节的双音节词语在音长上要比一般的双音节词语缩短一半左右（林焘，1962：302）。冯胜利（2000：120）也指出，汉语的轻声词韵律分量明显不足，是一个"残音步"。据此，可以推知，轻声词"不得"在韵律重量上更接近韵律分量实足的单音节词。

这样，作为应该比助词"不得"韵律分量轻的VP自然倾向于为单音节谓词或双音节轻声词而不是足量双音节乃至更多音节的谓词性单位了。这不但限制了足量双音节以及多音节的词组形式，也限制了足量双音节以及多音节的谓词。

当然，端木三（1990）提出的"辅重原则"或许只能看作一种倾向性的规律。袁毓林（2003：63）就指出，这一规律是有反例的。表面上看，"VP不得"祈使句的"不得"的韵律分量似乎也并非都比VP的韵律分量重。根据刘月华（1980：256），"骄傲""麻痹"等双音节词都能进入"VP不得"句。此外，语料中还有双音节述宾形式（如例13中的"饶他"）也可以进入"VP不得"句。需要指出的是，这些双音节的VP即使本身单用时没有轻声音节，一旦进入"VP不得"句式，其也表现出轻化的特点。这或许仍是"辅重原则"作用的结果。

2. "普遍重音规则"的解释

应指出，孤立地看"VP不得"句式，"辅重原则"可以对该句式中的VP语音上倾向于为单音节动词或形容词作出合理的解释。如果将"不能VP"句式纳入考察范围，会发现"辅重原则"是有局限的。"不能VP"中"不能"同样是非核心成分，按理说应该倾向于比VP更重，但其后面的核心成分VP却可以不遵守"辅重原则"而明显比"不能"的韵律分量重。结合例（18）至（20）可发现，不仅韵律分量实足双音节的谓词可以充当VP，而且多音节的词组甚至复句形式也可以充当VP。

贝哈格尔（Behaghel，1909）提出的"强信息居后法则"和夸克

(Quirk，1972）提出的"尾重原则"都表明这样一种认识：在句子和词组里，较重（较长跟较复杂）的成分一般都比较轻（较短或较简单）的成分靠后（参见冯胜利，1997：55）。利伯曼、普林斯（Liberman & Prince，1977：249）将这一种规则形式化，提出了"普遍重音规则"：

在下面的语串中

……［A B］$_P$

如果 P 是一个词组，那么 B 重于 A。

这也就是说，这条规则要求一个句子的最后面词组的最后一个成分重于它前面的那个成分。根据这条规则，在"VP 不得"句中，作为最后一个成分的轻声词"不得"的韵律分量要重于前一个成分 VP，这样 VP 倾向于为单音节谓词也就不足为奇了。

冯胜利（1997：70）特别指出，普遍重音规则只对由主语、谓语、宾语、补语等基本成分构成的"基础结构"有硬性的规定，对由定语、状语等修饰成分构成的"附加结构"则不加限制。这样，状心结构"不能 VP"便不受这一规则的制约，[①] 其中 VP 的韵律分量可以比"不能"的韵律分量重。

3. "信息—重音原则"的解释

一般认为，一个单句一般只能有一个焦点。（顾刚，2001：79；张全生，2009：137）即使认为一个句子可以有多个焦点的学者一般也承认通常只有一个焦点是最突出的（徐杰，2001：126；刘探宙，2008：268）。玄玥（2002：36）指出，重音是一种非线性的语法现象，而焦点是一种非线性的语用功能，所以用重音标记焦点是一种一般并且有效的方式。这说明，作为承载韵律分量的形式之一，重音与焦点的关系十分密切。与此类似，端木三（2007：8）提出"信息—重音原则"（the Information - Stress Principle）：信息量大的词要比其他词读得重。换言之，焦点成分应该比非焦点成分更适合承载重音。

徐烈炯、刘丹青（2007：82）指出，在汉语中，句子末尾通常是句子自然焦点的所在。根据方梅（1995：287），句末焦点伴有常规重音。据此，在"VP 不得"祈使句中，"不得"占据句末位置，可视为整个句

[①] 据黄伯荣、廖序东（2002：91），能愿结构为状心词组。马庆株（1989：7）指出能愿结构为述宾词组。如果将"不能 VP"看作述宾词组，那么 VP 比"不能"韵律分量重，仍然符合普遍重音原则。

子的自然焦点。这样,作为焦点成分的"不得"应该比非焦点成分 VP 更适合承载重音。由于"不得"本身是个轻声词,为了不影响其作为焦点成分的分量,非焦点成分 VP 自然应倾向于选择韵律分量比较轻的单音节谓词。

与"VP 不得"祈使句中助词"不得"占据句末位置还承担自然焦点不同,"不能 VP"祈使句中的"不能"未占据句末位置,不承担自然焦点,这时处于句末位置的 VP 可看作是自然焦点。[①] 由于处于句末焦点位置,VP 的韵律分量当然也就可以更大一些,述宾词组、状心词组、述补词组等形式都能进入"不能 VP"句式充当 VP 也就不足为奇了。

第二节 "不得"规定句

一 否定规定句与否定规定词语

(一) 否定规定句

所谓规定句指,出现在法律、条例、规定、办法、守则、纪律等一类规定性公文中表示规定性条款的句子[②](参见马庆株,1998:72)。其中表示否定性规定条款的句子可称之为否定规定句。否定祈使句的句法槽为"主语(指向听话人或说听双方,可省)+否定祈使词语+谓词性成分"。与此相似,否定规定句的句法槽为"主语(指向所有的或特定范围的单位或人,可省)+否定规定词语+谓词性成分"。

关于规定句与祈使句的异同,以往的普通汉语教材中鲜有提及。黄伯荣、廖序东(2002:308)指出,法律、准则等公文语体主要使用陈述句和祈使句。袁晖、李熙宗(2005:166)也指出,法规体使用的句类仅限于陈述句、祈使句。可见,汉语本体研究者一般认为规定句就是祈使句,二者没有太大差异,或者说,以上学者并不对二者作过细的区分。

---

① 关于状心结构的句子的自然焦点在状语上还是在中心语上是有争议的,玄玥(2007)采纳辛克(Cinque 1993)"常规焦点位置是递归方向上的内嵌最深的位置"的理论证明状心结构的自然焦点仍在句末的中心语上。

② 无论表达功能还是词语选择,规定句与陈述句和祈使句都有差别,无法简单地归入陈述句或祈使句,这种差别很大程度上受制于语体的不同。

在专门的法律语言学著作中，关于规定性文本中是否存在祈使句存在两种截然对立的观点。马晓燕、史灿方（2008：37）指出，在句子的语气类型中，法律语言用得较多的是祈使句。潘庆云（1997：199）则认为，立法语言用陈述句，不用疑问句、感叹句和祈使句，因为疑问句表示疑问语气，感叹句用来表示强烈的感情，祈使句表示请求和愿望，用来表示法律规范都是不适宜的。

如果对比上面否定规定句与否定祈使句的句法槽，我们会发现二者有同有异。就句法槽的构成而言，二者结构相似，笼统地说，二者句法槽都由主语、表示禁阻的否定词语、谓语三个部分构成。如果仔细比较会发现，二者在否定词语、谓语和主语上都存在着差异。

(二) 否定规定词语

现代汉语中的否定祈使词语有"别""甭""不要""不用""不准""不许""不能""不得"（助词）等。作为否定祈使词语，"别"最典型，"甭""不要"次之，"不用""不准""不许""不能""不得"（助词）则不典型。其中"别""甭""不用""不得"（助词）不能出现在否定规定句中，"不准""不许""不能""不要"则可以出现在否定规定句中。可见，否定规定词语与否定祈使词语并不完全排斥，而是在一定程度上有交叉。

据我们考察，最常见的否定规定词语是助动词"不得"，其可出现在法律、条例、规定、办法、纪律、守则等各种公文语体中。如：

(21) 人民法院有权向有关单位和个人调查取证，有关单位和个人不得拒绝。(《中华人民共和国民事诉讼法》2007年)

(22) 燃气用户及相关单位和个人不得有下列行为：擅自操作公用燃气阀门。(《城镇燃气管理条例》2010年)

(23) 任何人不得在学生宿舍留宿客人、家属或同学。(《南开大学学生住宿管理规定》2009年)

(24) 处分决定要与本人见面，装入本人档案，未经学校批准不得解除。

(《哈尔滨师范大学学生管理暂行办法》2010年)

(25) 装订成册的考卷，考生不得自行拆开。(《南开大学学生考场纪律》2010年)

(26) 学生不得在教室内闩门上锁。(《南开大学教室文明守则》2008 年)

另外,"不可""不准""不许""不能""不要"也可以出现在一些公文语体中的规定句中,但使用受限。"不可"用例我们只在法律文本中发现,在我们所搜集的其他文本中则未发现。如:

(27) 国家财产神圣不可侵犯。(《中华人民共和国民法通则》1986 年)

(28) 社会主义的公共财产神圣不可侵犯。(《中华人民共和国宪法》2004 年)

"不准"用例我们在规定、守则、纪律中发现,其他文本中则未发现。如:

(29) 宿舍内不准私拉电线、私安插座或灯具。(《南开大学学生宿舍管理规定》2009 年)

(30) 不准乱扔废纸、脏物,不准随地吐痰。(《南开大学教室文明守则》2008)

(31) 学生不准将考卷带出考场。(《南开大学学生考场纪律》2010 年)

"不许"用例我们只在办法中发现,在其他文本中则未发现。如:

(32) 学生注册必须由学生本人持学生证亲自办理,不许委托他人代办或代人注册。(《哈尔滨师范大学学生管理暂行办法》2010 年)

"不能"在法律、办法、守则中有使用,在其他文本中则未发现。如:

(33) 国家机关不能担任保证人。(《中华人民共和国民法通则》

1986年）

（34）患病不能急躁，就诊尊重医生。（《哈尔滨市市民公共场所行为守则》2008年）

刘月华（1985：116）指出，在布告、公文等书面文字中，当禁止做某事时，可以用"不要"。我们只在守则、布告中发现了"不要"的用例。如：

（35）不要随地吐痰。（《哈尔滨市市民公共场所行为守则》2008年）

（36）请不要锁闭安全门。（南开大学第二食堂宣传布告2010年）

我们统计了《中华人民共和国民法通则》(1986)、《城镇燃气管理条例》(2010)、《南开大学学生宿舍管理规定》(2009)、《南开大学学生考场纪律》(2010)、《哈尔滨师范大学学生管理暂行办法》(2010)、《南开大学教室文明守则》(2008)中否定规定词语的使用情况（文本名称均取后两字）结果如下（见表7-3）。

表7-3　　　　相关文本中否定规定词语的使用统计

文本名称	不得	不可	不准	不许	不能	不要	文本字数
《通则》	16	1	0	0	1	0	41000
《条例》	4	0	0	0	0	0	7520
《规定》	15	0	3	0	0	0	750
《办法》	6	0	1	1	1	0	9460
《纪律》	14	0	1	0	0	0	760
《守则》	3	0	6	0	1	0	370
总计	58	1	11	1	3	0	59860

（三）规定性公文对否定规定词语的选择

法律、条例、规定、办法、纪律、守则虽然都是规定性公文，表现的都是由被赋予一定话语权的权威主体制定的社会行为规则，但这些不同的公文在语言风格和适用对象上是有一定差异的。不同的规定性公文在否定规定词语选择上的差异往往与此有关。

法律是由国家立法机关制定、国家政权保证执行的行为规则的总和。① 条例是国家机关制定或批准的规定某一事项或某一机关的组织、职权等的法律文件。在整个社会规范体系中，法律和条例处于较高的层面，是其他规定性文件制定的基础和依据，具有严谨、庄重的特点，在否定规定词语的选择上要求典雅、规范。因此，助动词"不得""不可"等文言色彩相对较重的否定规定词语可以出现在法律、条例中。

规定是国家机关或职能部门为贯彻某政策或进行某项管理工作、活动而提出原则要求、执行标准与实施措施的规范性公文（朱悦雄，2001：298）。办法是国家机关或职能部门对贯彻执行某一法令、条例或进行某项工作的方法、步骤、措施等，提出具体规定的法规性公文（岳海翔，2008：392）。规定和办法在整个社会法规体系中处于较低的层面，办法较规定更为具体。与法律、条例相比，规定的语言相对通俗，办法较规定则更为通俗。因此，"不准"虽不能用在法律、条例中，但可以用在规定中，"不许"虽不能用在法律、条例、规定中，但可以用在办法中。

纪律是政党、机关、部队、团体、企业等为维护集体利益并保证工作的正常进行而制定的要求每个成员遵守的规章、条文。守则是由国家机关、社会团体、企事业单位制定的、要求所属人员共同遵守的行为准则和道德规范。二者在否定规定词语的选择上也允许相对通俗一些。纪律和守则不具备直接的法律制约作用，但纪律有强制性，守则不必有强制性。因此，纪律中只能出现表现强制要求的"不得""不准"，不能出现表现一般意愿的"不要"，反之"守则"则既允许"不得""不准"出现，也允许"不要"出现。

与"不得"相比，"不能"并非表示绝对强制的"规定上不允许"，而是表示相对柔和的"情理上不允许"。因此，"不能"即使出现在法律文本中，否定性规定的意义也不强烈。如（33）中，立法者选用"不能"规定句而未选用"不得"规定句，禁止意味显得弱得多。"不能"还可以出现在其他规定性公文中，如（34）中是出现在守则中。该例中，守则制定者所以选用"不能"而未用"不得"，应该是考虑到这里不是规定自主行为而是提醒避免某种非自主心理。

---

① 本书"法律""条例""纪律""守则"等概念的定义均参照《现代汉语词典》（2016）。

应指出，我们说法律、条例、规定、办法、纪律、守则在语言风格上有典雅和通俗程度的差别，这只是规定性公文内部的一种倾向性的表现。实际上，若将这些规定性公文与日常会话相比较，这些规定性公文都具有较强的书面语色彩。因此，文言色彩较强的助动词"不得"在各种规定性公文中均有使用却不能出现在日常口语会话中，而口语色彩较强的"别""甭""不得"（助词）只能出现在口语会话中却不能出现在各种规定性公文中。从这个角度说，助动词"不得"是典型的否定规定词语。

（四）助动词"不得"的规定性

吕叔湘（2002 [1944]：307）和赵元任（1979：327）都指出，"不得"可用于禁止。二者所举的例子为：

自今以后，不得私相买卖。（引自吕著）
不得超过三十人。（引自赵著）

由此可见，二者所说的"不得"当指谓词前助动词"不得"。从二者所举的例子来看，助动词"不得"似乎可以用于否定祈使。仔细体会不难发现，这两例"不得"句即使用于否定祈使也是通过宣讲否定性规定来实现的。因此从本质上说，这两例仍应该看作是否定规定句。现代汉语中，与吕著、赵著所举用例类似的例子仍有使用。如：

(37) 房管部门恢复私房买卖业务后，一律不得私相买卖。（广东省城市建设局《关于城镇私房买卖问题的通知》1980 年）

(38) 传唤、拘传持续的时间最长不得超过十二小时。（《中华人民共和国刑事诉讼法》1996 年）

这两例中，"不得"出现在通知、法律一类公文文本中，所在的句子均为规定性条款，均属于否定规定句。

在老舍 276 万字的小说和戏剧和王朔 151 万字的小说语料中，我们也发现助动词"不得"用于表达否定性规定的用例。如：

(39) 敌人把东西抢完，开始颁布许多命令：不得在街上便溺。（老舍《火葬》）

(40)"此判决为终审判决,不得上诉。"(王朔《千万别把我当人》)

在老舍和王朔的作品中,我们共发现6例助动词"不得"用于表达否定性规定。当然,小说文本中,助动词"不得"并非都用于表达否定性规定。如:

(41)李顺不得上前,在人群外把镇守天台公寓一带的小黑白花狗抱起了亲了一个嘴。(老舍《赵子曰》)

(42)"我们就是把这第四座大山打倒在地,再踏上一万只脚,叫他们永世不得翻身!"(王朔《千万别把我当人》)

前一例中,"不得"出现在小说的叙述语言中,后一例中,"不得"出现在小说的对话语言中。这两例中的"不得"义为"不能",既不是表达否定规定,也不是表达否定祈使。由此可见,助动词"不得"用于否定规定对于语境是有依赖的。在规定性语境中,助动词"不得"可以看作是一个专门表达否定规定的专职否定规定词语。

关于"不得"的规定性,从李振宇(2006:80)关于法律语言规定性的论述中也可见一斑:法律文本规范一般以命令口吻出现,以规定性语言为主,极少协商性语言;这是因为法律是规定人们行为的,必须不折不扣地执行;所以,运用"必须、应当、不得、禁止"等不容置疑的字眼非常多。

二 "不得"规定句的谓语

所谓"不得"规定句,指由助动词"不得"构成的表示规定性条款的句子。"不得"规定句属于否定规定句。前面指出,否定祈使句的句法槽为"主语(指向听话人或说听双方,可省)+否定祈使词语+谓词性成分",否定规定句的句法槽为"主语(指向所有的或特定范围的单位或人,可省)+否定规定词语+谓词性成分"。如果仅仅比较这两种句法槽,看不出这两类句子在谓语选择上有什么差异。实际上,二者对于谓语的选择是有差异的。下面将通过比较"不得"规定句与"别"字祈使句以及"不得"祈使句来说明这一点。

（一）光杆动词作谓语

光杆动词可以参与构成"不得 V"规定句。如：

（43）人民法院有权向有关单位和个人调查取证，有关单位和个人不得拒绝。（《中华人民共和国民事诉讼法》2007 年）

（44）经营有人寿保险业务的保险公司，除因分立、合并或者被依法撤销外，不得解散。（《中华人民共和国保险法》2009 年）

除了上述两例中的"拒绝""解散"以外，在我们统计的 22 万字的十部法律文本中，出现在"不得"后的光杆动词还有以下一些：

| 动用 | 干涉 | 侵犯 | 代理 | 堵塞 | 牟利 | 减刑 | 假释 |
| 隐瞒 | 扣押 | 抵押 | 转让 | 更改 | 使用 | 阻挠 | 执行 |

通过比较可发现，与"VP 不得"祈使句中的 VP 倾向于为单音节谓词或双音节轻声谓词不同，"不得 VP"规定句中的 VP 如果是光杆动词，只能是足量双音节动词，如果是多音节词组，谓语的核心也强烈倾向于双音节动词。[①]

夸克（1972：940）指出，在任何表示新信息的单位中，语调的核心落在这个单位的末尾成分上。这就是所谓的"尾重原则"。根据该原则，"不得 VP"规定句中处于末尾位置的动词 VP 应该比前面的助动词"不得"的韵律分量重，"VP 不得"祈使句中的助词"不得"应该比前面的谓词 VP 的韵律分量重。这样，从语音上看，"不得"规定句偏爱足量双音节谓词，"不得"祈使句偏爱单音节谓词或双音节轻声谓词，就不难理解了。

从语义上看，在表示动作的具体与抽象方面单双音节动作动词存在着差异：单音节动词大都表示具体的动作，双音节动词大都表示抽象的行为（张国宪，1989：14；李临定，1990：133；王冬梅，2002：58）。否定祈使句最为典型的用法是劝阻某种具体的动作行为，因而单音节动作动词进

[①] 在我们搜集的法律规章语料中，"不得 VP"中词组 VP 的核心是单音节动词的极少。其中以"有"为常见。如"任何组织或者个人都不得超越宪法和法律的特权。"（《中华人民共和国宪法》2004 年）。

入"不得"祈使句比较自由。否定规定句最为典型的用法是对可能对国家、社会、集体利益或其他公民权益造成危害的抽象行为的规定，因此，双音节行为动词进入"不得"规定句比较自由，单音节动作动词进入"不得"规定句则相对受限。

从语体上看，"VP不得"祈使句只见于口语语体，具有极强的口语色彩。"不得VP"规定句只见于公文语体，具有极强的书面色彩。张国宪（1989：12）指出：与双音节动词比较，单音节动词是一种口语词汇，适应于口语语体，尤其是谈话语体；这种语用功能差异与口语语体中主要选用普通和常用词汇有关，而在普通和常用词汇中，单音节动词又占绝大多数，这就决定了双音节动作动词在口语语体中的劣势地位。这样，"不得"规定句偏爱足量双音节谓词，"不得"祈使句偏爱单音节谓词或双音节轻声谓词，这从语体色彩上看也是相宜的。

需进一步指出，在词语音节数量与语体色彩联系的背后是韵律分量与表达风格的联系。冯胜利（1997：75）就指出：双音节词汇之所以在风格上显得庄重是因为它们有足够的音量支撑。其实，不仅词语韵律分量的轻重跟语体风格密切相关，句子韵律分量的轻重也跟语体风格密切相关。黄伯荣、廖序东（2002：230）就指出：长句表意周密、严谨、精确、细致，短句表意简洁、明快、灵活。可见，韵律分量重的语言单位与书面表达风格相适宜，韵律分量轻的语言单位与口语表达风格相适宜。

参照马庆株（1988：161）和袁毓林（1991：14）的动词分类可发现，进入"不得"规定句的光杆动词都是自主行为动词。相比之下，自主心理动词、可控心理动词、可控行为动词、可控形容词虽能进入"别"字祈使句，但不能进入"不得"规定句。试比较：

别考虑　　*不得考虑　　别心疼　　*不得心疼
别哆嗦　　*不得哆嗦　　别拘束　　*不得拘束

由自主心理动词参与构成的"别V"祈使句表示劝阻听话人的某种自主心理，由可控动词或可控形容词参与构成的"别V/A"祈使句表示提醒听话人避免某种行为、心理或性状。

"不得"规定句表示不允许特定对象做某事，更准确地说，是表示不允许特定对象进行某种行为。就本质而言，法律规章是就相关组织或个人的行为做出规范和要求，是一套行为规则的总和。这样，人们的心理活动或性状显然不在法律规章的规范和要求范围内。因此，出现在规定性公文中的"不得"规定句中也就不会出现心理动词和形容词了。

据我们考察，法律规章中不允许进行的行为主要包括以下两种情况：损害国家、社会、集体利益或其他公民权益的行为，如（45）；超出国家法规规定权限的行为，如（47）。这两种行为均是相关组织或人员能自主控制的行为。从这个角度看，非自主行为，包括人能有意避免的有消极结果的可控行为、不能避免的非可控行为以及非述人行为，一般都不是法律规章所禁止的行为。① 因此，表示这些行为的可控行为动词、非可控动词和非述人动词，一般也不能出现在"不得"规定句中。

（二）动词词组作谓语

1. 述宾词组作谓语

光杆动词在"不得"规定句的谓语中只占极少一部分，更多的是动词词组充当"不得"规定句的谓语。其中，述宾词组参与构成的"不得 VO"规定句用例最多（参见表7-3）。根据述语动词的不同，"不得 VO"规定句又可以分为自主动词类、非自主动词类两类。自主动词类"不得 VO"规定句很多，如：

（45）中华人民共和国公民在行使自由和权利的时候，不得损害国家的、社会的、集体的利益和其他公民的合法的自由和权利。（《中华人民共和国宪法》2004年）

（46）从事保险活动必须遵守法律、行政法规，尊重社会公德，不得损害社会公共利益。（《中华人民共和国保险法》2009年）

（47）审判人员、检察人员、侦查人员不得接受当事人及其委托的人的请客送礼。（《中华人民共和国刑事诉讼法》1997年）

（48）如果其配偶再婚后又离婚或者再婚后配偶又死亡的，则不得认定夫妻关系自行恢复。（《中华人民共和国民法通则》1986年）

前两例中的"损害"具有 [+贬义] 特征，"损害"带宾语表示的均

---

① 一个证明是，无自主行为能力的人即使犯法也不需承担刑事责任。如《中华人民共和国刑法》规定：精神病人在不能辨认或者不能控制自己行为的时候造成危害结果，经法定程序鉴定确认的，不负刑事责任。

是损害国家、社会、集体利益或其他公民权益的行为。后两例中,"接受""认定"具有[-贬义]特征,二者带宾语表示的往往是超出国家法规规定权限的行为。

非自主动词类"不得 VO"规定句相对少些,又可以分为"超过"类、"少于"类和"有"字类三个小类。如:

(49)中华人民共和国主席、副主席每届任期同全国人民代表大会每届任期相同,连续任职不得超过两届。(《中华人民共和国宪法》2004年)

(50)查询、冻结、划拨存款不得超出被执行人应当履行义务的范围。(《中华人民共和国民事诉讼法》2007年)

(51)公示催告的期间,由人民法院根据情况决定,但不得少于六十日。(《中华人民共和国民事诉讼法》2007年)

(52)保险公司的认可资产减去认可负债的差额不得低于国务院保险监督管理机构规定的数额。(《中华人民共和国保险法》2009年)

(53)中华人民共和国公民有维护祖国的安全、荣誉和利益的义务,不得有危害祖国的安全、荣誉和利益的行为。(《中华人民共和国宪法》2004年)

(54)任何组织或者个人都不得有超越宪法和法律的特权。(《中华人民共和国宪法》2004年)

"超过""超出""少于""低于"均与某种数量或范围相关,可称之为量限动词。这些动词均与表示数量或范围的名词搭配构成述宾词组VO。上面前四例中,VO表示的均为超出国家法规规定权限的行为。"有"主要与表示行为或权力的名词搭配构成述宾词组VO,(53)中的O表示的是损害国家、社会、集体利益或其他公民权益的行为,(54)中的O表示的是超出国家法规规定权限的行为。

参照马庆株(1988:161)的标准,上述用例中的"超过""超出""少于""低于"和"有"均应看作是非自主动词。"超过""超出""少于""低于"表示超出或少于某一量限,这恰恰与"不得"规定句的意义相谐,因此这些词语能进入"不得"规定句。根据袁毓林(1991:14),

"有"属于非可控动词，但其后面可以带"行为""权力"等宾语，这时"有"也能进入"不得"规定句。

从另一个角度看，虽然"超过""超出""少于""低于""有"本身是非自主非可控动词，但其所在的"不得"规定句，往往是针对自主行为的期限或范围做出的否定性规定。如（49）中"主席、副主席的任期"和（50）中"查询、冻结、划拨存款的范围"是权力机关可以自主控制的，（53）中"危害祖国的安全、荣誉和利益的行为"是公民可以自主控制的，（54）中"超越宪法和法律赋予的权力"是某组织或个人可以自主控制的。因此，上述六例"不得VO"规定句本质上仍是针对自主行为做出的规定，而并非针对非自主行为做出的规定。

2. 状心词组作谓语

状心词组参与构成的"不得"规定句用例也比较多，但出现在"不得"规定句中的状语的语义类型相对有限。如：

（55）保险事故发生时，被保险人对保险标的不具有保险利益的，不得向保险人请求赔偿保险金。（《中华人民共和国保险法》2009年）

（56）保险人对人寿保险的保险费，不得用诉讼方式要求投保人支付。（《中华人民共和国保险法》2009年）

（57）受移送的人民法院认为受移送的案件依照规定不属于本院管辖的，应当报请上级人民法院指定管辖，不得再自行移送。（《中华人民共和国民事诉讼法》2007年）

（58）再保险分出人不得以再保险接受人未履行再保险责任为由，拒绝履行或者迟延履行其原保险责任。（《中华人民共和国保险法》2009年）

（59）公民享有肖像权，未经本人同意，不得以营利为目的使用公民的肖像。（《中华人民共和国民法通则》1986年）

（60）对涉及国家秘密、商业秘密和个人隐私的证据应当保密，需要在法庭出示的，不得在公开开庭时出示。（《中华人民共和国民事诉讼法》2007年）

（61）未经中华人民共和国主管机关准许，任何外国机关或者个人不得在中华人民共和国领域内送达文书、调查取证。（《中华人民共和国民事诉讼法》2007年）

据我们考察,"不得"规定句中的状语的语义类型有对象、方式、频率(含重复)、原因、目的、时间、地点七种类型。这七种语义类型的状语均属于限制性状语,所构成"不得"规定句均表示不允许在某一条件限制下进行某种超出国家法规规定权限的行为。

3. 其他词组作谓语

除了述宾词组、状心词组外,联合词组、连谓词组和递系词组也能进入"不得"规定句。如:

(62) 没收的财物和罚金,一律上缴国库,不得挪用和自行处理。(《中华人民共和国刑法》2006 年)

(63) 保险公司的控股股东、实际控制人、董事、监事、高级管理人员不得利用关联交易损害公司的利益。(《中华人民共和国保险法》2009 年)

(64) 任何国家机关、社会团体和个人不得强制公民信仰宗教或者不信仰宗教。(《中华人民共和国宪法》2004 年)

上述"不得"规定句均表示不允许进行某种超出国家法规规定权限的行为。

(三)"不得"规定句谓语的统计分析

我们统计了《中华人民共和国宪法》(2004)、《中华人民共和国刑法》(2006)、《中华人民共和国民法通则》(1986)、《中华人民共和国保险法》(2009)、《中华人民共和国刑事诉讼法》(1997)、《中华人民共和国民事诉讼法》(2007)等六部 19 万字的法律文献中"不得"规定句中谓语的使用情况。统计如表 7-4。

表 7-4　　　相关文本中"不得"规定句谓语统计

名称	动词	述宾	状心	并列	主谓	述补	定心	连谓	递系	总计
《宪法》	0	12	3	2	0	0	0	1	1	19
《刑法》	4	3	0	2	0	0	0	0	0	9
《民法通则》	4	8	5	1	0	0	0	0	0	18
《保险法》	3	32	11	1	0	0	0	1	2	50
《刑事诉讼法》	1	19	4	2	0	0	0	2	2	30
《民事诉讼法》	3	11	6	0	0	0	0	0	0	20
总计	15	85	29	8	0	0	0	4	5	146

观察表7-4可发现，法律文本中"不得"规定句的谓语以述宾词组形式为多，这不难理解。"不得"规定句所禁止的行为，无论是"损害国家、社会、集体利益或其他公民权益"，还是"超出国家法规规定权限"，本身内部都具有述宾结构关系，因而都适合于用述宾词组来表现。

助动词"不得"只能出现在句中，即主语之后，不能出现在句首，即主语之前。与此相应的是，"不得"规定句中"不得"后面的谓语不能由主谓词组充当。从辖域上看，助动词"不得"的辖域只能是行为动词，而不能包括行为动词的施事成分。试比较：

男士不得入内　　　＊不得男士入内
重犯不得假释　　　＊不得重犯假释

从情态的角度看，"不得"是一个道义情态词。徐晶凝（2008：274）指出，认识情态是关于命题的情态，辖域是整个句子，道义情态和能动情态是关于事件的情态，它们的辖域其实是谓语部分。这或许在一定程度上能说明"不得"规定句中"不得"后面的谓语一般不能由主谓词组充当的原因。①

根据黄伯荣、廖序东（2002：86），补语用于说明动作行为的结果、状态、趋向、数量、时间、处所、可能性，或者说明性状的程度、事物的状态等。其中，只有结果、趋向、数量、时间、处所五种补语参与构成的述补词组可以具有［+自主］特征。但这些自主述补词组一般不适合表现"损害国家、社会、集体利益或其他公民权益"或"超出国家法规规定权限"的行为。这或许就是法律文本中未发现述补词组充当"不得"后面谓语用例的原因。

至于定心词组，即使其具有描写性和述谓性，也不能表示自主行为，这显然不符合"不得"规定句对"不得"后谓语的语义要求。因此，法律文本中未发现定心词组充当"不得"规定句"不得"后谓语的用例。

---

① 有的道义情态词可以后带某种特定的主谓词组，如"别自己生闷气"。这种主谓词组的特殊性在于词组内主语是与句子主语具有同指关系的反身代词"自己"。如果是普通的主谓词组，进入"别"字祈使句同样受限，如"＊别你生气！"仍不合格。

三 "不得"规定句的主语

否定祈使句的句法槽为"主语（多指向听话人或说听双方，可省）+否定祈使词语+谓词性成分"，否定规定句的句法槽为"主语（多指向所有的或特定范围的单位或人，可省）+否定规定词语+谓词性成分"。通过比较这两种句法槽可发现，这两种句子的主语差异明显。否定祈使句的主语多为祈使对象，在语义上多指向听话人或说听双方，在具体的对话语境中可以省略；否定规定句的主语多为规定对象，在语义上多指向所有的或特定范围的单位或人，在具体的上下文语境中也可以省略。

（一）"不得"规定句主语的类型

据我们考察，"别"字祈使句中零形式主语数量最多，其中对话省略的情况又远远多于承前省略和蒙后省略的情况，其次是第二人称主语和第一人称复数主语，其他形式的主语则极少。"不得"规定句的主语也可以是零形式。如：

（65）在判处没收财产的时候，不得没收属于犯罪分子家属所有或者应有的财产。（《中华人民共和国刑法》2006年）

（66）依法受过刑事处罚的人，在入伍、就业的时候，应当如实向有关单位报告自己曾受过刑事处罚，不得隐瞒。（《中华人民共和国刑法》2006年）

前一例中，"不得"规定句的主语在上下文中均没有出现，是一种自然缺省。后一例中，"不得"规定句的主语在上文中出现，属于承前省略。与"别"字祈使句的主语可以是对话省略和蒙后省略不同，"不得"规定句的主语没有对话省略和蒙后省略的情况。[1]

除了零形式主语外，"不得"规定句的主语主要包括任指性主语和非任指性主语两类。其中，任指性主语最常见的是"任何单位和个人"一类的形式。如：

---

[1] 把所有不出现主语的"别"字祈使句都看作是因对话省略主语，似乎也可以。本书未采取这种处理，我们认为"别"字祈使句的零形式主语既存在对话省略的情况，也存在因上下文省略的情况。

（67）任何单位和个人不得非法干预保险人履行赔偿或者给付保险金的义务。(《中华人民共和国保险法》2009年)

（68）公民、法人的合法的民事权益受法律保护，任何组织和个人不得侵犯。(《中华人民共和国民法通则》1986年)

此外，任指性主语还可以有其他一些情况。如：

（69）任何人不得利用宗教进行破坏社会秩序、损害公民身体健康、妨碍国家教育制度的活动。(《中华人民共和国宪法》2004年)

（70）一切法律、行政法规和地方性法规都不得同宪法相抵触。(《中华人民共和国宪法》2004年)

然而，"别"字祈使句的任指性主语主要由疑问代词充当，很少见到"任何NP"充当主语的情况。"不得"规定句的任指性主语则主要由"任何NP"充当，没有疑问代词充当的情况。"任何NP"在"不得"规定句中均充当施事主语。

"不得"规定句中的非任指性主语又包括特指性名词主语和谓词性主语两类。特指性名词主语如：

（71）货物运输保险合同和运输工具航程保险合同，保险责任开始后，合同当事人不得解除合同。(《中华人民共和国保险法》2009年)

（72）外国保险机构在中华人民共和国境内设立代表机构，应当经国务院保险监督管理机构批准。代表机构不得从事保险经营活动。(《中华人民共和国保险法》2009年)

（73）土地不得买卖、出租、抵押或者以其他形式非法转让。(《中华人民共和国民法通则》1986年)

（74）调解达成协议，必须双方自愿。调解协议的内容不得违反法律规定。(《中华人民共和国民事诉讼法》2007年)

前两例中，"不得"规定句中的主语均充当施事，后两例中，"不得"规定句中的主语分别充当受事和主事。"别"字祈使句的特指性施事主语主要由第二人称代词或第一人称代词复数形式充当，很少由普通名词充当，"不得"规定句施事主语的情况正好相反。谓词性主语如：

(75) 最高人民法院院长每届任期同全国人民代表大会每届任期相同，连续任职不得超过两届。（《中华人民共和国宪法》2004 年）

(76) 人民法院、人民检察院和公安机关对犯罪嫌疑人、被告人取保候审最长不得超过十二个月，监视居住最长不得超过六个月。（《中华人民共和国刑事诉讼法》1997 年）

上述两例中，"不得"规定句中的谓词性主语均可以后加"的时间"，这表明其中的谓词性主语均转指"某种行为的时间"，从这个角度说，这些谓词性主语可以看成是主事成分。据我们观察，"不得"规定句中，这类主语只能与量限动词"超过""低于"等搭配使用。

(二)"不得"规定句主语的统计

我们统计了《中华人民共和国宪法》（2004）、《中华人民共和国刑法》（2006）、《中华人民共和国民法通则》（1986）、《中华人民共和国保险法》（2009）、《中华人民共和国刑事诉讼法》（1997）、《中华人民共和国民事诉讼法》（2007）等六部 19 万字的法律语料，根据谓语和主语不同构成情况做出统计，见表 7-5。

表 7-5　　六部法律中"不得"规定句主语、谓语情况统计①

谓\主	零形式	任指施事	特指施事	特指主事	特指受事	谓词主语	总计
动词	10	3	1	0	1	0	15
述宾	43	2	15	16	2	7	85
状心	14	4	11	0	0	0	29
并列	4	3	0	1	0	0	8
连谓	2	1	1	0	0	0	4
递系	3	1	1	0	0	0	5
总计	76	14	29	17	3	7	146

---

① 表 7-5 中，主语的分类并不是一次划分的结果，每次划分我们只采用一个标准。

观察表 7-5 可发现,"不得"规定句中零形式主语数量最多,占到总数量的 52%,其中可看作承前省略的 58 例,可看作蒙后省略的 0 例,其次是特指性主语,占到总数量的 34%,再次是任指性主语,占到总数量的 9%,最少的是谓词性主语,占到总数量的 5%。

四 语体、语境和交际模式的影响

通过前面三小节的考察可发现,否定规定句和否定祈使句虽然都可以用于禁阻,在句法槽上也有相似点,但无论是对否定词语的选择,还是对谓语、主语的选择,二者都表现出一些差异。我们认为,语体特征、语境特征以及交际模式的不同,是造成否定规定句和否定祈使句以上差异的根源。

(一) 语体、语境和交际模式

语言符号在长期的使用过程中,会形成与特定的交际领域相对应的言语表达形式,这种与特定语境和主题相对应的言语表达形式所构成的特征体系所就是语体(邵敬敏,2007:304)。根据交际媒介的不同,交际领域可以分成日常口语交际和书面文字交际两大领域,与这两大交际领域相对应的言语表达形式就是口语表达形式和书面语表达形式,由此形成的两大语言运用特征体系就是口语语体和书面语语体。

语体的形成与语境密切相关。所谓语境,指人们运用自然语言进行言语交际的言语环境。广义的语境包括上下文语境、情景语境和民族文化传统语境(索振羽,2000:23)。其中,与语体形成密切相关的是情景语境。情景语境指由时间、地点、话题、场合、交际方式和交际者的地位、关系及心理等诸多要素构成的言语交际环境。交际活动中,时间、场合、方式以及参加者等要素的不同整合会体现为不同的交际特征,不同的交际特征往往意味着交际模式的不同。

根据交际双方是否出现在同一场合,交际特征可以分为现场特征和非现场特征;根据交际双方是否同时主动参与交际,交际特征可以分为双向特征和非双向特征;根据交际双方是否能即时做出反应,交际特征可以分为即时特征和非即时特征。所谓交际模式指,人们在言语交际中整合不同的情境要素并体现出不同的交际特征的交际样式。

如果交际活动同时具备现场特征、双向特征、即时特征,即交际双方都出现在现场并能即时做出反应,那么这种交际模式可以概括为现场双向即时交际模式，如日常对话就属于该模式。如果交际活动同时具备非现场特征、非双向特征、非即时特征，即交际双方并非都出现在现场，也不能即时做出反应，那么这种交际模式可以概括为异时异地单向交际模式，如法律规定的颁布就属于该模式。①

如果交际活动具备双向特征、即时特征和非现场特征，那么这种交际模式可以概括为即时异地双向交际模式，如电话交谈就属于该模式。如果交际活动具备双向特征、非现场特征和非即时特征，那么这种交际模式可以概括为异时异地双向交际模式，如信件交流就属于该模式。如果交际活动具备现场特征、非双向特征和即时特征，那么这种交际模式可以概括为现场单向即时交际模式，如报告演讲就属于该模式。

（二）造成否定规定句和否定祈使句差异的根源

从语体特征上来看，否定规定句用于公文语体，表现出书面语语体色彩，否定祈使句用于对话语体，表现出口语语体色彩。

公文语体与对话语体在句式及词语选择上有差异：前者句式结构相对复杂严谨，多使用长句，后者句式结构相对简单松散，多用短句；前者中出现的省略句均为上下文省略，后者中出现的省略句多为对话省略；前者中可用有文言色彩的词语，后者中一般不用有文言色彩的词语。由此，公文语体形成了庄重、严谨、精确、规范的表达风格，对话语体形成了通俗、简洁、灵活、随意的表达风格。

公文语体与对话语体的上述差异在禁阻词语的选择上具体表现为，否定规定句在否定规定词语的选择上偏爱文言色彩较强的"不得"，否定祈使句在否定祈使词语的选择上偏爱口语色彩较强的"别"。进而，"不得"规定句多用长句，省略多因承接前文造成，"别"字祈使句多用短句，省略多由对话语境造成。

从语境特征来看，否定规定句与否定祈使句在所适用的交际方式、交际目的和交际对象上也有不同。

否定规定句是被赋予一定的话语权的权威主体（如国家机关、单位组织）用于禁止相关单位或人员进行某种行为的句子。否定规定句表现的是一种规定行为，是一种强制性的禁止行为，这种行为是通过法规颁布

---

① 典型的交际活动应该是双向的，从这个角度来看，异时异地单向交际模式是一种很不典型的交际模式。

的方式进行的。否定祈使句是说话人用于劝阻或禁止听话人进行某种行为或心理的句子，或说话人用于提醒听话人避免进行某种行为或持有心理的句子。否定祈使句表现的是一种劝阻行为或提醒行为，这种行为一般是通过日常对话的方式进行的。二者的交际目的和适用对象明显不同。

就交际目的而言，否定规定句用于禁止损害国家、社会、集体利益或其他公民权益的行为，以及超出国家法规规定权限的行为。因此，否定规定句对于谓语的选择强烈倾向于自主行为动词和"超出"或"少于"义非自主动词。就适用对象而言，否定规定句的规定对象为一定范围的单位或个人，而非听话人[①]。因此，否定规定句的主语多为指人或单位的名词及其省略形式，而非第二人称代词、第一人称代词复数形式及其省略形式。

就交际目的而言，否定祈使句用于劝阻或禁止听话人的某种行为或心理，或用于提醒避免某种说话人不希望发生的行为或心理。因此，否定祈使句对于谓语的选择不仅可以是自主行为动词、"超出"或"少于"义非自主动词，还可以是心理动词、可控行为动词。就适用对象而言，否定祈使句的祈使对象一般为听话人，而非一定范围的单位或个人。因此，否定祈使句的主语多为第二人称代词、第一人称代词复数形式及其省略形式，而少见指人或单位的名词及其省略形式。

从交际模式上看，否定规定句与异时异地单向交际模式呈现无标记关联，否定祈使句与现场双向即时交际模式呈现无标记关联。[②]

否定规定句主要出现在法律规定之中，表现的是一种规定行为，如果把规定行为看作是一种交际活动，那么交际参与者"权威主体"与"规定对象"并不要求同时出现在同一场合之中，且"权威主体"相对于"规定对象"有绝对的话语权。这样，否定规定句表现出更多的非现场特征、非即时特征、非双向特征。由于交际双方不在现场，规定的对象并不是默认的，这就要求要么在"不得"规定句中明确指出规定对象，要么在前文中明确指出规定对象后，"不得"规定句的主语承前省略。

否定祈使句主要出现在日常对话之中，表现的是一种祈使行为，如果

---

① 这里所说的"听话人"是狭义上的听话人，即指口语交际中的听话人，不包括叙述文本的读者以及法律规定的被规定者。

② 所谓无标记关联指，两个或若干个项目经常在一起关联而受限制较少，这可以是一种基于经验的常规关联，也可以是一种基于统计的常态关联（陆丙甫，2009：262）。

把祈使行为看作是一种交际活动，交际参与者说话人与听话人一般要求同时出现在同一场合之中，说话人相对于听话人并不要求具有绝对的话语权，听话人可以与说话人进行现场互动。这样，否定祈使句表现出更多的现场特征、双向特征、即时特征。由于交际双方都在现场，祈使的对象是默认的、明确的，因此，"别"字祈使句的主语常常是对话省略以及承前省略、蒙后省略。

第三节　两种"不得"的历时演变

"不得"作为词其实有两个：一是作为助动词用在谓词前面，二是作为助词用在谓词后面。结构主义语言学的奠基人索绪尔的一个重要的贡献是，区分了语言的共时研究与历时研究，但他在《普通语言学教程》中还是指出："无论如何，只要我们没有从单位的两个方面，即静态方面和演化方面去加以研究，就不能把它完全解释清楚。"（李广瑜，2010：80）沈家煊（1999：20）也指出：语言的共时变异是语言历时演变的反映，因此在解释语言共时现象时有必要考虑语言演变的历时因素。

对于"不得"的历时演变，前辈时贤著述中已有所论及。齐春红（2004）和傅书灵（2005）讨论了一定历史时期内助词"不得"的共时表现，于康（2004）和付义琴（2006）在论述中涉及了助词"不得"的历时演变，齐春红（2005）同时讨论了助动词"不得"和助词"不得"的历时演变，俞敏（1989）、董秀芳（2002，2003）和贝罗贝、李明（2008）在论述中举例性地涉及了助动词"不得"，太田辰夫（1958）、刘坚等（1992）、蒋绍愚（1994）则在论述中举例性地涉及了助词"不得"。

我们认为，两个"不得"在语义演变上的研究还有进一步深入的空间。在区分谓词前"不得"和谓词后"不得"基础上，下面重点分析两种"不得"语义演变的路径和轨迹，揭示影响两种"不得"语义演变及功能衍生的因素。

一　谓前"不得"的语义演变

（一）从"不得（得到）NP"到"不得（能）VP"

商周时期，"得"可以作为核心谓词使用。如：

(77) 贞州臣不得，贞州臣得。（甲骨文，引自王宇信等，1996：39）

(78) 求之不得，寤寐思服。（《诗经·关雎》）

这两例中，"不得"是由否定副词"不"和实义动词"得"构成的状心词组，义为"没得到"，"不得"所支配的对象为具体事物，如"贞州"和"之（窈窕淑女）"。

当"不得"后面的成分不再是名词而是动词时，"得"作为核心谓词的地位就受到影响，"得"的语义就会发生相应变化，"不得"的语义也随之变化。如：

(79) 孔子下，欲与之言。趋而辟之，不得与之言。（《论语·微子》）

(80) 孺子怒，袭成，从者不得入，乃反。（《左传·哀公十四年》）

这两例中，"不得"均出现在叙述语境中，"不得"所在分句叙述的是已然事件，"不得"后面分别出现了另外的动词"言"和"入"，此时"不得"的意义为"没达成"。

从完形的角度看，如果两个谓词在一个句子中依次出现，那么一般只能有一个谓词作为前景信息被凸显，另一个谓词则作为背景信息存在（洪波、赵茗，2005：40）。（79）和（80）中，由于"得"后面所出现的意义实在的行为动词作为前景信息被凸显，"得"不再作为前景信息被凸显，而是作为背景信息存在，于是语义发生变化，由"得到（某物）"义变化为"达成（某行为）"义，"不得"语义也发生了相应的变化，由"没得到"义变化为"没达成"义。

从隐喻的角度看，"没得到（某物）"也是"没达成（某行为）"，即"没达成得到（某物）"这一行为。比较（77）（78）和（79）（80）可知，"不得"语义上的这种变化可以看作是从一个较具体的认知域"没达成（得到某物）"向一个较抽象的认知域"没达成（某行为）"隐喻投射的结果。

上述两例中，虽然叙述人（可看作说话人）叙述的是已然的未达成的事件，但读者（可看作听话人）在看到这些叙述时却可能进行重新分析（reanalysis）。根据语用推理，某行为没有达成常常意味着不具备达成该行为的主客观条件，即不具备达成该行为的可能。因此，(79)(80)中的"不得"也可以被重新分析为"不能（达成某行为）"。

合作原则中的量的准则在这一语用推理和重新分析中起到重要作用。格赖斯（Grice，1981：45）提出的合作原则中量的准则包括两点："足量准则"和"不过量准则"。前者指（说话人为听话人省力着想）说的话要充足；后者指（说话人为自己省力着想）只说必要的话。根据"不过量准则"，叙述人说出"结果没有达成"，读者很容易根据常识（"如果×不能达成，那么×没有达成"）推导出"结果不可能达成"的隐含义来。据此，"不得"的"不能"义的衍生推理过程如下：

事理：如果"某行为没有达成的可能"，那么"某行为没有达成"。
事实：说话人（根据不过量准则）说的是"某行为没有达成"。
推论：说话人说的很可能是"某行为没有达成的可能"。

通过语用推理和重新分析，"不得"在"没达成"义基础上衍生出"不能"义，这可以看作是一个主观化的过程。"没达成"义的"不得"属于行域、已然现实域，仅是对行为结果的叙述，仅是表述一个命题；而"不能"义"不得"属于知域、主观认识域，是对行为可能性的判断，即在表述一个命题的同时，还表明了说话人的主观认识。[①]

如果说上述两例中的"不得"用于叙述语境表现已然事件时，还处于"没达成"或"不能"的双重分析阶段的话，那么下面两例中的"不得"用于对话语境表现未然事件时，只能有一种理解：

(81) 鱼府曰："今不从，不得入矣。"（《左传·成公十五年》）
(82) 退而告其人曰："卫侯其不得入矣。"（《左传·襄公十四年》）

[①] 这里"行域"指表现行为、行状的概念域，"知域"指表现知识、认识的概念域，下文提到的"言域"指表现言语行为、以言行事的概念域。具体论述可参见沈家煊（2003）。

前一例中,"不得"出现在假设复句的后一分句中,这个分句表现的是说话人在某一假设前提下对于某种未然行为达成可能性的推测。后一例中,"不得"出现在推测义情态词"其"后,所在分句表现的也是说话人对于某种未然行为达成可能性的推测。[①] 这两例中,"不得"均出现在对话语境中表示说话人的主观认识,义为"不能"。

从文献用例来看,从战国时期起"不得(能)"已经大量存在,同时"得(能)"单用的情形也一直存在,但对语境有较强的依赖性,多见于假设语境,这种情况持续到清末。如:

(83)"若以大夫之灵,得保首领以没。"(《左传·隐公三年》)
(84)"诚得立,请割晋之河西八城与秦。"(《史记·秦本纪五》)
(85)"若阿㝹世王与阿难来,山当为开,令其得入。"(《祖堂集·迦叶》)
(86)人生在世,读书一场,得有今日,庶乎无愧。(《儿女英雄传·三十八》)

现代文学作品中,谓前"得(能)"的用法已基本消失。我们统计了《平凡的世界》《白鹿原》《过把瘾就死》《活着》《红处方》《大雪无痕》《狼图腾》《赵子曰》等八部小说约254万字的语料,谓前"不得(能)"27例,却未发现谓前"得(能)"的用例。因此,谓前"不得(能)"已成为一个词。如:

(87)张教授被几个朋友围住,赵子曰们不得下手,于是把"打他"改为"把他逐出去!"(老舍《赵子曰》)
(88)"厂子里厂子外,我认都认不过来,都瞅着这儿不收费了,打起来那叫一个玩命,特别是那些小年轻,给对象打电话长聊,我是黑更半夜不得沉睡。"(王朔《枉然不供》)

(二)从"不得(能)VP"到"不得(许)VP"

战国时期,谓前"不得"在"不能"义基础上进而衍生出"不许"

---

① 关于先秦时期情态词"其"的推测义的讨论可参见谷峰(2010:211—234)。

义。如：

(89) 城上千步一表，长丈，弃水者操表摇之。五十步一厕，与下同圂。之厕者不得操。(《墨子·备城门》)

(90) 一日，楚王急召太子。楚国之法，车不得至茆门。天雨，廷中有潦，太子遂驱车至茆门。廷理曰："车不得至茆门。至茆门，非法也。"(《韩非子·外储说右上》)

根据语境可知，前一例中"之厕者不得操"是墨子守备城门战术中的规定，表现了言者主语墨子对句子主语"之厕者""之厕"行为的规定：不许拿武器。后一例中，"车不得至茆门"是当时楚国的法律规定，表现了言者主语"廷理"这一执法者对于句子主语"车"出行的规定：不许行至茆门。

"不得"衍生出"不许"义，与语言交际中的礼貌原则和不过量准则有关。利奇 (Leech，1983：131) 所提出的礼貌原则中的得体准则包括两点：最小限度地使别人受损；最大限度地使别人得益。说话人在表达强制性祈使时，如果考虑到礼貌原则往往会采取委婉策略①，以避免使受话人心理上受损。"不得"由"不可能"到"不许可"的语义演变即与交际时的礼貌原则有关，即说话人不说"不可以做"，而只说必要的"最小限度地使别人受损"的"不能做"。听话人则可以根据礼貌原则及不过量准则结合特定语境进行语用推理，从而获悉说话人的发话意图。据此，"不得"的"不许"义的衍生推理过程可概括如下：

事理：如果"不许做某事"，那么"不能做某事"。
事实：说话人（根据礼貌原则及不过量准则）说的是"不能做某事"。
推论：说话人说的很可能是"不许做某事"。

显然，"不得"在"不能"义基础上衍生出"不许"义，经过了一

---

① 贝罗贝、李明 (2008：6) 认为"不得"衍生出"不许"义与委婉策略有关，我们认同此观点。

个语用推理和重新分析的过程，这同时也是"不得"发生交互主观化的结果。"不能"义"不得"属于知域、主观认识域，仅是对行为可能性的判断，表明的是说话人的主观认识；而"不许"义"不得"属于言域、以言行事域，表明所在句子是表示禁止的"言语行为"，该"不得"表明了说话人对话语中涉及人物（包括听话人）某种行为"不允许"的主观态度。

据我们考察，先秦时期谓前"不得（许）"仅见于《墨子》《韩非子》一类涉及律例规定的文献，这说明"不得（许）"的使用对语境有较强的依赖，这种情况一直持续至今。同样，谓前"得（许）"的使用均见于西汉到清末的法律文献中，也体现出很强的语境依赖性。如：

(91) 为吏及宦皇帝，得买舍室。（《张家山汉简·二年律令·户律》）

(92) 女子居丧为妾，得减妻罪三等。（《唐律疏议·名例》）

(93) 其嫡妻年五十以上无子者，得立庶长子。（《大明律·户律》）

(94) 著作者身故，得由其承继人继续至三十年。（《大清著作权律·五》）

我们统计了《中华人民共和国宪法》《中华人民共和国刑法》《中华人民共和国刑事诉讼法》《中华人民共和国民法通则》《中华人民共和国民事诉讼法》《中华人民共和国著作权法》《中华人民共和国专利法》《中华人民共和国保险法》8部法律约21万字的语料，谓前"不得（许）"有164例，谓前"得（许）"仅1例。"得（许）"在当前的法律文献中趋近消失，表明"不得（许）"已基本成词。

现代汉语中，"不得（许）"多出现在法规文体中，有时也可以出现在小说文体中，但仍是出现在规定句中，有较强的文言色彩。如：

(95) 著作权人行使著作权，不得违反宪法和法律。（《中华人民共和国著作权法》）

(96) 版权所有，不得翻印！（王朔《千万别把我当人》）

二 谓后"不得"的语义演变

(一) 从"VP 不得（得到）"到"VP 不得（能）"

春秋至战国时期，"不得"可以出现在获得义动词后面，义为"没得到""得不到"。如：

(97) 求之不得，寤寐思服。（《诗经·关雎》）
(98) 越国无君，求王子搜不得，从之丹穴。（《庄子·让王》）
(99) 刖危引之而逃之门下室中，吏追不得。（《韩非子·外储说左下》）
(100) 求索不得，货赂不至，则精辩之功息，而毁诬之言起矣。（《韩非子·孤愤》）

这四例中，"不得"前面的"求""追""索"都是及物动词、自主动词，且都明显以获得为目的。前三例中的"不得"用于现实已然语境，"不得"表明了"求""追"的结果是"没得到"。后一例中的"不得"用于假设未然语境，"不得"义为"得不到"。

战国至两汉时期，进入"VP 不得"这一句式的动词的范围扩大，一些不以获得为目的的动词也可以进入这一句式，这就导致该句式中的"不得"发生意义上的变化。如：

(101) 荆轲为燕太子刺秦王，操匕首之剑，刺之不得，秦王拔剑击之。（《论衡·儒增》）
(102) 靖郭君辞不得，三日而听。（《战国策·卷八》）
(103) "今壹受诏如此，且使妾摇手不得。"（《汉书·孝成许皇后传》）
(104) "古制宽，大臣有隐退，今去不得。"（《汉书·龚遂传》）

前两例中，谓后"不得"均用于现实已然语境，动词"刺""辞"所表示的行为不以获得为目的，"刺之不得"表现的是"刺杀他没有达成"，"辞不得"表现的是"辞官没有达成"。在上述已然语境中，"不得"被重新分析为"没有达成"。后两例中,谓后"不得"均用于非现实未然语境(如致使语境或推测语境),"摇""去"所表示的行为也不以获得为目的,"使妾摇手不得"表现的是"使我不能摇手","去不得"表现的是"不能离去"。在上述未然语境中,"不得"被重新分析为"不能"。

王力(1980[1958]:301—304)指出,动词后的"得"经历了一个"得到→达成→能够"的语义虚化的过程。通过上面的考察会发现,谓后"不得"经历了一个类似的语义虚化的过程:没得到→没达成→不能够。这一语义演变过程中,认知因素和语境因素起到重要的作用。

实现谓后"不得"由"未得到"向"未达成"这一意义变化的认知心理基础是隐喻,即谓后"不得"意义由较具体的"没达成(得到某物)"投射为较抽象的"没达成(某行为)",实现这一意义变化的语境基础是已然语境。这时,"V不得"用于对已然行为事件的叙述。当谓后"不得"用于非现实未然语境时,"不得"意义不再是"没达成",而是"达不成",即"不能(达成)"。这时,"V不得"用于对未然行为的判断或推测。与"没达成"义谓后"不得"相比,"不能"义谓后"不得"主观性增强,即表达的是说话人的主观认识。

据我们考察,五代到明清的文献中,都还能见到谓后"得(能)"单用的情形,如:

(105)上堂告云:"还有人医得吾口摩?有人医得,出来!"(《祖堂集·卷十九》)

(106)师曰:"既无人断得,老僧为断去。"(《五灯会元·卷五》)

(107)"卢某不当,量此微功谁都干得,何敢受此重赏。"(《水浒传·一》)

(108)"依我看来,这病尚有三分治得。"(《红楼梦·十》)

现代汉语中,谓后"得(能)"的使用频率极低。在我们统计的八部小说约254万字的语料中,谓后"不得(能)"有116例,谓后"得(能)"仅有4例,且均出现于疑问语境,其中有3例是与"不得(能)"对举,1例用于反问,均非典型的单用。因此,谓后"不得

（能）"可以被看成一个词。如：

（109）"我的天，这气煞是咄咄逼人，这光煞是耀眼，我几乎近它不得。"（王朔《痴人》）

（110）这种时候，你还说他不得，越说，他们越恼火。（陆天明《大雪无痕》）

（111）在公安局混过差事，他晓得穷人中也有好汉，得罪不得。（老舍《哀启》）

（112）她的双腿像抽去了筋骨绵软无力，坐在车子上动弹不得。（陈忠实《白鹿原》）

前两例中，"不得"跟在述宾词组"VN"之后；后两例中，"不得"直接跟在光杆动词 V 之后。相比之下，无论是在北方作家笔下，还是在南方作家笔下，"VN 不得（能）"都远远少于"V 不得（能）"。在我们统计的北方作家王朔的 151 万字的小说语料中，"V 不得（能）"41 例，"VN 不得（能）"仅 1 例，即（109）。在南方作家陆天明的 28 万字的《大雪无痕》中，"V 不得（能）"有 11 例，"VN 不得（能）"仅 1 例，即（110）。

（二）从"VP 不得（能）"到"VP 不得（可）"

于康（2004：17）指出："V 不得"有两类，一类表示对某种客观事实的否定，一类表示禁阻。于文认为"V 不得"经历了语法化的过程："V 不得"在语义分化以前，是用来对某种客观事实的否定，随着否定焦点的变化，"得"的功能发生变化，由承担词汇意义发展为偏向语法意义，和"不"一起表示禁阻。

我们认为，从谓后"不得（能）"到谓后"不得（可）"，是语言进一步发生主观化的产物。谓后"不得（能）"表示对某种客观事实出现可能性的否定，表示的是说话人的一种主观推断。以下是唐及五代时期谓后"不得（能）"的用例：

（113）"应投匦进封事人等，宜起今后，并须将所进文书，到匦院验卷轴入匦函，不得便进。如轴稍大，入函不得，即依前降使宣

取。仍永为常式。"(《唐会要①·卷五十五》)

(114) 进曰:"为什摩不吃?"师曰:"消他不得。"进曰:"什摩人消得?"师曰:"不犯优婆事者。"(《祖堂集·卷四》)

(115) 我有迷魂招不得,雄鸡一声天下白。(李贺《致酒行》)

(116) 道安遂写表奏上晋文皇帝:"臣奉敕旨,于福光寺内讲《涅盘经》。听人转多,有乱法筵,开启不得,伏乞敕旨,别赐指挥。"(《敦煌变文集·庐山远公话》)

前两例中,"VN 不得"是对 VN 所表示行为的可能性的否定。后两例中,"V 不得"是对 V 所表示行为的可能性的否定。这四例中的"VP 不得"表现的并不是说话人的主观态度,而是说话人的主观认识。

然而,有时说话人使用"VP 不得"并非只是表现认识或推断。当"VP 不得"被说话人用于表明自己对听话人行为的认识或推断时,"不得"就不可避免地要带上说话人的主观态度,这时"VP 不得"便衍生出劝阻功能,谓后"不得(可)"由此产生。据我们考察,谓后"不得(可)"宋元时期已有使用。如:

(117) "怪他不得,你既不能用他,又无粮食与他吃,教他何如得?"(《朱子语类·一百三十》)

(118) 问:"'不迁怒'是见得理明,'不贰过'是诚意否?"曰:"此二者拆开不得,须是横看。"(《朱子语类·三十》)

(119) "不可。王翦乃名将,刺他不得。"(《元刊全相平话五种·秦并六国平话》)

(120) "你平日性子粗糙,此事干击斫头的罪犯,一些儿泄漏不得!"(《元曲选·谢金吾诈拆清风府》)

这四个例子均出现在会话语境中。第一例中,"怪"为非自主可控动词,"怪他不得"用于提醒听话人避免有某种心理。第二例中,"拆开"为自主述补词组,"拆开不得"用于劝阻听话人做某事。第三例中,"刺"

---

① 《唐会要》虽成书于北宋初年,但(113)记录的是会昌元年四月的唐武宗的敕语,仍应看作唐代用例。

为自主动词,"刺他不得"用于劝阻听话人做某事。第四例中,"泄露"为非自主可控动词,"泄露不得"是提醒听话人不可泄露杨六郎私下三关回家探母之事。

现代文学作品中,谓后"不得(可)"仍有使用。在我们统计的八部小说约 254 万字的小说文本中,谓后"不得(可)"有 12 例,均出现于对话语境,有很强的口语色彩。例如:

(121)"扔不得……扔不得……兄弟还没讨老婆哩。"(陆天明《大雪无痕》)

(122)"庄羽,这针你千万打不得。"(毕淑敏《红处方》)

现代汉语中"VN 不得(可)"则极为少见,呈现萎缩之势,我们只在金庸的小说中发现了用例。如:

(123)"那金轮法王呢?咱们可饶他不得。"(金庸《神雕侠侣》)

(124)"他这样坏,那可饶他不得。"(金庸《鹿鼎记》)

应指出,与谓前"不得"已经在规定性语体中固化产生出"不许"义不同,谓后"不得"的"不可"义并没有在专门的语体中得到固化,因而还不能看作是谓后"不得"的自身意义,而只能看作是在对话语境中产生的一种语用意义。

三 影响"不得"语义演变的因素

语义演变是着眼于语言单位自身的语义发展所得出的一种认识,换个角度看,语言单位语义演变的过程也可看作是语言使用者对于语言单位重新解释的过程,毕竟语言的本质属性是它的社会属性,语言最重要的功能是交际功能,语言中的一切变化都是在交际双方的语言使用中发生的。寻找影响语义演变的因素从根本上说也就是在寻找影响语言使用者对于语言单位重新解释的因素。因此,对于影响语义演变的因素,一方面需要从语言内部来寻找,另一方面更需要从语言外部来寻找。

(一)句法分布因素的影响

就语言内部而言,语言单位的语义演变常常与某一实词句法位置的改变有关的（参见刘坚等，1995：16；李广瑜，2009：104）。如果上升到一个更高的层次来看，句法位置的变化应属于句法环境变化中的一种。句法环境的变化必然会带来语义环境的变化，进而诱发语言使用者对于语言单位进行重新解释。

就谓前"不得"而言，由位于体词性成分前变为位于谓词性成分前，"不得"后接的成分由表示实体事物变为表示相对抽象的行为，使得"不得"发生了由"没得到"向"没达成"的语义演变。谓后"不得（得到）"向谓后"不得（能）"的发展的语义演变似乎与句法位置环境的改变无关，因为"不得"前面始终是谓词性单位。其实不然，这里的"不得"之所以会发生语义演变是由于前面的谓词已由获得义动词变为非获得义动词，句法语义环境也已发生变化。

（二）认知语用因素的影响

就语言外部而言，语言使用者在特定语境中对语言单位进行重新解释（reinterpretation）是由认知因素和语用因素共同促动的［海涅（Heine）等，1991：72］一般认为，隐喻在语法化的初始阶段起重要作用，语用推理则贯穿于语法化的整个过程［拜比（Bybee）等，1994：296］。我们认为，"不得"的语义演变，与完形（gestalt）、隐喻（metaphor）和语用推理（pragmatic inference）等认知语用因素密切相关。

在谓前"不得"语义演变的初始阶段，完形和隐喻的作用十分重要。从完形认知的角度看，由"没达成（得到某事物）"到"没达成（某行为）"的语义演变是"不得"由前景信息（核心谓词）转变为背景信息（非核心谓词）的结果。从隐喻角度看，"不得（能）"来自具体认知域（行域1）"没达成（得到某事物）"向抽象认知域（行域2）"没达成（某行为）"的隐喻投射。谓后"不得"语义演变的初始阶段隐喻起着类似的作用。

沈家煊（2004：250）指出，语言的演变不是源自语言自身，而是源自语言的使用，说话人和听话人在语用原则支配下的在线（on-line）交谈是语义演变的最重要的动因。听话人根据合作原则中的"不过量准则"，通过语用推理得出说话人说"没达成某行为"常常意味着不具有达成某行为的可能，"不得"的"不能"义由此产生。听话人根据礼貌原则中的"得体准则"及合作原则中的"不过量准则"，通过语用推理得出说话人说"不能达成某行为"往往隐含着说话人的态度是"不许可"，"不得"的"不许可"义由此产生。

(三) 其他因素的影响

语境对于语言意义的演变具有塑造作用。特拉格特（Traugott, 1995: 32) 指出,语言的演变常常伴随着语言的主观化。① 语言的主观化和语言的交互主观化是语义演变的主要机制 [特拉格特、达舍尔（Traugott & Dasher), 2002: 279]。特定语境中,说话者常常会在一些描述客观事件或行为的词语上面加上自己对客观情形的主观认识,从而把说话的目的和动机也传达给对方,这便是语言的主观化 (subjectification)。除了对客观情形的认识外,特定语境中,说话人还会将自己对话语中涉及人物的态度、情感通过话语传达给听话人,这便是语言的交互主观化 (intersubjectification) (特拉格特、达舍尔, 2002: 94)。

"不得"由"没达成"义向"不能"义的语义演变是"不得"在一定语境下主观化的结果：当出现于推测性语境时,"不得"表现的是对行为达成可能性的认识,这时"不得"便由"没达成"义发展出"不能"义。"不得"由"不能够"义向"不许可"义的语义演变则是"不得"在一定语境下发生交互主观化的结果：当出现于禁阻语境时,"不得"表现的是对律例中涉及人物或对话的另一方施行某行为的禁阻态度,"不得"便由"不能"义发展出"不许可"义。

四 类型学视野下"不得"的语义演变

汉语学界很早就在著述中涉及汉语历史上"得"的语义演变,如吕叔湘（1944)、王力（1958)、太田辰夫（1958)、祝敏彻（1960）等。借助于语法化理论的视角,贝罗贝 (Peyraube, 1996)、孙朝奋 (Sun Chaofen, 1996)、特拉格特、达舍尔（2002）和贝罗贝、李明 (2008) 等讨论了汉语历史上"得"的语义演变,马提索夫 (Matisoff, 1991)、吴福祥 (2009) 等则从语言接触的角度研究了东南亚诸语言"得"义词语的语法化。

其中,马提索夫 (1991: 427) 构拟出了一个以"获得"义作为语义引申原点的语义引申网络,见图7-1：

---

① "主观化"可理解为语言主观性 (subjectivity) 从无到有或程度加深的过程。"语言主观性"是指说话人在表述一个命题的同时对这个命题表明自己的认识、态度或情感。(参见沈家煊, 2001)

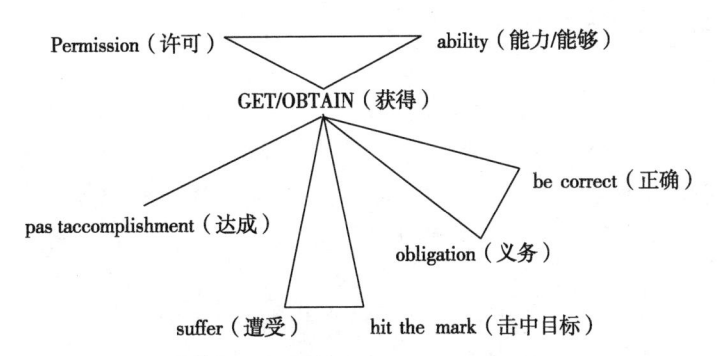

```
Permission（许可）            ability（能力/能够）
              GET/OBTAIN（获得）
                                        be correct（正确）
    pas taccomplishment（达成）
                                obligation（义务）
           suffer（遭受）   hit the mark（击中目标）
```

图 7-1　马提索夫以"获得"义为引申原点的语义引申网络

观察图 7-1 可发现，以"获得"义作为语义引申原点，"达成""能够""许可"等意义均可以在此基础上衍生。

海涅、库特夫（Heine & Kuteva，2002：143—148）指出人类语言中存在以下语义演变路径：

GET（获得） > ABILITY　　（能力）
GET（获得） > POSIBILITY　（可能）
GET（获得） > PERMISSIVE　（许可）

比较马提索夫（1991）和海涅、库特夫（2002）对于"获得"义动词语义演变路径的概括，二者的共同点是都以"获得"义作为语义衍生的起点，不同的衍生义可看作是"获得"义作为中心起点发生辐射引申后的结果。

与马提索夫（1991）和海涅、库特夫（2002）有所不同，贝罗贝、李明（2008：20）则指出：语义演变有一定的方向性，这种有一定方向性的语义演变，大多是源于语用推理，跟主观化有关。参照前文我们对于"不得"语义演变的分析，会发现汉语史上"不得"的语义演变确实有很强的方向性。特拉格特、达舍尔（2002：281）指出，语义演变的一个重要趋势是：

非主观（nonsubjective）意义 > 主观（subjective）意义 > 交互主观（intersubjective）意义

参照前文我们对于"不得"语义演变的分析，会发现汉语史上"不得"的语义演变确实有很强的方向性。"不得"语义演变的路径、方向及影响因素可简化为图 7-2：

路径	"不得（没得到）"	→	"不得（没达成）"	→	"不得（不能）"	→	"不得（不许）"
意义类	非主观意义		非主观意义		主观意义		交互主观意义
概念域	实体获得域		行为达成域		主观认识域		言语行为域
	行域1		行域2		知域		言域
影响		句法环境变化		主观化		交互主观化	
		完形隐喻		语用推理		语用推理	
因素		已然语境		未然语境		禁阻语境	

图 7-2 "不得"语义演变的路径、方向及影响因素

应指出，汉语中"不得"的语义演变与"得"的语义演变有很大的相关度，如"得"的语义演变与否定语境（即"不得"）有关，但影响"得"语义演变的因素又不限于此，此不赘述。由于这里的研究对象是"不得"，研究目的在于为汉语史上"不得"语义演变或者说功能衍生的过程提供历时的描写和解释，因此，只是在说明"不得"的词化程度时，才涉及相应时期"得"的意义及用法。

汉语史上，"得"由"获得"义到"达成"义、"能够"义进而到"许可"义的演变，虽然是具有跨语言共性的语言演变现象，但汉语中的谓前"不得"和谓后"不得"最终粘合成词，这却又有别于其他语言。显然，"不得"的词汇化与汉语史上词语的双音化有关，与"得"的粘着性不断增强有关，而后者又与汉语史上"能""可"等助动词的衍生、发展及彼此竞争有关，限于篇幅，留待以后讨论。

第八章

结　语

第一节　主要结论

否定祈使类聚是否定祈使表达形式构成的一个类聚。就现代汉语而言，否定祈使类聚包括典型否定祈使句、非典型否定祈使句和否定祈使类陈述句。典型否定祈使句包括"别"字祈使句、"不要"祈使句和"甭"字祈使句。非典型否定祈使句包括"不"字祈使句、"少"字祈使句、"不准"祈使句、"不许"祈使句、"不用"祈使句、"不必"祈使句、"不能"祈使句、"不得"祈使句，等等。否定祈使类陈述句包括A类否定在后式和B类否定在前式两类。

以言语行为理论的视角来看，典型否定祈使句、非典型否定祈使句是隐性否定祈使施为句，否定祈使类陈述句是显性否定祈使施为句。否定祈使施为句是具有否定祈使功能的以言行事的句子。否定祈使类聚实际上是不同类型的否定祈使施为句构成的聚合。显性否定祈使施为句（限于A类）和隐性否定祈使施为句（包括典型和非典型两类）都可用于否定祈使表达，二者存在着转换关系，这种转换同时受制于施为动词的类型和否定祈使形式的类型。

以原型范畴理论的视角来看，典型否定祈使句、非典型否定祈使句和否定祈使类陈述句构成的否定祈使类聚是一个原型范畴。把典型否定祈使句、非典型否定祈使句和否定祈使类陈述句联系成一个范畴的属性特征是"具有否定祈使功能"，把典型否定祈使句和非典型否定祈使句、否定祈使类陈述句区别开来的属性特征是"直接实现否定祈使功能"，把非典型否定祈使句和否定祈使类陈述句区别开来的属性特征是"主语指向听话人"。

"别"字祈使句包括"别 V""别 A""别 V 了""别 A 了""别 V 着""别 A 着""别 VO""别 AD+VP""别 V/A（得）C"等不同形式。当 VP 具有［+自主］［+行为］/［+心理］特征时，"别 VP"表示劝阻或禁止某行为或心理；当 VP 具有［+强可控］［+行为］/［+心理］特征时，"别 VP"表示提醒避免某行为或心理，多有较强的劝阻意味；当 VP 具有［+弱可控］［+行为］/［+心理］特征时，"别 VP"表示提醒避免某行为或心理，没有劝阻意味。

"别+引语"元语否定句是一种元语性否定祈使句，用于对不适宜话语提出修正进而劝导听话人采取适宜行动，具体包括以下五种情形：否定非现实情态表达的适宜性，否定低传信度表达的适宜性，否定消极性表态的适宜性，否定关系词语或互动性词语的适宜性，否定异域词语的适宜性。"别+引语"元语否定句的不同变体形式在否定对象选择上存在互补倾向，未超出句法限制的"别+引语"元语否定句存在同形歧域情形。

"不用"祈使句的句式义为"（你/你们/咱们）不需要进行某种行为或持有某种心理"。"不用"祈使句的预设为"听话人认为有必要进行某种行为或需要持有某种心理"。然而，听话人认为必要并不等于说话人也认为必要。因此，"不用"祈使句的句式义也可理解为：（说话人认为听话人）不需要进行听话人可能认为有必要进行的某种行为或心理活动。如果对 VP 表示的行为或心理的认识评价可以因人而异，VP 可参与构成"不用 VP"祈使句。

"甭"由"不用"合音而来，从双音节的"不用"衍生出合音形式"甭"，是在语气急促的语境中实现的。与"不用"相比，"甭"并非表示客观上不需要，而是直接表示主观上不希望。相对于"不用"，"甭"融入了说话人的急切意愿，主观性更强。虽然都直接表达说话人的否定性意愿，"甭"只针对某种自主的或强可控的行为或心理表达说话人的否定性意愿，"甭"字祈使句的说话人在权势地位上应不低于听话人，"别"字祈使句无上述限制。

"不得"有两个：谓前助动词"不得"和谓后助词"不得"。前者主要出现在规定语体中表示禁止，构成"不得"规定句，表现的是一种规定行为；后者主要出现在对话语体中，可用于劝阻，构成"不得"祈使句，表现的是一种祈使行为。"不得"规定句中的核心谓词只能是足量双音节自主行为动词，谓语可以是光杆动词以及述宾、状心等词组形式。"不得"祈使句中的核心谓词倾向于是单音节/轻声双音节的自主/可控谓词，词组形式限于述宾。

助动词"不得"和助词"不得"在汉语史上经历了各自独立的语义演变过程。前者经历了从"不得（得到）NP"到"不得（能）VP"再到"不得（许）VP"的演变过程，后者经历了从"VP 不得（得到）"到"VP 不得（能）"再到"VP 不得（可）"的演变过程。两种"不得"在语义演变过程中都经历了从非主观意义到主观意义再到交互主观意义的不同阶段，句法分布、完形隐喻、语用推理以及语境诸多因素在这些演变过程中起主要作用。

第二节　创新之处

第一，注重发现新的语言事实。

以往否定祈使问题的研究，偏重于否定祈使句，尤其是典型的"别"字祈使句，对于其他否定祈使句虽有涉及，但缺乏总体考察。立足于结构、语义和表达，我们致力于发掘更多的实现否定祈使表达功能的不同表达形式。本书不但梳理了现代汉语中的各种否定祈使句，而且考察了具有否定祈使表达功能的陈述句，并发现后者实际上存在 A 类否定在后式和 B 类否定在前式两类，这为认识句类与表达功能之间的多样性关系提供了一个新的切入点。

以往的研究对"别 V 着"祈使句的句式语义和动词特征研究不充分。我们认为"别 V 着"祈使句的句式义为"说话人要听话人不处于某种状态"。进入"别 V 着"祈使句的 V 在句法语义上多数具有［+自主］［+状态］［+附着］特征，或者具有［+可控］［+持续］［+位移］特征。从语料考察来看，动词的［+附着］特征应该区分出［+具体附着］特征和［+抽象附着］特征，其中［+具体附着］特征还应区分出［+主体附着］特征和［+客体附着］特征，［+抽象附着］特征即［+心理附着］特征。

以往的研究对"不得"祈使句和"不得"规定句的差异未做深入研究。本书指出，谓词前"不得"为助动词，主要出现在规定语体中构成"不得"规定句；谓词后"不得"为助词，主要出现在对话语体中，可构成"不得"祈使句。二者在主语、谓语构成上都表现出差异。主语方面，后者倾向于出现第二人称代词和第一人称复数代词，前者中则不出现；谓语方面，前者可以是光杆动词以及述宾、状心等词组形式，后者谓语倾向于为光杆动词或形容词。

第二，注重发掘新的语言规律。

以往的研究注意到谓词语义特征对于否定祈使句表义的影响，如"别VP［+自主］"表示劝阻或禁止，"别VP［+可控］"表示提醒避免。本书则将［+可控］特征又分为［+强可控］和［+弱可控］，并引入［+行为］［+心理］和［+持续］等特征，发掘这些特征对否定祈使句表义的影响。如"别VP［+自主］［+行为］［+持续］"表示劝阻或禁止某行为，可以是禁阻开始，也可以是禁阻继续；"别VP［+强可控］［+心理］［+持续］"表示提醒避免某心理，多是提醒避免持续，有时也可以是提醒避免开始；"别VP［+弱可控］［+行为］"表示提醒避免某种消极的行为结果。

以往的研究对"不用VP"祈使句的成立条件未作专门探讨。本书通过全面考察"不用V""不用A""不用VO""不用AD+VP""不用V/A（得）C"等具体否定祈使表达形式后发现，"不用VP"祈使句成立的条件可总体概括为：听话人认为VP表示的行为或心理是必要的或理所当然的（预设义），而说话人认为不必如此（句式义）。简言之，如果对谓语VP表示的行为或心理的必要性的评价会因人而异，那么"不用VP"祈使句就具备了成立的必要条件。

第三，注重采用新的研究视角。

在言语行为理论的视角下，本书指出典型否定祈使句、非典型否定祈使句是隐性否定祈使施为句，否定祈使类陈述句是显性否定祈使施为句。显性否定祈使施为句（限于A类）和隐性否定祈使施为句（包括典型和非典型两类）存在着转换关系。由"别""不要""甭""不准""不许""少""不"参与构成的否定祈使形式倾向于前加意愿类施为动词构成意愿类显性否定祈使施为句。由"不用""不必""不能"参与构成的否定祈使形式则倾向于前加认识类施为动词构成认识类显性否定祈使施为句。

在原型范畴理论的视角下，本书指出否定祈使类聚是原型范畴。从语用功能上看，否定祈使类聚的原型特征体现为具有否定祈使功能。从结构构成上看，否定祈使类聚的原型特征体现为：句子主语指向听话人，句子谓语为自主或可控谓词性成分，句子主语和句子谓语之间出现否定祈使词语。从语用功能的实现方式上看，否定祈使类聚的原型特征体现为否定祈使功能依靠句子字面意义直接实现。以上述特征作为属性标准会发现，从典型否定祈使句到非典型否定祈使句、再到否定祈使类陈述句，属性特征逐渐减少。

第三节　不足之处

限于作者能力、精力和时间，本书在以下几个方面还存在不足。

第一，对于否定祈使句个案的研究并不充分。虽然第二章总论中提及了"不要"祈使句、"少"字祈使句、"不"字祈使句、"不准"祈使句、"不许"祈使句、"不必"祈使句等等，但后面并未专辟章节逐一讨论。

第二，对于"别"字祈使句的描写显得过于烦琐。为了尽量将"别"字祈使句的各种表达形式全景式地呈现出来，我们做了大量的描写工作。虽然在描写的同时，也试图针对一些特别现象做出解释，但是总体看来略显琐碎，系统性不强，规律性不强。

第三，对于否定祈使问题的研究缺少语言类型学的视角。作为一种普遍存在的言语行为，否定祈使行为理应为世界各民族所共有。由此，不同民族的语言中都应存在否定祈使表达形式。考察其他民族语言的否定祈使表达形式无疑对认识汉语否定祈使表达形式的特点有很大帮助。

第四，对于否定祈使问题的研究有待于提升至话语情态研究的理论高度。话语的情态包括动力情态、道义情态和认识情态。否定祈使属于道义情态，但又与动力情态、认识情态密不可分。例如，否定祈使词语"不能""不得"与动力情态相关，"不用""不必"则与认识情态相关。限于个人理论素养，相关讨论有待深入。

参考文献

白荃：《"不""没（有）"教学和研究上的误区》，《语言教学与研究》2000年第3期。

北大中文系1955—1957级语言班编：《现代汉语虚词例释》，商务印书馆1982年版。

贝罗贝、李明：《语义演变理论与语义演变和句法演变研究》，载沈阳、冯胜利主编《当代语言学理论和汉语研究》，商务印书馆2008年版。

卜师霞：《关于否定副词"别"是"不要"合音的质疑》，《中山大学学报论丛》2002年第6期。

陈平：《描写与解释：论西方现代语言学研究的目的与方法》，《外语教学与研究》1987年第1期。

陈爽：《祈使性否定副词"少"》，《柳州职业技术学院学报》2005年第3期。

陈一：《句类与词语同现关系刍议》，《中国语文》2005年第2期。

陈一：《对举表达式的再分类及其意义》，《中国语言学报》2008年第13期。

陈一、李广瑜：《"别+引语"元语否定句探析》，《世界汉语教学》2014年第4期。

陈颖：《现代汉语传信范畴研究》，中国社会科学出版社2009年版。

陈振宇、朴珉秀：《话语标记"你看"、"我看"的现实情态》，《语言科学》2006年第2期。

储泽祥：《"名+数量"语序与注意焦点》，《中国语文》2001年第5期。

储泽祥等：《汉语联合短语研究》，湖南大学出版社2002年版。

储泽祥：《涵括、细节范畴与汉语语法研究》，载商务印书馆编辑部编《21 世纪的中国语言学》，商务印书馆 2004 年版。

戴耀晶：《现代汉语时体系统研究》，浙江教育出版社 1997 年版。

［英］戴维·克里斯特尔编：《现代语言学词典》，沈家煊译，商务印书馆 2000 年第 4 版。

丁声树等：《现代汉语语法讲话》，商务印书馆 1961 年版。

董秀芳：《动词性并列复合词的历时发展特点与词化程度的等级》，《河北大学学报》2000 年第 1 期。

董秀芳：《词汇化：汉语双音词的衍生和发展》，四川民族出版社 2002 年版。

董秀芳：《"不"与所修饰的中心词的粘合现象》，《当代语言学》2003 年第 1 期。

董秀芳：《移情策略与言语交际中代词的非常规使用》，载齐沪扬主编《现代汉语虚词研究与对外汉语教学》，复旦大学出版社 2005 年版。

董秀芳：《词汇化与话语标记的形成》，《世界汉语教学》2007 年第 1 期。

端木三：《重音、信息和语言的分类》，《语言科学》2007 年第 5 期。

范晓：《论"致使"结构》，《语法研究和探索》2000 年第 10 辑。

方光焘：《方光焘语言学论文集》，商务印书馆 1997 年版。

方霁：《现代汉语祈使句的语用研究（上）》，《语文研究》1999 年第 4 期。

方霁：《现代汉语祈使句的语用研究（下）》，《语文研究》2000 年第 1 期。

方梅：《汉语对比焦点的句法表现手段》，《中国语文》1995 年第 4 期。

方梅：《认证义谓宾动词的虚化》，《中国语文》2005 年第 6 期。

方梅：《篇章语法与汉语研究》，载刘丹青主编《语言学前沿与汉语研究》，上海教育出版社 2005 年版。

方梅：《语体动因对句法的塑造》，《修辞学习》2007 年第 6 期。

冯春田、王群：《副词"别"形成问题补议》，《汉语学报》2006 年第 1 期。

冯军伟：《述结式的自主性考察及认知分析》，《云南师范大学学报》2010 年第 2 期。

付义琴:《也谈能性述补结构"V(O)不得"的来源》,《集美大学学报》2006年第3期。

傅惠钧、陈艳丽:《略论隐性否定祈使句》,《汉语学习》2007年第3期。

傅书灵:《〈歧路灯〉中的能性"V不得(O)"》,《信阳师范学院学报》2005年第2期。

高航:《元语否定的认知语用分析》,《四川外语学院学报》2003年第2期。

高小方、蒋来娣:《汉语史语料学》,高等教育出版社2005年版。

高增霞:《汉语担心——认识情态词"怕""看"和"别"的语法化》,《中国社会科学院研究生院学报》2003年第1期。

谷峰:《先秦汉语情态副词研究》,博士学位论文,南开大学,2010年。

谷孝龙:《试论现代汉语语法中形式与功能相结合原则的指导作用》,《沈阳师范学院学报》1999年第1期。

谷孝龙:《句类划分标准的三个平面语法观和语义功能语法观》,《沈阳师范学院学报》2008年第5期。

关键:《"V/A得慌"的语法化和词汇化》,《南开语言学刊》2010年第1期。

郭红:《基于第二语言教学的汉语语气范畴若干问题研究》,博士学位论文,南开大学,2010年。

郭继懋、王红旗:《粘合补语和组合补语表达差异的认知分析》,《世界汉语教学》2001年第2期。

郭锐:《汉语动词的过程结构》,《中国语文》1993年第6期。

郭锐:《述结式的配价结构和成分的整合》,载沈阳、郑定欧主编《现代汉语配价语法研究》,北京大学出版社1995年版。

郭昭军:《现代汉语中的弱断言谓词"我想"》,《语言研究》2004年第2期。

国家汉办编:《国际汉语教师标准》,外语教学与研究出版社2007年版。

何自然、陈新仁:《当代语用学》,外语教学与研究出版社2004年版。

赫琳：《"甭"与"别"》，《语言研究》2009年第4期。

洪波、赵茗：《汉语给予动词的使役化及使役动词的被动介词化》，载沈家煊等主编《语法化与语法研究（二）》，商务印书馆2005年版。

侯瑞芬：《"别说"与"别提"》，《中国语文》2009年第2期。

黄伯荣、廖序东主编：《现代汉语（下册）》，高等教育出版社2002年第3版。

黄美金：《"了"：汉语中一个标示"界限"的符号》，载曹逢甫、西槙光正编《台湾学者汉语研究论集》，天津人民出版社1997年版。

金立鑫：《语言研究方法导论》，上海外语教育出版社2007年版。

江蓝生：《禁止词"别"考源》，《语文研究》1991年第1期。

江蓝生：《近代汉语探源》，商务印书馆2000年版。

姜慧英：《"别X"祈使句研究》，硕士学位论文，东北师范大学，2008年。

蒋平：《形容词谓语祈使句》，《中国语文通讯》1984年第5期。

蒋绍愚：《近代汉语研究概况》，北京大学出版社1994年版。

景晓平：《元语否定机制简论》，《山西师范大学学报》2002年第1期。

竟成主编：《汉语时体系统国际研讨会论文集》，百家出版社2004年版。

柯昌文：《〈红楼梦〉中的"得"与"不得"研究》，《安徽师范大学学报》1984年第2期。

孔庆成：《元语否定的类型》，《外国语》1995年第4期。

黎锦熙：《新著国语文法》，湖南教育出版社2007年版。

李秉震：《汉语话题标记的语义、语用功能研究》，博士学位论文，南开大学，2010年。

李广瑜：《"有关"、"关于"、"有关于"的比较分析》，《汉语学习》2009年第5期。

李广瑜：《"恨不得"的词汇化及其他》，《古汉语研究》2010年第1期。

李广瑜：《辞书中"不得"处理献疑》，《辞书研究》2012年第3期。

李广瑜：《否定祈使句式"别V着"刍议》，《语言教学与研究》2013年第1期。

李广瑜：《主观化视角下"不得"的语义演变》，《古汉语研究》2014年第4期。

李广瑜编著：《语义学与语义研究导论》，黑龙江人民出版社2014年版。

李广瑜、陈一：《关于同位性"人称代词$_单$+一个NP"的指称性质、语用功能》，《中国语文》2016年第4期。

李临定：《现代汉语动词》，中国社会科学出版社1990年版。

李明：《汉语助动词的历史演变研究》，博士学位论文，北京大学，2001年。

李明：《汉语表必要的情态词的两条主观化路线》，《语法研究和探索》2004年第12辑。

李永：《敦煌变文可能态句法结构肯定与否定的不对称分析》，《西南民族大学学报》2003年第9期。

李行健主编：《现代汉语规范词典》，外语教学与研究出版社&语文出版社2005年版。

李炎、孟繁杰：《禁止副词"别"来源再考》，《古汉语研究》2007年第1期。

李振宇：《法律语言学新说》，中国检察出版社2006年版。

李宗江：《"V得（不得）"与"V得了（不了）"》，《中国语文》1994年第5期。

李宗江：《"为好"与"的好"》，《语言研究》2010年第1期。

力量：《"V得"与"V不得"结构中"得"的语义和词性考察》，《徐州师范学院学报》1990年第3期。

连蜀：《浅议范围副词》，《语文学刊》2006年第12期。

梁锦祥：《元语言否定的否定对象》，《外语学刊》2000年第3期。

廖秋忠：《〈语言的范畴化：语言学理论中的典型〉评介》，《国外语言学》1991年第4期。

廖秋忠：《现代汉语并列名词性成分的顺序》，《中国语文》1992年第3期。

林焘：《现代汉语轻音和句法结构的关系》，《中国语文》1962年7月号。

刘丹青：《形名同现及形容词的向》，《南京师大学报》1987年第

3期。

刘丹青：《"唯补词"初探》，《汉语学习》1994年第3期。

刘丹青：《句类及疑问句和祈使句》，《语言科学》2005年第5期。

刘丹青：《语法调查研究手册》，上海教育出版社2008年版。

刘坚、江蓝生、白维国、曹广顺：《近代汉语虚词研究》，语文出版社1992年版。

刘坚、曹广顺、吴福祥：《论诱发汉语词汇语法化的若干因素》，《中国语文》1995年第3期。

刘镰力主编：《汉语8000词词典》，北京语言大学出版社1999年版。

刘龙根、崔敏：《"元语言否定"的多维阐释》，《东北师范大学学报》2006年第3期。

刘探宙：《多重强式焦点共现句式》，《中国语文》2008年第3期。

刘月华：《从〈雷雨〉〈日出〉〈北京人〉看汉语的祈使句》，《语法研究和探索》1985年第3辑。

刘月华：《可能补语用法的研究》，《中国语文》1980年第4期。

刘英林主编：《汉语水平词汇与汉字等级大纲》，经济科学出版社2001年版。

陆丙甫：《关于语言结构的内向、外向分类和核心的定义》，《语法研究和探索》1985年第3辑。

陆丙甫：《核心推导语法》，上海教育出版社1993年版。

陆丙甫：《"的"的基本功能和派生功能》，《世界汉语教学》2003年第1期。

陆丙甫：《也谈"有/无标记"的歧解及解决之道》，《当代语言学》2009年第3期。

陆俭明：《现代汉语副词独用刍议》，《语言教学与研究》1982年第2期。

陆俭明：《关于现代汉语里的疑问语气词》，《中国语文》1984年第5期。

陆俭明：《语义特征分析在汉语语法研究中的运用》，《汉语学习》1991年第1期。

陆俭明：《现代汉语语法研究教程》，北京大学出版社2003年版。

陆俭明、沈阳：《汉语和汉语研究十五讲》，北京大学出版社2003

年版。

罗竹风主编：《汉语大词典》，四川辞书出版社、湖北辞书出版社1996年版。

吕叔湘：《与动词后"得"与"不"有关之词序问题》，载吕叔湘《汉语语法论文集》，商务印书馆1984年版。

吕叔湘：《助词说略》，《中国语文》1956年第6期。

吕叔湘：《汉语语法分析问题》，商务印书馆1979年版。

吕叔湘主编：《现代汉语八百词》，商务印书馆1980年版。

吕叔湘、丁声树主编：《现代汉语词典》（第7版），商务印书馆2016年版。

吕叔湘：《中国文法要略》，辽宁教育出版社2002年版。

吕叔湘：《语法学习》，复旦大学出版社2006年版。

马彪：《运用统计法进行词类划界的一个尝试》，《中国语文》1994年第5期。

马彪、邹韶华：《如何解决辞书中词性标注的分歧》，《语言文字应用》2002年第3期。

马建忠：《马氏文通》，商务印书馆1983年版。

马庆株：《时量宾语和动词的类》，《中国语文》1981年第2期。

马庆株：《现代汉语的双宾语构造》，《语言学论丛》1983年第10辑。

马庆株：《自主动词和非自主动词》，《中国语言学报》1988年第3期。

马庆株：《含程度补语的述补结构》，《语法研究和探索》1988年第4辑。

马庆株：《能愿动词的意义与能愿结构的性质》，《语言学通讯》1989年第3、4期。

马庆株：《与"（一）点儿"、"差一点儿"相关的句法语义问题》，《语法研究和探索》1992年第6辑。

马庆株：《句法结构的语用功能分化》，载马庆株主编《修辞语用探索》，天津教育出版社1998年版。

马庆株：《谈语义特征的提取》，载南开大学中国语言文学系古代汉语教研室编《纪念马汉麟先生文集》，南开大学出版社1998年版。

马庆株：《结构、语义、表达研究琐议》，《中国语文》1998 年第 3 期。

马庆株：《语法研究入门》，商务印书馆 1999 年版。

马庆株：《结合语义表达的语法研究》，《汉语学习》2000 年第 2 期。

马希文：《关于动词"了"的弱化形式/·lou/》，《中国语言学报》1982 年第 1 期。

马希文：《北京方言里的"着"》，《方言》1987 年第 1 期。

马晓燕、史灿方：《法律语言学引论》，安徽人民出版社 2008 年版。

马真：《修饰数量词的副词》，《语言教学与研究》1981 年第 1 期。

马真、陆俭明：《形容词作结果补语情况考察》，《汉语学习》1997 年第 1、4、6 期。

孟琮等：《汉语动词用法词典》，商务印书馆 1999 年版。

潘庆云：《跨世纪的中国法律语言》，华东理工大学出版社 1997 年版。

潘忆燕：《辨析"不客气"与"别客气"》，《黑龙江教育学院学报》2007 年第 8 期。

裴培：《现代汉语轻声词及相关问题研究》，硕士学位论文，上海师范大学，2008 年。

彭可君：《副词"别"在祈使句里的用法》，《汉语学习》1990 年第 2 期。

彭利贞：《现代汉语情态研究》，中国社会科学出版社 2007 年版。

彭利贞：《论一种对情态敏感的"了$_2$"》，《中国语文》2009 年第 6 期。

齐春红：《说"V 不得"》，《云南师范大学学报》2004 年第 3 期。

齐春红：《"不得"的语法化及其相关问题研究》，《楚雄师范学院学报》2005 年第 5 期。

邱闯仙：《现代汉语插入语研究》，博士学位论文，南开大学，2010 年。

邵敬敏、罗晓英：《"别"字句语法意义及其对否定项的选择》，《世界汉语教学》2004 年第 4 期。

沈家煊：《"语法化"研究综观》，《外语教学与研究》1994 年第 4 期。

沈家煊：《"语用否定"考察》，《中国语文》1993 年第 5 期。

沈家煊：《"有界"与"无界"》，《中国语文》1995 年第 5 期。

沈家煊：《不对称和标记论》，江西教育出版社 1999 年版。

沈家煊：《语法研究的分析和综合》，《外语教学与研究》1999 年第 2 期。

沈家煊：《语言的"主观性"和"主观化"》，《外语教学与研究》2001 年第 1 期。

沈家煊：《如何处置"处置式"》，《中国语文》2002 年第 5 期。

沈家煊：《复句三域"行、知、言"》，《中国语文》2003 年第 3 期。

沈家煊：《语用原则、语用推理和语义演变》，《外语教学与研究》2004 年第 4 期。

沈家煊：《"分析"和"综合"》，《语言文字应用》2005 年第 3 期。

沈家煊：《也谈能性述补结构"V 得 C"和"V 不 C"的不对称》，载沈家煊等主编《语法化与语法研究（二）》，商务印书馆 2005 年版。

沈家煊：《"计量得失"和"计较得失"》，《语言教学与研究》2009 年第 5 期。

沈家煊、王伟：《行知言》，载赵汀阳主编《论证 2》，广西师范大学出版社 2002 年版。

沈阳：《祈使句主语省略的不同类型》，《汉语学习》1994 年第 1 期。

施春宏：《汉语动结式的句法语义研究》，北京语言大学出版社 2008 年版。

石安石：《语义论》，商务印书馆 1993 年版。

石毓智：《肯定和否定的对称与不对称》，北京语言文化大学出版社 2001 年版。

史金生：《现代汉语副词的语义功能研究》，博士学位论文，南开大学，2002 年。

束定芳：《认知语义学》，上海外语教育出版社 2008 年版。

宋春阳、李琳：《"别 V 了 NP"句式及相关问题》，《汉语学习》2003 年第 3 期。

索绪尔：《普通语言学教程》，高名凯译，商务印书馆 2004 年版。

索振羽：《语用学教程》，北京大学出版社 2000 年版。

孙瑞英：《从定性、定量到内容分析法》，《现代情报》2005 年第

1期。

[日]太田辰夫：《中国语历史文法》，蒋绍愚、徐昌华译，北京大学出版社2003年版。

陶红印：《论语体分类的语法学意义》，《当代语言学》1999年第3期。

陶红印：《操作语体中动词论元结构的实现及语用原则》，《中国语文》2007年第1期。

全国斌：《"别V着！""别V我！""别V他！"》，《殷都学刊》2000年第2期。

宛新政：《"(N)不V"祈使句的柔劝功能》，《世界汉语教学》2008年第3期。

王冬梅：《"N的V"结构中V的性质》，《语言教学与研究》2002年第4期。

王红斌：《现代汉语中的心理动词的范围和类别》，《晋东南师范专科学校学报》2002年第4期。

王红旗：《"别V了"的意义是什么》，《汉语学习》1996年第4期。

王红旗：《"别V了$_1$"中动词的特征》，《汉语学习》1997年第5期。

王红旗：《动词的特征与"别V了$_1$"的歧义指数》，《语文研究》1999年第3期。

王红旗：《指称论》，博士学位论文，南开大学，2001年。

王红旗：《"当作"与"看作"》，《世界汉语教学》2009年第1期。

王惠：《从及物性系统看现代汉语的句式》，《语言学论丛》1997年第19辑。

王珏：《汉语生命范畴初论》，华东师范大学出版社2004年版。

王力：《中国现代语法》，商务印书馆1983年版。

王力：《汉语史稿》，中华书局2004年版。

王倩：《现代汉语新兴流行构式"小+谓词性X"形成动因研究》，《中国语文》2017年第2期。

王伟：《情态动词"能"在交际过程中的义项呈现》，《中国语文》2000年第3期。

王银：《助动词和语气副词"别"的功能、用法及其来源研究》，硕士学位论文，上海师范大学，2008年。

王宇信、杨升南、聂玉海：《甲骨文精粹选读》，语文出版社 1996 年版。

王志英：《元语否定研究述评》，《外语学刊》2011 年第 6 期。

[美] 威廉·克罗夫特：《语言类型学与语言共性》，龚群虎等译，复旦大学出版社 2009 年版。

文雅丽：《现代汉语心理动词研究》，博士学位论文，北京语言大学，2007 年。

吴福祥：《试说"X 不比 Y·Z"的语用功能》，《中国语文》2004 年第 3 期。

吴福祥：《语法化理论、历史句法学与汉语历史语法研究》，载刘丹青主编《语言学前沿与汉语研究》，上海教育出版社 2005 年版。

吴福祥：《从"得"义动词到补语标记》，《中国语文》2009 年第 3 期。

吴继光：《有凭动词和无凭动词》，《语法研究和探索》2000 年第 9 辑。

吴竞存、侯学超：《现代汉语句法分析》，北京大学出版社 1982 年版。

项开喜：《"制止"与"防止"："别+VP"格式的句式语义》，《语言教学与研究》2006 年第 2 期。

肖治野、沈家煊：《"了$_2$"的行、知、言三域》，《中国语文》2009 年第 6 期。

解惠全：《谈实词的虚化》，《语言研究论丛》1987 年第 4 辑。

邢福义：《汉语复句格式对复句语义关系的反制约》，《中国语文》1991 年第 1 期。

邢福义：《现代汉语语法研究的三个"充分"》，《湖北大学学报》1991 年第 6 期。

邢福义：《从"似 X 似的"看"像 X 似的"》，《语言研究》1993 年第 1 期。

邢福义主编：《现代汉语（修订版）》，高等教育出版社 1993 年版。

邢公畹主编：《现代汉语教程》，南开大学出版社 1994 年版。

徐杰：《普遍语法原则与汉语语法现象》，北京大学出版社 2001 年版。

徐晶凝：《现代汉语话语情态研究》，昆仑出版社2008年版。

徐烈炯、刘丹青：《话题的结构与功能》，上海教育出版社2007年版。

徐阳春：《祈使句的构成预设及恰当性》，《绍兴文理学院学报》2004年第4期。

徐时仪：《古白话词汇研究论稿》，上海教育出版社2000年版。

许彩云：《汉语劝服类言语行为话语结构分析》，《南通职业大学学报》2002年第4期。

许彩云：《汉语劝服类言语行为话语模式变式探析之二》，《皖西学院学报》2002年第5期。

玄玥：《焦点问题研究综述》，《汉语学习》2002年第4期。

玄玥：《描述性状中结构作谓语的自然焦点》，《世界汉语教学》2007年第3期。

杨伯峻、何乐士：《古汉语语法及其发展（上）》，语文出版社2001年版。

杨永龙：《词音变化与构式省缩——禁止词"别"的产生路径补说》，《中国语文》2017年第6期。

杨忠、张绍杰：《认知语言学中的类典型论》，《外语教学与研究》1998年第2期。

殷树林：《现代汉语反问句研究》，黑龙江大学出版社2009年版。

尹世超：《试论黏着动词》，《中国语文》1991年第6期。

余光武：《〈言据范畴〉介绍》，《当代语言学》2010年第4期。

俞士汶等：《现代汉语语法信息词典详解》，清华大学出版社2003年版。

袁晖、李熙宗：《汉语语体概论》，商务印书馆2005年版。

袁毓林：《祈使句式和动词的类》，《中国语文》1991年第1期。

袁毓林：《现代汉语名词的配价研究》，《中国社会科学》1992年第3期。

袁毓林：《祈使句式"V着"分析》，《世界汉语教学》1992年第4期。

袁毓林：《现代汉语祈使句研究》，北京大学出版社1993年版。

袁毓林：《一价名词的认知研究》，《中国语文》1994年第4期。

袁毓林：《论元角色的层级关系和语义特征》，《世界汉语教学》2002年第3期。

袁毓林：《走向多层面互动的汉语研究》，《语言科学》2003年第6期。

于康：《"V不得"的否定焦点与语法化历程》，《语文研究》2004年第2期。

俞敏：《"不得"别义》，《辞书研究》1989年第1期。

乐耀：《汉语中表达建议的主观性标记词"最好"》，《语言科学》2010年第2期。

岳海翔：《法定公文写作：要领与范文》，中国言实出版社2008年版。

曾海清：《"别客气"和"不客气"的句法语义探析》，《修辞学习》2009年第5期。

曾立英：《"我看"与"你看"的主观化》，《汉语学习》2005年第2期。

张伯江：《"别X"和"别不X"》，《中国语文通讯》1985年第3期。

张伯江：《认识观的语法表现》，《国外语言学》1997年第2期。

张伯江：《功能语法与汉语研究》，载刘丹青主编《语言学前沿与汉语研究》，上海教育出版社2005年版。

张国宪：《"动+名"结构中单双音节动作动词功能差异初探》，《中国语文》1989年第3期。

张国宪：《单双音节动作动词语用功能差异探索》，《汉语学习》1989年第6期。

张国宪：《单双音节形容词的选择性差异》，《汉语学习》1996年第3期。

张国宪：《现代汉语形容词功能与认知研究》，商务印书馆2006年版。

张京鱼：《汉语心理动词及其句式》，《唐都学刊》2001年第1期。

张敏：《认知语言学与汉语名词短语》，中国社会科学出版社1998年版。

张娜：《"还是+动/小句［+的］+好"序列探析》，《南阳理工学院学报》2009 年第 5 期。

张全生：《现代汉语心理活动动词的界定及相关句型初探》，《语言与翻译》2001 年第 2 期。

张全生：《现代汉语焦点结构研究》，博士学位论文，南开大学，2009 年。

张雪平：《"如果"类假设连词的语义功能与语用分布》，《汉语学习》2014 年第 1 期。

张谊生：《现代汉语虚词》，华东师范大学出版社 2002 年版。

张云秋：《现代汉语受事宾语句研究》，学林出版社 2004 年版。

赵旻燕：《元语言否定歧义说商榷》，《东北师范大学学报》2010 年第 5 期。

赵微：《指令行为与汉语祈使句研究》，博士学位论文，复旦大学，2005 年。

赵贤德：《"别"字祈使句非动词性谓语考察》，《华中师范大学研究生学报》2004 年第 2 期。

赵贤德：《"别"字祈使句的主语考察》，《柳州职业技术学院学报》2006 年第 1 期。

赵元任：《汉语口语语法》，吕叔湘译，商务印书馆 1979 年版。

郑怀德、孟庆海：《汉语形容词用法词典》，商务印书馆 2003 年版。

周启强、白解红：《原型范畴与间接指令》，《外语与外语教学》2004 年第 12 期。

朱德熙：《论句法结构》，《中国语文》1962 年 8 月号。

朱德熙：《"在黑板上写字"及相关句式》，《语言教学与研究》1981 年第 1 期。

朱德熙：《定语和状语》，上海教育出版社 1987 年版。

朱德熙：《语法讲义》，商务印书馆 1982 年版。

朱德熙：《语法答问》，商务印书馆 1985 年版。

朱青筠：《试论现代汉语双音节轻声词》，硕士学位论文，天津师范大学，2005 年。

朱悦雄：《新应用文写作》，广东高等教育出版社 2001 年版。

祝东平：《"别 V 了"的语用分析》，《长春师范学院学报》2007 年第 6 期。

祝敏彻:《"得"字用法演变考》,载祝敏彻《近代汉语句法史稿》,中州古籍出版社1996年版。

Aikhenvald, Alexandra, *Evidentiality*, New York: Oxford University Press, 2004.

Austin, *How to Do Things with Words*, Oxford: Oxford University Press, 1975.

Berlin, B. and Kay, P., *Basic Color Terms: Their Universality and Evolution*, Berkeley: University of California Press, 1969.

Bybee, Revere and William Pagliuca, *The Evolution of Grammar: Tense, Aspect and Modality in the Languages of the World*, Chicago: University of Chicago Press, 1994.

Berd Heine and Tania Kuteva, *Word Lexicon of Grammaticalization*, Cambridge: University of Cambridge Press, 2002.

Carston, Robyn, "Metalinguistic Negation and Echoic Use", *Journal of Pragmatics*, Vol.25, 1996.

Chafe, Wallace, "The Realis-irrealis Distinction in Caddo, the Northern Iroquoian Languages, and English", *Modality in Grammar and Discourse*, Amsterdam: John Benjamins Publishing Company, 1995.

Chomsky, *Aspect of the Theory of Syntax*, Cambridge: The MIT Press, 1965.

Comrie, *Tense*, Cambridge: Cambridge University Press, 1985.

Croft, W, *Typology and Universals*, Cambridge: Cambridge University Press, 1990.

Delancey, Scott, "An Interpretation of Split Egativity and Related Patterns", *Language*, Vol.57, No.3, 1981.

Dowty, David, "Themantic Proto-roles and Argument Selection", *Language*, Vol.67, No.3, 1991.

Finegan, E., "Subjectivity and Subjectivisation: An Introduction".In Stein & Wright (eds.), *Subjectivity and Subjectification*, Cambridge: University of Cambridge Press, 1995.

Givón, Talmy, *Syntax: A Functional-typological Introduction*, Amsterdam: John Benjamins, 1990.

Grice, H.P., "Logic and Conversation", In P.Cole&J.L.Morgar (eds.), *Syntax and Semantics*3: *Speech Acts*, New York: Academic Press, 1981.

Han Chun-Hye, "Foce, Negation and Imperatives", *The Linguistic Review*, Vol.18, 2001.

Haspelmath, M., "The Geometry of Grammatical Meaning: Semantic Maps and Cross-linguistic Comparision", In Michael Tomasello (eds.), *The New Psychology of Language*, Vol.2, 2003.

Heider, E.R., "Focal Color Areas and the Development of Color Names", *Developmental Psychology*, No.4, 1971.

Heider, E.R., "Universals in Color Naming and Memory", *Journal of Experimental Psychology*, Vol.93, 1972.

Heine, Claudi and Hünnermeyer, *Grammaticalization*, Chicago: University of Chicago Press, 1991.

Hopper, Paul J. and Sandra A.Thompson, "Transitivity in Grammar and Discourse", *Language*, No.2, 1980.

Hopper, Paul J., "Emergent Grammar". In Aske, Jon, N.Beery, L.Michaelis & H.Filip (eds.), *Proceedings of the Berkeley Linguistics Society*, Berkeley: University of California Press, 1987.

Hopper, Paul J., "On Some Principles of Grammaticalization", In Traugott & Heine (eds.), Vol.1, 1991.

Horn, Laurence, "Metalinguistic Negation and Pragmatic Ambiguity", *Language*, Vol.61, No.1, 1985.

Jespersen, Otto, *The Philosophy of Grammar*, London: Allen and Unwin, 1924.

Johan van der Auwera, "Why Languages Prefer Prohibitives", *Journal of Foreign Languages*, No.1, 2006.

Keith Vander Linden and Barbara Di Eugenio, "A corpus Study of Negative Imperatives in Nature Language Instructions", *Proceedings of the 16th Conference on Computational Linguistics*, Vol.1, 1996.

Kuno and Kaburaki, "Syntax and Empathy", *Linguistic Inquiry*, Vol.8, No.4, 1977.

Labov, W., "The Boundaries of Words and Their Meaning", In Bailey &

Shuy (eds.), *New Ways of Analysing Variation in English*, Washington: Georgetown University Press, 1973.

Lakoff, G., *Women, Fire, and Dangerous Things: What Categories Reveal about the Mind*, Chicago: Chicago University Press, 1987.

Leech, G.and Svartvik, J., *A Communicative Grammar of English*, London: Longman, 1975.

Leech, G., *Principles of Pragmatics*, London: Longman, 1983.

Liberman, Mark and Alan Prince, "On Stress and Linguistic Rhythm", *Linguistic Inquiry*, Vol.8, No.2, 1977.

Lyons, *Semantics*, Cambridge: Cambridge University Press, 1977.

Matisoff, James A.,"Areal and Universal Dimensions of Grammaticalization in Lahu", In Traugott and Heine (eds.), Vol.2, *Approaches to Grammaticalization*, Amsterdam: John Benjamins Publishing Company, 1991.

Palmer, *Mood and Modality*, Cambridge: Cambridge University Press, 2001.

Pamela Munro, "On the Transitivity of 'Say' Verbs", In Hopper, P.& Thompon, SA. (eds.), *Syntax and Semantics*, Vol.15, 1982.

Peyraube, "Recent Issues in Chinese Historical Syntax".In Huang and Li (eds.), *Dordrecht*, Boston & London: Kluwer, 1996.

Quirk, Randolph, *A Grammar of Contemporary English*, London: Longman Group Ltd., 1972.

Rosch, E., "On the Internal Structure of Perceptual and Semantic Categories", In Timothy E. Moore (eds.), *Cognitive Development and the Acquisition of Language*, New York, San Francisco, London: Academic Press, 1973.

Rosch, E., "Cognitive Representation of Semantic Categories", *Journal of Experimental Psychology: General*, Vol.104, 1975.

Searle, J.R., *Speech Acts: An Essay in the Philosophy of Language*, Cambridge: Cambridge University Press, 1969.

Searle, J.R., *Epression and Meaning: Studies in the Theory of Speech Acts*, Cambridge: Cambridge University Press, 1979.Searle, J.R., "Indirect Speech Acts", In Core, P.& Morgan, J. (eds.), *Syntax and Semantics*, Vol.3:

Speech Acts, Cambridge: Cambridge University Press, 1979.

Sun Chaofen, *Word Order Change and Grammaticalization in the History of Chinese*, Stanford, C.A.: Stanford University Press, 1996.

Sweetser, Eve, *From Etymology to Pragmatics: Metaphorical and Cultural Aspects of Semantic Structure*, Cambridge: Cambridge University Press, 1990.

Talmy, L., *Toward a Cognitive Semantics*, Cambridge, Massachusetts: The MIT Press, 2000.

Taylor, John R., *Linguistic Categorization: Prototypes in Linguistic Theory*, Oxford: Oxford University Press, 1989.

Tomić, Olga Mišeska, *Negation and Imperatives*, Cat WPL, 1999.

Traugott, E. and B.Heine (eds.), *Approaches to Gramaticalization*, Amsterdam: John Benjamins, 1991.

Traugott, E., "Subjectification in Grammaticalization", In Stein&Wright (eds.), *Subjectivity and Subjectification*, Cambridge: University of Cambridge Press, 1995.

Traugott, E.and Dasher, R., *Regularity in Semantic Change*, Cambridge: University of Cambridge Press, 2002.

Ungerer, F.and Schmid, H.J., *An Introduction to Cognitive Linguistics*, London and New York: Longman, 1996.

Whaley, Lindsay J., *An Introduction to Language Typology: The Unity and Diversity of Language*, California: Sage publications, Inc., 2009.

Wittgenstein, Ludwig, *Philosophical Investigations*, Transl. by G. E. M. Anscobe, Oxford: Blackwell, 1958.

后　记

　　本书是在笔者博士学位论文基础之上修订而成的。从零星想法到博士论文，再到这本书稿，自己需要感谢的人太多！

　　在南开的三年里，不论是学习上还是生活中，导师马庆株先生都给予了我巨大的帮助。先生不仅专门给我开课讲授语法学及语音学的理论知识和研究方法，而且还针对我在论文写作中出现的问题多次耐心指正。日常谈话中，先生多次向我指出，读书和做研究都要讲求方法：读书既要学会把书读厚又要学会把书读薄，做研究既要有顺向思维更要有逆向思维。先生多次向我指出：做研究和做人一样，要踏实、要朴实，不要自大，也不要盲从。先生知道我家庭条件不算太好，因此，每次携我外出参加学术会议时都尽量将我的花销降到最低。日常生活中，先生和师母更是多次让我来家中共餐，让我身在异地却仍感受到家的温暖。想想每次从先生家中出来，先生都送我到马路口，直到看见我安全过马路才挥手道别，那一幕幕，做学生的我永生难忘！先生虽然已近古稀之年，却始终参加语法沙龙，曾身患丹毒之疾却仍带病坚持，并多次针对我博士论文写作中的语法分析操作给出具体的改进意见。这次书稿修改完成后，先生百忙之中惠赐序言，殷切期盼之情跃然纸上，令我铭刻于心！先生之为人为学都堪为我的榜样。

　　南开有众多为语言学事业辛勤耕耘的学者。在学期间，我有幸聆听了王红旗教授、郭继懋教授、曾晓渝教授、洪波教授、郭昭军副教授、谷峰副教授的课程。各位学者的不倦教诲使我受益匪浅。特别需要指出的是，自我博士研究生入学以来，王红旗老师一直对我关怀倍加。每次有语法专题讨论，王老师都亲自通知我，使我在学术视野上与大家保持同步前进。王老师多次强调，"我思故我在"，要学会用理性的批判的眼光来学习。王老师严谨、务实的治学态度对于我是一种督促，更是一种鞭策。在王老师的帮助下，我还参加了南开大学本科留学生"现代汉语"课的教学工作。这不仅帮助我缓解了求学的经济压力，还为我提供了宝贵的锻炼机会。

语言学界是一个大家庭。读博期间多次参加学术讲座和出席学术会议，使得我有机会向更多的专家学者请教。我曾向沈家煊教授请教语法化机制方面的问题，并承蒙沈先生通过电子邮件惠赐《跟语法化机制有关的三对概念》一文。我还曾向刘丹青教授、袁毓林教授、戴庆厦教授、王洪君教授、冯胜利教授、储泽祥教授、史金生教授、董秀芳教授、彭利贞教授、殷树林教授请教关于否定祈使方面的问题。聆听诸位学者教诲，受益颇多！方梅教授、马彪教授、袁毓林教授、张伯江教授、张旺熹教授作为论文评阅专家，沈家煊教授作为答辩委员会主席，都为我博士论文的修改提出了非常中肯、非常有益的意见！这让我备感幸运！

在南开期间，我还有幸结识了一批有志于语言研究的同学挚友，他们是张全生、郭红、季安峰、韩志刚、邱闯仙、冯军伟、李秉震、谷峰、吕为光、曾柱、邵燕梅、张锦玉、于秒、祁文娟、赵晶、曾骞、王芳、彭飞、夏全胜、许光灿、刘岩、高再兰、顾倩、盛益民、李晓琳、孙克敏、李妍、刘洁。各位学友或在沙龙之内，或在沙龙之外，对我论文的改善提供了无私的帮助。其中，郭红、许光灿两位学友通阅我的博士论文，所费心思尤多，邱闯仙、刘岩、刘洁三位学友帮我修正了英文摘要。博士论文能够顺利完成并减少大量错误，与上述学友的帮助密不可分。

哈尔滨师范大学文学院是我人生道路的新起点。在读硕士期间，导师徐国庆教授一直致力于开阔我们的学术视野，陈一教授始终关注我们严谨的语言训练，赵惜微教授经常强调要有理论语言学的素养，李晗蕾副教授经常提醒我们要学会观察生活中的语言事实。博士毕业后，承蒙学院领导和语言学科、汉语学科各位老师厚爱，我回到院里任教。作为语言学教研室主任，李晗蕾老师对待教学、科研一丝不苟，这为我的教学、科研树立了优秀榜样！作为汉语学科带头人，陈一老师吸收我加入语法研究团队，与梁晓玲、陈颖、吕长凤、张晓涛、程书秋、刘丹诸位师友定期开展沙龙讨论，徜徉于语言研究之中，让我感受到了浓浓的研究氛围。陈老师的深刻洞察、深度思考让我甚为钦佩！我也有幸与老师合作，在《中国语文》《世界汉语教学》上发表文章。其中，《"别+引语"元语否定句探析》一文发表于《世界汉语教学》2014年第4期，蒙老师慨允，编入书中第五章，为本书增色不少。

  本书能够出版，还要特别感谢北京天健科技集团总裁姜跃滨先生和哈尔滨师范大学教育发展基金会，姜先生慷慨捐立的哈尔滨师范大学"跃滨学术基金"资助了本书的出版。还要感谢国家社科基金（11CYY051）对于本书出版的支持。还要特别感谢中国社会科学出版社的任明先生，任先生的无私帮助和辛勤付出使得本书得以顺利出版。另外，我的硕士研究生李洋、彭彤彤、王悦、段琼、李彤也为本书的校对付出了辛苦，在此一并感谢！

  家是一个人心灵的港湾，对我而言尤是如此。2008 年 7 月初，我收到南开大学博士研究生的录取通知，但内心却无论如何高兴不起来。这是因为，我的刚出生一年半的儿子经医院诊断患有肌肉萎缩。在爱人和岳母的支持下，我于 2008 年 9 月踏上了南开的求学之路，却把身患重病的孩子留给爱人和岳母……这一去，就是三年。爱人陈丽原本是学校里的青年骨干教师，可是重病的孩子、家庭的重担让她无法再"轻装"前进。我的岳母患有心脏病，我的爱人同时要兼顾工作，两个女人却要天天坚持背孩子去三站地之外的中医诊所针灸，寒来暑往，日复一日，每思及此，我都深感愧疚。还有我的父母，身在农村省吃俭用，不仅供我完成直到硕士阶段的学业，还经常贴补我们这个小家。在我的家庭遭遇不幸之时，我的弟弟李广华慷慨相助，并代我承担起了奉养父母的责任。正是有了家人的默默付出，才有了我这段得之不易的读书、研究经历，也才能有我这本书的最终出版！

  带着师友的殷切期望，带着家人的亲切关怀，带着对高教事业的崇敬，伴随着女儿的诞生，我已经开始新的人生路程，我将用自己的行动来诠释自己的责任！向所有关怀、帮助过我的人们表示感谢，感恩你们！更祝福你们好人多福！

李广瑜

2017 年 11 月 26 日